KB233701

지식사회 비판

문화과학 이론신서 49

지식사회 비판

홍성태 지음

문화과학사

언제부터인가 '정보사회'를 제치고 '지식사회'라는 말이 정보화에 따른 사회의 변화를 대표하는 말로 널리 사용되기 시작했다. '정보'를 제치고 '지식'이 새로운 시대를 이끄는 말로 떠오르게 된 것이다. 물론 지식은 중요하다. 사실 인류 역사에서 지식은 언제나 중요했다. 그런데 왜 새삼스럽게 '지식사회'인가?

그 주창자들에 따르면 '지식사회'는 '지식이 사회의 핵심자원이자 구성원리가 된 사회'라고 한다. 그 바탕에는 정보기술이 발달하여 사람들이 지식의 생산에 더욱 전념할 수 있게 된다는 인식이 자리잡고 있다. 이것을 뒤집어 말하자면 사람들이 지식의 생산에 더욱 전념해야 하는 사회가 '지식사회'이다. 바로 이런 점에서 '평생교육'이 '지식사회'의 중요한 특징으로 제시된다.

우리는 사회 곳곳에서 이런 상황과 마주치고 있다. 코미디를 적당히 버무린 액션물로 만들어진 한 영화는 주먹으로 살아가는 조폭도 이제는 주먹만이 아니라 학력까지 갖춰야 하는 시대가 되었다고 주장한다. 다소 생뚱맞게 보일 수 있는 이 주장에 대해 많은 사람들이 손뼉을 치며 웃으면서도 확인된 사실로 받아들이기를 주저하지 않는다. 여기에는 이 사회가 지독한 학력사회이자 학벌사회라는 사실에 대한 비판과 함께 조폭도 지식을 쌓지 않으면 버티기 어려운 세상이 되었다는 '지식사회'론의 사회관이 반영되어 있다.

흔히 지식과 지혜를 구분하거니와 지식이 많다고 해서 현명한 것은 아니며, 더 잘 살 수 있는 것은 더더군다나 아니다. 그러나 지식은 우리의 가능성을 키워준다. 지식을 키우는 것은 우리의 관심과 능력을 키우는 것일 수 있다. 따라서 단순히 실용적인 면에서 보더라도 지식을 키우기 위해 노력하는 것은 바람직한 것이다. 지식이 사회의 질적 다양성을 규정하는 유력한 인자라는 점에서 보자면, 지식을 키우기 위해 노력하는 것은 더욱 더 바람직한 것이다.

사실 지식의 생산과 이용은 인간만의 고유한 능력이며 특징이다. 따라서 '지식사회'는 이전의 어떤 사회보다 인간적인 사회라고 할 수 있다. 그러나 현실은 어떠한가? 오히려 '만인의 투쟁'에 대한 우려가 갈수록 커지고 있지 않은가? 여기서 우리는 '지식사회'에서 정말로 새롭게 강조되는 것은 지식의 중요성 자체가 아니라는 사실에 주목해야 한다. 인류 역사에서 지식은 언제나 중요했다. '지식사회'에서 새롭게 나타나는 것은 '지식의 생산과 이용을 규제하는 사회적 방식의 변화'와 이로 말미암은 '지식생태계의 급격한 인위적 교란'이다.

'지식사회'는 지적재산권제도의 확대·강화를 통해 지식의 사유화와 상품화가 고도로 촉진되는 사회이다. 이것은 경제 제도의 면에서 '지식사회'가 자본주의사회의 구조적 규정 속에 존재하는 사회, 또는 자본주의사회의 새로운 양상으로 파악되어야 한다는 것을 뜻한다. 요컨대 '지식사회'는 탈공업사회나 탈자본주의사회가 아니라 고도로 발전한 공업사회이자 고도로 발달한 자본주의사회이다.

역사적으로 보자면, 사실 지식의 사유화나 상품화도 완전히 새로운 현상은 아닐 것이다. 예컨대 일찍이 연암 선생은 다음과 같은 공자의 말씀으로 '책을 빌려주지 않는 사람들'을 경계하고자 했다.

"예전에는 자기의 견해를 꼭 스스로 옳다 하거나 자기의 소유물을 자기 것만으로 사유화하는 사람이 없었는데, 오늘날은 그렇게 하는 사람이 없구나"(박지원, '柳氏圖書譜序', 김혈조 옮김, 『그렇다면 도로 눈을 감고 가시오』, 학고재, 1997의 337쪽).

자본주의사회는 '자기의 소유물을 자기 것만으로 사유화하는 사람'이 각광받는 사회이며, '지식사회'는 본질적으로 사유화하는 것이 불가능한 지식마저도 사유화하는 사회이다. 인터넷은 이런 상황에 대항하는 새로운 사회적 자원이다. 이 때문에 '지식사회'의 강화와 함께 지식을 공유하기 위해 이용할 수 있는 가장 편리한 통로인 인터넷을 규제하고 억압하는 정책이 크게 강화되고 있다. 이것은 '지식사회'가 지식의 공유를 통제하고 그 사유화를 촉진하는 고도로 발달한 자본주의사회라는 것을 생생하게 증명한다.

이로부터 여러 문제들이 빚어지고 있다. 본래 지식의 생산과 이용을 촉진하기 위해 수백년 전에 유럽에서 고안된 지적재산권제도가 지식의 사유화와 상품화를 촉진하는 제도로 널리 활용되면서 기존의 불평등이 새롭게 강화되거나 아예 새로운 불평등의 문제가 나타나기도 한다. 또한 지식산업의 육성이라는 정책적 목표가 강조되면서 기존의 지식생태계가 커다란 인위적 교란상태에 빠져들게 된다. 정부가 나서서 특정 지식을 '좋은 지식'으로 사회에 강요하기 때문이다.

마이크로소프트의 빌 게이츠가 강력한 영향력을 행사하고 있는 이 '좋은 지식'은 인터넷을 '해적의 천국'으로 가르치며, 부자란 부지런하고 뛰어난 영감의 소유자이자 열렬한 지식의 탐식자라고 가르친다. 나아가 이 '좋은 지식'은 인간의 특징이나 인생의 고통에 대해 고민하는 것은 자원의 낭비라고 가르친다. 그 결과 '지식사회'의 도래와 함께 수천년 전부터 인간의 비밀을 탐구한 철학을 비롯한 각종 인문학이 명예퇴직하거나 강제퇴출되는 반지식의 상황이 연출된다. 그러므로 우리는 도처에서 쉽게 마주치게 되는 '지식사회'의 선지자들이 혹시 사람들을 현혹해서 엉터리 만병통치약을 팔려는 사이비 도사들이 아닌가를 의심해 보아야 한다. 그리고 우리의 의심이 사실로 확인된다면, 우리는 그들에게 돈이 아니라 돌을 던져야 한다.

현실의 '지식사회'는 많은 문제를 안고 있는 사회이다. 이 책에 실린 글들은 세 가지 방식으로 이 문제에 접근하고자 한다. 첫째, '지식사회'의 개념에 관한 논의를 통해 그것을 좀더 성찰적으로 이해하고자 하는 것이다. 이를 통해 누가 왜 '지식사회'의 개념과 이론을 주장하는가에 대해 좀더 객관적인 '지식'을 정립하고자 한다. 둘째, '지식사회'를 지적재산권제도의 확대·강화라는 제도적 변화 위에서 나타나는 자본주의의 새로운 양상으로 파악하는 것이다. 앞서 펴낸『현실 정보사회의 이해』(문화과학사, 2002)에서는 이 주제를 좀더 이론사적으로 다루고자 했다면, 이 책에 실린 글들에서는 현실의 변화를 분석하는 데 초점을 맞추었다. 셋째, '지식사회'의 특징을 다양한 측면에서 파악하고 대안을 찾아보는 것이다. 이렇게 해서 '지식사회'가 구조적으로나 현상적으로나 그다지 새로운 사회가 아니며, 전통적인 개혁의 과제가 여전히 유효하다는 사실을 구체적으로 확인하고자 했다.

개인적으로 이 책에 실린 글들은 1990년대 말부터 2000년대 중반까지에 걸쳐 정보화의 사회적 영향에 대응하기 위해 애쓴 비판적 연구와 실천의 산물이다. 다양한 주제를 다룬 글들일 뿐만 아니라 다양한 자리에서 발표된 글들이기도 하다. 그러나 이 책에 실린 글들은 '지식사회'가 '정보사회'와 마찬가지로 현실추수적 기술유토피아의 문제를 안고 있다는 일관된 관점에 서있다. 물론 그렇다고 해서 이 책에 실린 글들이 '오늘은 어제의 연속일 뿐'이라는 관점을 지지하는 것은 결코 아니다. 예컨대 지구화, 정보화, 그리고 생태위기 등의 변화는 결코 그 의의를 폄하할 수 있는 변화가 아니다. 사회주의의 몰락과 냉전의 종식이라는 역사적 변화도 그렇다.

전통 좌파의 '역사불변론'이나 우파의 '역사종말론'은 모두 역사적 변화를 올바로 인정하지 않는 쌍둥이 논리이다. 우리에게 정말로 필요한 것은 무엇이 어떻게 변했으며, 문제를 바로잡기 위해 무엇이 필요한가에 대한 구체적인 분석과 대안이다. 사회의 변화뿐만 아니라 기술의 변화에 대해서도, 강자의 변화뿐만 아니라 약자의 변화에 대해서도 우리는 같은 태도로 접근해야 한다.

'지식사회'는 자본주의와 공업주의의 유토피아이다. 그러나 오늘날의 생태위기가 웅변적으로 보여주듯이 자본주의와 공업주의는 큰 문제를 안고 있다. 사회주의의 몰락은 사회주의의 한계를 보여주었을 뿐이다. 그것을 자본주의와 공업주의의 알리바이로 다루는 것은 범주의 혼동이라는 논리적 오류를 범하는 것이다. 자본주의와 공업주의는 여전히 우리가 돌파해야 하는 가장 큰 구조적 문제이다.

유토피아는 '세상에 없는 것'을 뜻한다. 이 점에서 그것은 지금 우리가 살아가고 있는 이 사회를 넘어서야 비로소 만날 수 있는 새로운 사회를 뜻한다. 이 점에서 나는 문화사회와 생태사회야말로 우리가 찾아야 하는 파랑새라고 생각한다. 파랑새는 멀리 있지 않다. 지금 우리가 살아가고 있는 이 사회의 근본적 전환 속에서 유토피아는 생성될 것이다. '지식사회' 비판은 이러한 유토피아의 생성을 위한 적극적 부정의 산물이다. 아무쪼록 이 비판이 지식생태계의 성숙에 이바지하는 지식이 될 수 있기를 바란다.

2005년 4월 14일
월계동에서 홍성태

서장

정보화와 '새로운 사회'의 개념사
—정보사회에서 지식사회로?

1. '개념투쟁사'로서 역사

맑스는 인류사를 '계급투쟁의 역사'였다고 했다. 물론 이 말은 그가 처음 한 것은 아니었지만, 그가 반복해서 강조했기 때문에 역사적인 문구도 남게 되었다. 『자본』이라는 그의 저작은 모두 이 문구에 바탕을 두고 있다고 할 수 있다. 그러므로 이 말을 맑스의 말로 기억한다고 해서 틀렸다고 할 사람은 아마도 없을 것이다.

그런데 여기서 정작 주의하고자 하는 것은 인류사가 '계급투쟁의 역사'였다거나, 이 말을 맑스의 말로 기억해야 한다거나 하는 것이 아니다. 그것이 '계급투쟁의 역사'건 혹은 '남녀상열지사의 역사'건 간에, 아무튼 이런 것들이 언어로 표현되어야만 한다는 사실에 더 주의할 필요가 있다. 이런 깨달음을 가리켜 사상사적으로는 '언어학적 전환'이라고 하기도 하지만, 어떤 이론을 이해할 때에는 반드시 이런 관점에서 접근해 볼 필요가 있다.

언어는 대상을 재현하지만, 언제나 왜곡하기도 하며, 언제나 모자라기도 하다. 그러나 이런 언어를 통하지 않고는 우리는 서로 소통할 수 없다. 그러니 사람은 늘 모자란 존재일 수밖에 없다. 이런 언어의 한계 때문에도 세상엔 참말보다 거짓말이 더 많게 마련이다. 더 문제는 참말이라는 것도 극히 주관적인 규정일 수 있다는 것이다. 언어는 언제나 대상을 비트는 것이며 모자라는 것이기 때문이다.

그러므로 서로 말을 하고 통한다는 것은 사실 보통 어려운 일이 아니다. 그러나 소통하지 않으면, 사회는 존재할 수 없다. 사회란 사람들 사이의 소통에서 비롯된다. 소통을 통해서 동물적 군집은 인간적 사회로 바뀌게 된다. 즉 사람들 사이의 의미와 상징의 교환이 사회라는 인간적 집단을 만들어내는 것이다. 이 점에서 역사유물론은 언어-유물론으로 바뀔 수 있다. 생산과 투쟁의 모든 것이 언어를 통하지 않고는 불가능하다. 역사유물론이 인간과 사회를 동물학의 견지에서 다루는 것이 아니라면, 그것은 마땅히 언어-유물론으로 보완되어야 한다. 여기서 '계급투쟁사'는 '개념투쟁사'로 해석될 수 있게 된다.

'개념투쟁사'란 말 그대로 개념투쟁이라는 관점에서 역사를 보는 것이다. 이것은 우리가 소통할 수 있도록 해주는 도구 자체에 관심을 둔다는 점에서 '메타적 사회관'이라고 할 수 있다. 이것은 다음과 같은 몇 가지 특징을 갖는다. 첫째, 이것은 하나의 현상에 대해 서로 다른 수많은 말들이 결합될 수 있다는 데서 출발한다. 둘째, 그 수많은 말들 중에서 가장 널리 퍼진 말이 가장 올바른 말은 아니다. 셋째, 현실적으로 더 주의해야 할 것은 말의 '그럴듯함'과 대중의 선택이다. 넷째, 따라서 말을 널리 퍼트리기 위한 수단으로서 매체는 본질적인 중요성을 갖는다.

정보화를 둘러싸고 제시되는 각종 말들을 대하다 보면, 어떤 것이 과연 올바른 것인지를 따지는 것조차 어렵게 된다. 그러나 그런 어지러운 용어의 범람을 매개로 현실은 분명히 변하고 있다. 그런데 과연 어떤 변화가 올바른 것일까? 서로 자기가 옳다고 주장하는 수많은 말들을 성찰적으로 살펴보는 것은 말들의 홍수를 헤치고 나아가기 위해 대단히 중요한 실천적 과제이다. 이제 이런 관점에서 정보화의 사회적 영향을 '새로운 사회'의 형성으로 정식화하는 두 가지 핵심 개념의 내용과 변화에 대해 살펴보도록 하자.

2. 정보화와 '새로운 사회'

정보화의 사회적 영향에 대해 살펴보기에 앞서서 사실 우리는 우선 '정보화'라는 용어 자체에 대해 주목해 볼 필요가 있다. 이 용어는 대체 무엇을 뜻하는가?[1] 정보라는 용어는 영어의 'information'을 1910년대 일본에서 번역한 것이지만, 정보화는 마스다(增田未二) 등의 학자에 의해 1960년대 일본에서 고안되어 'informatization'이라는 영어로 번역되어 미국으로 건너간 용어이다. 지금은 다들 자연스럽게 사용하고 있지만, 이렇게 되기까지는 20년 정도의 시간이 필요했다. 아무튼 이 용어는 흔히 정보기술(IT)이라고 불리는 신기술의 이용이 사회적으로 확산되고, 그에 따라 여러 사회적 변화가 나타나는 것을 아울러 가리킨다.

이 변화는 언제부터 시작된 것일까? 이에 대해서는 여러 이견들을 찾

---

1) 물론 이에 앞서서 정보라는 용어에 대해서 먼저 살펴볼 필요가 있을 것이다. 그러나 그것은 극히 복잡한 작업이므로 여기서는 두 가지 참고문헌을 제시하는 것으로 그치도록 하겠다. Escarpit(1976)은 그 개념에 대한 최상의 해설서이다. 吉井博明(1996: 10-16)은 정보의 개념에 대한 말끔한 정리와 함께 情報라는 번역어가 고안되고 사용된 과정도 잘 보여주고 있다.

아볼 수 있다. 그런데 이렇게 다양한 이견들이 나타나는 근본적인 까닭은 사실 정보화에 관한 개념투쟁의 결과라고 할 수 있다. 일본에서 이 용어를 처음으로 사용했을 때는 분명히 현대의 정보기술, 즉 컴퓨터로 대표되는 새로운 지능기계의 확산과 그에 따른 사회적 변화를 가리키는 것이었다. 물론 이 용법이 현재 가장 널리 퍼져 있는 용법이다. 그러나 예컨대 미국의 베니거라는 학자는 정보화를 산업혁명에 따른 통제위기에서 비롯되는 것으로 본다(Beniger, 1986). 생산력의 급격한 발달이 작업장과 사회 전체 수준에서 엄청난 정보의 증대를 초래했고, 이 때문에 나타난 통제위기에 대처하기 위해 정보화가 불가피했다는 것이다. 베니거 자신은 산업혁명의 결과에만 초점을 맞추었지만, 당연히 이런 식의 확장은 훨씬 더 고대로까지 전개될 수 있다. 왜냐하면 정보의 생산과 소통은 사회의 형성과 유지와 변화에 본질적인 요소이기 때문이다. 그러므로 인류사는 '정보화의 역사'로도 인식될 수 있는 것이다.[2]

여기서 정보화는 현대의 정보기술과 연관된 변화로 좁혀서 정의하기로 한다. 이 경우 그것은 2차대전 이후에 본격적으로 발전하기 시작한 것으로 볼 수 있다. 당시에 정보화를 주도한 것은 미 국방성이었다. 사실 현대의 정보기술은 무엇보다 냉전의 산물이었다(김진균·홍성태, 1996). 핵전쟁에 대비한 거대한 군사정보통신체계를 구축하는 과정에서 현대의 정보기술이 놀랍게 발전할 수 있었고, 그 결과물들이 60년대에 들어와 미국의 대기업들을 중심으로 점차 민간에서 사용되기 시작했다. 이 시기에 미 국방성이 주도하여 이룩한 정보화의 업적으로 반드시 기

---

[2] 이것을 정보가 물질을 대체한다는 식으로 설명하는 '정보주의'는 이론적으로 근본적인 오류를 안고 있다. 왜냐하면 어떤 정보도 물질을 대체할 수 없기 때문이다. 물리적으로 보아서 정보는 물질의 형태적 측면을 가리키며, 그것은 궁극적으로 물질 이용의 효율에 영향을 미칠 뿐이다. 정보가 물질을 대체한다는 허구적 주장의 실천적 목표는 공유재인 정보재의 사적 소유를 강화해서 자본주의의 정보적 확장을 추구하는 것이다(홍성태, 2002ㄱ).

억하지 않으면 안 되는 것 중의 하나가 바로 인터넷이다. 이것은 소련의 핵공격에 대비하여 생존력이 강한 새로운 분산형 컴퓨터통신망으로 개발된 ARPANet(미 국방부 고등연구계획국 네트워크)에서 비롯되었다.

서구의 60년대는 상당히 흥미로운 시기(Morgan, 1991; Marwick, 1998)인데, 오늘날 새로운 사회운동으로 불리는 다양한 새로운 저항의 움직임들이 이 시기에 본격적으로 나타나기 시작했고, 새로운 정보기술이 비약적으로 발전할 수 있는 기틀이 마련되고 민간에서 그 기술들을 적극적으로 이용하기 시작3) 했으며, 이런 변화들에 바탕을 두고 현대사회가 구조적으로 변하기 시작했다는 진단들이 나타나기 시작했던 것이다. 그 대표적인 예가 바로 '탈공업사회'론이다. 4) 한때 많은 좌파 지식인들이 이 이론을 수렴론이라고 해서 비웃거나 거부했지만, 사실 이 이론은 여러 면에서 90년대에 들어와 본격화된 변화들을 선취하는 것이었다. 지금처럼 명확한 것은 아니었지만, 아무튼 초기의 탈공업사회론도 분명히 정보화를 바탕으로 해서 제기된 것이었다. 예컨대 가장 중요한 탈공업사회론자였던 벨의 경우를 보면, 처음에는 '정보사회'라는 용어가 너무 협소하다고 해서 거부했지만, 70년대 말이 되면 결국 이 용어

---

3) 당시에는 사실 '정보화'라는 말보다는 '자동화'라는 말이 더 널리 사용되었다. 자동화라는 말을 대신하여 정보화라는 말이 널리 사용되기 시작한 것은 80년대 중반 이후이다. 이런 변화의 핵심에는 컴퓨터 기술의 발달이 자리잡고 있다. 또한 자동화가 대체로 생산현장을 중심으로 만들어진 말인 데 비해, 정보화는 사회 전반을 대상으로 만들어진 말이라는 점에도 주의할 필요가 있다.

4) 탈공업사회론의 주창자는 다니엘 벨이다. 그는 1959년에 발표한 논문에서 이 말을 처음으로 사용했는데, 그 뒤 『고독한 군중』의 데이빗 리스맨이 1958년에 발표한 논문에서 이 말을 사용했다는 것을 알게 되었다고 한다(Bell, 1976: 37쪽의 주45). 그러나 정보기술이나 이론지식의 중요성을 강조해서 산업사회 이후의 사회를 모색한 것은 전적으로 벨의 독창적 업적이다. 이러한 탈공업사회론은 사실 탈근대화론, 탈근대성론, 탈근대사회론 등 많은 탈근대론과 밀접한 연관을 맺고 있다. 근대사회의 물질적 핵심인 공업사회가 크게 바뀌었기 때문에 근대사회 전체를 다시 보아야 한다는 논의들이 넘쳐나게 되었던 것이다(홍성태, 2002ㄴ).

를 탈공업사회를 대표하는 말로 받아들인다. 이것은 정보기술, 정보화, 정보의 중요성이 갈수록 커지는 것에 대한 이론적 반응이라고 할 수 있을 것이다.

이미 1960년대 초부터 새로운 사회의 형성에 관한 논의를 촉발시켰던 정보화는 1990년대에 들어와서 한 정점에 이르게 되었다. 그것은 월드와이드웹(WWW)을 통한 인터넷의 대중화에 의해 이루어졌다(Berners-Lee, 1999). 이와 함께 정보화의 사회적 영향을 둘러싼 개념투쟁도 한층 복잡해졌다.

3. 정보화와 '새로운 사회'의 개념들

정보화를 대표하는 기술은 컴퓨터이지만, 그것이 정보화의 모든 것은 아니다. 컴퓨터가 고성능화하고 대중화하기 이전에 정보화를 이끌었던 것은 텔레비전이었다. 이러한 사실을 예민하게 포착해서 널리 알린 사람은 캐나다 태생으로 미국에서 영문학자로 살았던 마샬 맥루한이었다. 마샬 맥루한은 1964년에 『미디어의 이해』라는 제목의 책을 펴냈는데, 이 책에서 그는 기술을 '인간의 확장'으로 파악하는 기술결정론에 입각해서 정보기술을 인간 정신의 확장이라고 주장했다. 이런 주장의 핵심에 자리잡고 있는 정보기술은 바로 텔레비전이었으며, 그는 텔레비전이 지구를 '지구촌'으로 만들어서 과거의 공동체를 지구적 차원에서 재생할 것이라고 보았다. 5)

---

5) 다니엘 벨은 이러한 맥루한의 주장이 스승인 해럴드 이니스의 주장에서 비롯된 것이지만, 여기서 나아가 맥루한은 스승의 주장을 과장하고 세속화하고 뒤집어 버렸다고 보았다 (Bell, 1981: 19쪽의 주7). 특히 벨은 '지구촌' 개념에 대해 회의적인데, 이에 대해서는 맥루한 자신도 말년에는 비관적으로 되었다(박태견, 1995: 38).

비록 현대 컴퓨터기술의 원형이 1960년대에 나타났다고 하더라도 1980년대 초까지 정보기술의 발달을 대표한 것은 텔레비전이었다. 이런 사실은 정보기술의 발달에 따른 사회의 변화를 포착하는 말에도 적절히 반영되었다. 예컨대 1980년대 초에 미국에서 발표된 한 논문은 정보기술의 발달에 따른 미래의 생활양식의 변화를 온통 'Tele'('원격'이라는 뜻)라는 접두사로 시작되는 말들로 표현하고 있다(Pelton, 1983: 40). 그로부터 채 10년이 지나지 않아서 새로운, 그러나 더욱 이해하기 어려운 말이 정보기술의 발달을 상징하는 말로 떠오르게 된다. 바로 'Cyber'이다. 이 말은 사실 접두사가 아니라 'Cybernetics'라는 말의 줄임말이다. 사이버네틱스의 뜻은 '자동조절학'이라고 할 수 있는데, 따라서 사이버는 '자동조절의'라는 뜻으로 옮길 수 있다(Wiener, 1954; 홍성태, 1996). 요컨대 사이버라는 말은 외부 환경의 변화에 따라 스스로 조절할 수 있는 능력을 지닌 지능기계의 등장이라는 변화를 담고 있다. 1980년대에 컴퓨터가 고성능화하고 대중화하면서 1960년대를 지나며 잊혀졌던 이 말이 다시 쓰이게 되었던 것이다. 그런데 이로부터 얼마 지나지 않아서 이번에는 다시 'Digital'이라는 말이 사이버라는 말을 제치고 정보기술의 발달을 상징하는 말로 떠오르게 된다. 여기에는 인터넷의 대중화에 따라 디지털 정보가 널리 퍼지게 되며, 이와 함께 아날로그 전자제품이 디지털 전자제품으로 바뀌게 된다는 변화가 반영되어 있다(홍성태, 2000).

이처럼 정보기술의 발달을 상징하는 말이 '텔레'(1980년대 초)에서 '사이버'(1990년대 초)로, '디지털'(1990년대 중반 이후)로 바뀌어간 것처럼 이러한 기술의 변화에 따른 사회의 변화를 상징하는 말도 탈공업사회(1960년대)에서 정보사회(1980년대)로, 지식사회(1990년대 이후)로 계속 변해왔다. 물론 이러한 변화는 서구, 특히 미국을 중심으로 나

타난 것이다. 그러나 2차대전 이후 미국이 세계 정보기술의 발달을 주
도해왔기 때문에 미국에서 나타난 이러한 말과 이론은 빠르게 세계 각
지로 퍼져서 정보기술의 발달에 따른 사회의 변화를 설명하는 말과 이
론으로 자리잡게 되었다. 1990년대 중반 이후에도 미국에서는 사이버
사회(Jones, 1995)나 네트워크사회(Castells, 1996)[6]와 같은 말이 나
타났다. 그러나 이런 말은 정보사회나 지식사회처럼 널리 쓰이지는 않
고 있다.

정보사회라는 말 자체는 1960년대 초반에 처음으로 나타났다. 그러나
이 말이 처음부터 널리 쓰였던 것은 아니었다. 예컨대 다니엘 벨은 1970
년대 말이 되어서 비로소 이 용어를 받아들였다. 벨이 새로운 사회에 관
한 그의 이론을 정보사회라는 말로 나타낼 무렵부터 정보사회라는 말은
정보기술의 발달에 따른 사회의 변화를 상징하는 말로 널리 쓰이게 되
었다.[7] 벨의 이론에서 정보사회는 탈공업사회이지만 반드시 탈자본주
의라고 할 수는 없다. 공업주의와 자본주의의 기축원리는 다르기 때문
에 탈공업이라고 해서 반드시 탈자본은 아니기 때문이다. 그러나 자본
주의라고는 해도 이전의 자본주의와는 아주 다르다. 예컨대 정보사회에
서 노동가치설은 지식가치설로 대체된다. 노동 자체보다는 지식이, 그
것도 단순한 경험적 지식보다는 과학적 탐구의 산물인 이론적 지식이

---

6) 카스텔은 본래 맑스주의 도시사회학자이다. 『네트워크사회의 도래』로 시작되는 정보화에
   관한 그의 이른바 '3부작'은 1980년대 중반부터 1990년대 중반에 걸쳐 다양한 지면에 발표
   한 다양한 주제의 논문들을 모아놓은 것일 뿐이다. 이것을 '정보시대의 자본론' 식으로 소
   개하는 것은 과장일 뿐이다.
7) 이와 함께 우리나라에서는 '정보화사회'라는 말도 널리 쓰이게 되었다. 이 말은 앞에서 밝
   혔듯이 본래 1960년대 일본에서 만들어졌다. '정보사회'가 정보기술이 고도로 발달된 사회
   를 뜻한다면, '정보화사회'는 '정보사회'를 향해 나아가고 있는 사회라는 뜻으로 쓰였다.
   그런데 일부에서는 'information society'를 '정보사회'가 아니라 '정보화사회'로 자의적으로
   옮겨서 혼란을 가져오기도 했다. 개념적으로 두 말은 명확히 구분되어야 한다.

사회의 변화를 규정하는 요소가 된다. 이렇듯 다니엘 벨은 탈공업사회로서 정보사회의 특징으로 정보기술과 이론지식의 중요성을 강조했다.

1990년대 중반까지 정보화에 따른 '새로운 사회'를 대표하는 말은 정보사회라는 말이었다. 정보화와 정보사회의 쌍개념은 시대의 변화를 가장 요약적으로 제시하는 것으로 널리 받아들여졌다. 그러나 1990년대 중반부터 정보사회를 대신하여 지식사회가 '새로운 사회'를 대표하는 말로 떠오르게 되었다. 이 말은 1966년에 서구에서 처음으로 고안되었으며, 피터 드러커는 1969년에 처음으로 이 말을 사용했다. 그런데 그 내용은 사실 다니엘 벨이 설명하는 탈공업사회 혹은 정보사회와 별로 다른 것이 없다(Stehr, 1994: 5-6). 드러커는 사회주의의 붕괴 이후에 '새로운 사회'를 지식사회로 규정하며, 그것을 비사회주의사회이자 탈자본주의사회라고 주장했다(Drucker, 1993). 노회한 자본주의의 옹호자다운 논변이기는 하지만 그의 주장은 다니엘 벨만큼 정교하지도 않고 우아하지도 않다. 벨은 탈공업사회로서 정보사회가 자본주의사회라는 것을 인정한다. 드러커는 탈자본주의사회로서 지식사회가 반자본주의도 아니고 비자본주의도 아니라고 말한다. 그가 말하는 탈자본주의 지식사회는 결국 자본주의 지식사회인 것이다. 따라서 그가 말하는 탈자본주의란 내용적으로 아무런 의미도 가지지 않는다.

정보사회나 지식사회는 모두 생산에서 노동보다 지식이 더 중요하다고 주장한다는 공통점을 가진다. 이것은 이론적으로 무엇보다 맑스주의에 대한 비판이라는 의미를 지닌다. 실제로 다니엘 벨과 피터 드러커는 맑스주의에 대한 이론적 비판을 통해 각자의 이론을 펼치고 있다. 근육의 활동만을 '노동'으로 특권화하고 육체노동자를 '보편적 계급'으로 미화했던 맑스의 이론은 분명히 낡은 것이다. 푸코는 '맑스주의는 마치 이외의 어떠한 곳에서는 호흡을 할 수 없는 물속의 고기와 같이 19세기의 사고 내에서 존속한다'고 주장했다(Foucault, 1966: 309). 다니엘 벨은 탈근대주의에 관한 고찰에서 푸코를 가리켜 '대개 유행을 따른 "언어의 유희"에 지나지 않는' 사상을 편 사람으로 비판했다(Bell, 1976: 76). 그러나 맑스주의를 넘어서려고 했다는 점에서 벨과 푸코는 사실 비슷하다. 그런데 비판의 내용을 좀더 유심히 들여다본다면, 반맑스주의 이론가로 널리 알려진 벨이 그렇지 않은 것으로 알려진 푸코보다 훨씬 더 맑스주의에 가깝다는 것을 알 수 있다.

1970년대 초까지 다니엘 벨은 정보사회라는 말은 물론이고 지식사회라는 말에 대해서도 명백히 반대했다(Bell, 1976: ix). 그것은 탈공업사회의 한 요소를 강조하는 것일 뿐이기 때문이었다. 그 뒤에 그가 정보사회라는 말을 받아들인 데에는 정보기술의 발달이라는 물리적인 변화가 일어났기 때문이었다. 요컨대 정보사회라는 말은 컴퓨터를 대표로 하는 정보기술의 발달을 강조하는 것이다. 이에 비해 지식사회라는 말은 기술보다는 주체인 사람을 강조한다. 벨도 밝히고 있듯이 지식은 정보를 조직화한 것으로서 기술적으로 처리하기가 어렵다. 그것은 기술보다는 그것을 개발하고 이용하는 주체인 사람의 능력에 속하는 것이다. [8]

사실 피터 드러커는 이 점을 강조해서 지식사회라는 말을 썼다. 요컨대 육체노동자가 아니라 지식노동자가 중요한 사회가 지식사회라는 것이다. 그런데 그의 주장은 여기에 그치지 않는다. 그는 지식노동자가

---

8) 물론 이에 대한 강력한 반론도 존재한다. 탈근대사회론의 교재로 널리 알려진 료타르의 『탈근대적 조건』이 그것이다. 이 책은 본래 캐나다 퀘벡 정부의 요청에 따라 정보화에 따른 지식의 변화에 관해 연구한 보고서로 작성되었다. 그 부제는 '정보사회에서의 지식의 위상'이다. 료타르는 정보화라는 물리적 변화에 따라 사변적 지식의 쇠퇴와 수행적 지식의 강화가 이루어질 것이라고 주장했다(Lyotard, 1979). 오늘날 우리는 인터넷을 통해 자신이 알고자 하는 정보와 지식을 쉽게 손에 넣는 사회에서 살고 있다. 이런 사회에서 종래의 지식과 지식인의 위상은 당연히 절하된다. 우리는 료타르가 말하는 '탈근대사회'에서 살고 있다.

지식이라는 자원을 소유하고 있기 때문에 지식사회는 종래의 자본주의 사회와는 다른 '새로운 자본주의사회'라고 주장한다. 드러커가 꿈꾸는 새로운 자본주의사회로서 지식사회는 모든 사람이 지식이라는 자원을 소유한 '만인 자본가 자본주의사회'이다. 이 사회에서는 이건희와 노숙자가 본질적으로 똑같은 지식노동자이며 지식자본가이다. 세상의 숱한 자본가와 경영자들이 피터 드러커를 '위대한 자본주의의 스승'으로 떠받드는 이유가 여기에 있는 것은 아닐까?

4. 맺음말

정보기술의 발달이 사회의 변화에 큰 영향을 미쳤다는 것은 분명하다. 그러나 그것이 과연 어떤 변화를 미쳤으며 미치고 있는가에 대해서는 논란이 분분하다. 정보사회에 이어서 지식사회라는 말이 널리 쓰이고 있지만, 이런 말들에 대한 깊은 성찰은 여러모로 부족해 보인다. 우리가 말을 만드는 것이 아니라 말이 우리를 만든다는 '언어학적 전환'의 관점에서 보자면 이런 상황은 분명히 문제적일 뿐더러 심지어 위태롭기도 하다.

정보기술의 발달에 따른 사회의 변화를 크게 요약하자면, '자동화(1960-70년대)→정보화(1980-90년대)→지식화(1990년대 중반 이후)'의 순서로 줄일 수 있을 것 같다. 각각의 단계에 대응해서 '탈산업사회→정보사회→지식사회'라는 말이 널리 쓰이게 되었다. 그런데 이런 말들은 주로 기술이나 지식의 기능에 초점을 맞추고 있다. 여기에는 크게 두 가지 문제가 담겨 있다. 첫째, 자본주의라는 말이 담고 있는 불평등의 문제는 제대로 다루지 못한다. 이 점에서 탈공업사회나 정보사회에 관한 논의는 자본주의에 관한 논의와 다른 이론적 근거 위에 서있다고 주장하는 다니엘 벨은 앨빈 토플러[9]는 물론이고 피터 드러커보다도 이론적으로 훨씬 일관되며 솔직하다. 둘째, 더 근본적으로 생태위기의 문제에 관해 어떤 관심도 보이고 있지 않다. 사실 정보기술과 연관된 '새로운 사회'의 이론들이 쏟아져 나오기 시작하던 1960년대는 생태위기의 문제가 본격적으로 논의되기 시작하던 시기이기도 하다.[10] 바로 이런 문제를 이론적으로 우회해서 자본주의와 공업주의를 지속하고자 했던 이론적 시도가 바로 '탈산업사회→정보사회→지식사회'의 주장으로 이어졌던 것이다.

정보기술의 발달에 따른 사회의 변화는 근본적이지는 않다고 하더라도 대단히 다양한 것만큼은 틀림없는 사실이다. 요컨대 정보기술의 발달로 불평등과 생태위기를 즉각 넘어설 수 있게 된 것은 아니지만 종래에는 볼 수 없던 새로운 현상들이 다채롭게 나타난 것은 분명하다. 이런 점에서 우리는 정보기술의 발달에 따른 사회의 변화를 있는 그대로 볼 수 있도록 애써야 한다. 이렇게 하기 위해서는 무엇보다 기존의 정보사회론이나 지식사회론에 대한 이데올로기적 독해가 필요하다. 이 경우 우리가 주의해야 할 것은 단순히 정보기술이 발달하고 그것을 널리 이용하게 되는 것이 아니라 그와 함께 재화로서 정보나 지식의 생산 및 이용방식이 큰 변화를 겪게 된다는 것이다. 마치 산업자본주의가 공유지

---

9) 다니엘 벨은 앨빈 토플러의 주장을 '스타트렉 사회학'이라고 부른다. 그의 주장이 그럴 듯해 보이지만 사실은 대단히 허황되다는 뜻이다. 토플러의 주장은 '기술이 너희를 구원하리라'라는 말로 요약할 수 있다. 그는 불평등도 생태위기도 모두 기술로 극복할 수 있다고 주장한다. 이 주장은 자연스럽게 기술이 가장 발달한 나라인 미국이 세계를 구원하리라는 '초미국주의'로 이어진다.

10) 1962년에 레이첼 카슨의 『고요한 봄』이라는 책이 발표되었다. 케네디가 미 의회연설에서 인용하기도 했던 이 책은 미국 사회에서 환경문제에 관한 관심을 대중화하는 기폭제가 되었다. 그 결과 환경운동이 대중화하기 시작해서 1970년 4월에는 미국에서 처음으로 '지구의 날' 행사가 열렸다. 그리고 1972년에는 로마클럽의 의뢰로 미국의 연구진이 작성한 『성장의 한계』라는 획기적 보고서가 발표되었다.

를 사유지화했던 것처럼 정보자본주의는 공유재인 정보나 지식을 사유재로 바꾸고 있다. 정보사회나 지식사회는 단순히 정보나 지식의 사회적 구실이 중요해지는 사회가 아니라 사유화를 통해 정보나 지식의 경제적 가치가 인위적으로 커지는 사회이다.

우리가 일상적으로 쉽게 쓰는 개념에 대해 관심을 갖는 것은 우리의 일상생활 자체에 대해 비판적 성찰의 능력을 키우기 위해 대단히 중요하다. 그 개념이 대중매체를 통해 우리에게 소나기처럼 퍼부어지는 것이라면 더욱 더 그럴 것이다. 정보기술이 불평등과 생태위기를 넘어서 더 나은 사회를 만드는 동력이 될 수 있도록 하기 위해 우리는 언제나 이러한 비판적 성찰을 위해 애써야 한다. 그렇게 해서 정보의 이름으로, 지식의 이름으로, 불평등과 생태위기를 정당화하는 세력에 맞설 수 있는 힘을 기르게 될 것이다.

참고문헌

김진균·홍성태(1996), 『군신과 현대사회―현대 군사화의 논리와 군수산업에 관한 연구』, 문화과학사
박태견(1995), 『앨 고어 정보초고속도로』, 길벗
홍성태(1996), 「사이버: 사이버공간과 사이버네틱스」, 홍성태 편역(1997), 『사이보그 사이버컬처』, 문화과학사
______(2000), 『사이버사회의 문화와 정치』, 문화과학사
______(2002ㄱ), 『현실 정보사회의 이해』, 문화과학사
______(2002ㄴ), 「근대화에서 근대성으로」, 『문화과학』 31호/2002년 가을호

Bell, Daniel(1976), *The Coming of Post-Industrial Society: A Venture in Social Forecasting*, BasicBooks(초판은 1973년)

__________ (1976), 김진욱 옮김(1990), 『자본주의의 문화적 모순』, 자유세계사

__________ (1981), 이동만 옮김(1984), 『정보화사회의 사회적 구조』, 한울

Beniger, J. (1986), *The Control Revolution*, Harvard Univ. Press

Berners-Lee, Tim(1999), 우종근 옮김(2001), 『월드와이드웹』, 한국경제신문사

Castells, M. (1996), 김묵한 외 옮김(2003), 『네트워크사회의 도래』, 한울

Drucker, Peter(1993), 이재규 역(1993), 『자본주의 이후의 사회』, 한국경제신문사

Escarpit, R. (1976), 김광현(1995), 『정보와 커뮤니케이션』, 민음사

Foucault, M. (1966), 이광래 역(1987), 『말과 사물』, 민음사

Jones, S. ed. (1995), *CyberSociety: Computer-Mediated Communication and Community*, Sage

Lee, Eric(1997), 국제연대정책정보센터 옮김(1998), 『노동운동과 인터넷—새로운 국제주의』, 한울

Lyotard, J-F. (1979), 이현복 옮김(1992), 『포스트모던적 조건』, 서광사

Marwick, A. (1998), *The Sixties—Cultural Revolution in Britain, France, Italy, and the United States, c. 1958-c, 1974*, Oxford

Morgan, E. (1991), *The 60s Experience—Hard Lessons about Modern America*, Temple Univ. Press

Pelton, Joseph(1983), 「정보사회의 특성」, 박흥수·김영석 옮김(1987), 『뉴미디어와 정보사회』, 나남

Stehr, Nico(1994), *Knowledge Societies*, Sage Publications

Wiener, N. (1954), 최동철 역(1978), 『인간활용—싸이버네틱스와 사회』, 전파과학사

吉井博明(1996), 『情報化と現代社會』, 北樹出版

1부

지식사회와 지구화

지식사회와 '혁명'의 수사학

1. 정보화 담론의 지형

세기말을 소란스럽게 장식했던 정보화의 열풍은 여전히 뜨겁기만 하다. 아니 오히려 이 열풍은 갈수록 더욱 더 뜨거워지는 것 같다. 한쪽 방향으로 변화가 계속되는 '정의 되먹임'[1] 현상을 여기서 분명히 확인할 수 있다. 그런데 과연 이 열풍은 언제 어디서 시작된 것일까?

기술적인 면에서 현재의 정보화 열풍은 컴퓨터의 개발과 함께 시작된 것이라고 할 수 있다. 컴퓨터는 이른바 '지능기계'의 시대를 열었고, 이로부터 오늘날 정보화로 통칭되는 거대한 변화가 비로소 상상의 수준을 넘어서 현실의 변화로 나타나게 되었던 것이다. 물론 아메리카합중국에

---

1) positive feedback의 번역어이다. 반대는 '부의 되먹임', 곧 negative feedback이다. 이것은 '정의 되먹임'과 달리 변화를 저지하고 균형을 잡으려는 움직임이다. '정의 되먹임'은 변화를 촉발하는 구실을 하지만, 지나칠 경우에는 파국을 낳게 된다. 이것을 보여주는 좋은 예로 '부익부 빈익빈'을 들 수 있다.

서 1946년에 발표된 최초의 컴퓨터 '에니악'(ENIAC)[2]은, 비록 당시로서는 뛰어난 성능을 자랑했을지라도, 오늘날의 관점에서 보기에는 별로 효율적이지 못한 커다란 계산기에 불과했다. 그러나 그뒤 컴퓨터 기술은 빠르게 발달되었고, 마침내 1980년대에는 '개인용 컴퓨터'의 대중화가, 그리고 이를 바탕으로 1990년대에는 인터넷으로 상징되는 '컴퓨터 통신'의 대중화가 이루어지게 되었다.

이러한 정보통신기술의 발달이 전문적 영역을 넘어서 폭넓은 사회적 관심사가 된 이유는 무엇보다 그 기술의 영향력이 광범위하다는 데서 찾을 수 있을 것이다. 그러므로 정보통신기술의 발달과 함께 이른바 '정보사회론'이 나타난 것은 아주 당연한 일이었다.

그 기원은 아메리카합중국에서 1950년대에 제기된 '정보경제'론으로 볼 수 있다. 이어서 1960년대에는 정보기술의 영향력을 좀더 폭넓은 사회적 관점에서 파악하려는 논의들이 본격적으로 나타나기 시작했다. '정보사회'와 '지식사회'라는 용어가 고안된 것도 바로 이때였다. 그러나 1970년대까지 정보화와 관련된 논의를 지배했던 것은 다니엘 벨의 '탈산업사회'론이었다. 1980년대에 접어들면서 이러한 상황은 바뀌었다. '정보사회'가 '탈산업사회'를 대신하여 새로운 사회를 가리키는 용어로 널리 확산되었던 것이다. 그리고 다시 1990년대 말부터는 지식사회가 정보화에 따른 사회적 변화를 가리키는 지배적 용어로 자리잡기에 이르렀다.

이처럼 지배적 용어는 시대의 변천과 함께 바뀌어 왔지만, 아메리카합중국에서 형성된 주류 정보사회론의 지배력에는 전혀 변화가 없다. 어느덧 30년이 넘는 세월이 지났고, 그 동안 세계는 정말 많이도 변했지

---

2) 모클리와 에커트가 만든 에니악을 최초의 디지털 컴퓨터로 보는 것은 오늘날 하나의 상식이 되었다. 그러나 이러한 상식과 달리 아메리카합중국의 법원은 존 아타나소프야말로 최초의 디지털 컴퓨터를 만든 사람으로 인정했다(Slater, 1986).

만, 다니엘 벨과 피터 드러커와 앨빈 토플러로 대표되는 주류 정보사회론의 지배력은 오히려 갈수록 강해지고 있다.

이에 대항하여 비판 정보사회론이라고 부를 수 있는 이론적 입장이 형성되었다. 그 중요한 특징은 정보사회를 산업사회의 연장선상에서 파악한다는 것이다. 예컨대 이 계열에 속하는 논자들 중의 한 사람인 아메리카합중국의 제임스 베니거는 정보화의 기원을 산업혁명기로 거슬러 올라가서 찾는다. 산업혁명과 함께 생산성이 크게 향상되었을 뿐만 아니라, 처리해야 하는 정보량의 폭발적인 증가로 '제어위기'가 발생했고, 이에 대응하기 위해 다양한 정보기술들이 개발되면서 이른바 '정보사회'가 형성되기 시작했다는 것이다(Beginer, 1986).

이에 비해 주류 정보사회론은 정보사회를 산업사회와 단절시켜 파악한다. 이른바 '단절론'이다. 좀더 정확히 말해서 주류 정보사회론은 정보화와 함께 '문명의 전환'이 초래된다는 '혁명론'을 주장한다. 그러나 이러한 혁명론은 사실에 대한 객관적 설명이라기보다는 이를테면 '과장의 수사학'을 구사하는 것이라고 할 수 있다. 여기서 중요한 것은 이러한 혁명론이 현재의 정보화 담론을 지배하고 있다는 사실이다.

오늘날 주류 정보사회론은 온갖 매체를 통해 일상적으로 선전되고 있다. 이렇게 해서 특정한 정보사회의 상이 보편적인 것으로 우리의 머릿속에 '주입'되는 결과가 빚어진다.[3] 그 핵심은 두 가지로 요약될 수 있다. 첫째, 기술주의적 사회상이다. 그 주요한 예로는 디지털화론과 가상공간론을 들 수 있다. 둘째, 경제주의적 사회상이다. 이것은 특히 수확체증론과 벤처기업론을 통해 검토할 수 있다. 이러한 사회상의 궁극

---

3) 민족주의와 반공주의가 어려서부터 공교육과 각종 매체를 통해 '주입'됨으로써 우리에게 일종의 태생적 이데올로기로 작동하듯이, 주류 정보사회론은 정보기술의 발달과 관련된 새로운 사회상을 가리키는 것으로 우리에게 일상적으로 '주입'되고 있다.

적인 종착점은 문명전환론이라는 '혁명론'이다. 그렇다면 그 출발점은 어디일까?

2. 정보자원론

정보가 경제적 자원, 그것도 가장 중요한 경제적 자원이라는 주장이야말로 주류 정보사회론의 초석이다. 다니엘 벨이 토플러의 '제3 물결론'을 가리켜 '스타트렉 사회학'이라고 힐난할지라도, 토플러가 다니엘 벨의 '탈산업화론'을 가리켜 '산업주의의 연장'이라고 비판할지라도, 정보의 중요성을 크게 강조한다는 점에서 양자는 공통적이다.

정보기술[4]의 발달을 배경으로 나타난 정보자원론은 크게 두 가지 내용으로 이루어진다. 첫째, 물질과 달리 정보는 무한한 자원이므로 정보의 생산을 통해 인류는 무한성장을 이룰 수 있다는 것이다. 이것은 생태주의에서 주장하는 '성장의 한계'에 관한 산업주의적 비판의 핵심이 된다. 둘째, 경제적으로 중요한 기능을 하는 정보의 생산을 촉진하기 위해서는 그 경제적 가치를 제대로 인식하고 인정해야 한다는 것이다. 이것은 정보를 공공재로 다루기보다는 사유재로 다루어야 한다는 주장이다.

소프트웨어산업의 형성과 성장은 이러한 정보자원론의 올바름을 입증하는 가장 중요한 사례로 흔히 인용된다. 예컨대 다음의 주장을 보자.

---

4) 이것은 컴퓨터로 대표되는 정보처리기술과 각종 유무선통신망의 정보소통기술로 이루어진다. 그 기초가 전기에너지의 이용과 전자공학의 발달이라는 점에서 이것은 전자정보기술로 부를 수 있다. 이와 함께 최근에는 새로운 정보기술의 발달이 두드러지고 있는데, 그것은 바로 유전정보기술이다. 이것은 물론 전자정보기술의 발달, 특히 컴퓨터의 발달에 크게 기대고 있다. 이 점에서 정보기술은 역시 컴퓨터로 대표된다고 할 수 있겠지만, 그러나 이렇게 하면 유전정보기술이 갖는 특수한 의미, 즉 그것이 인간의 개념과 가치 자체를 바꿀 수도 있다는 것을 올바로 파악하기 어렵다. 전자정보기술을 둘러싼 낙관론은 유전정보기술을 둘러싼 비관론과 동전의 양면을 이룬다는 점에 충분히 주목해야 한다.

산업사회에서는 '눈에 보이는 제품'을 만들고 이를 판매하는 것이 가장 중요한 인간 활동이었다. 즉 하드웨어가 경제의 핵심이 되었다. 그러나 21세기 정보사회 또는 지식사회에서는 이런 하드웨어의 비중은 현저하게 떨어지고 있다. 그 대신 '눈에 보이지 않는 소프트웨어'가 경제활동의 핵심이 되는 사회가 되고 있다. 소프트웨어 속에 담긴 '정보' 또는 '지식'의 보유 여부가 경제활동의 가장 중요한 열쇠가 되고 있다. 즉, 정보를 사고 파는 사회가 도래하고 있는데, 바로 이런 변화가 오늘날 우리가 직면하고 있는 변화의 요체다(이광형·이민화, 2000: 19)

'정보를 사고 파는 사회가 도래'하는 것이 '변화의 요체'인 것은 분명하다. 그러나 '정보를 사고 파는 것'은 정보의 생산을 촉진하기도 하지만, 그 자유로운 이용을 제약한다는 점에서 큰 문제를 낳게 된다(Boyle, 1996; 홍성태, 1999). 예컨대 컴퓨터를 사용하지 않으면 살 수 없는 사회에서, 컴퓨터를 이용하는 데 필수적인 운영체계를 한 기업이 독점하는 것이 과연 타당한 것인가? '마이크로소프트 소송'에서 잘 볼 수 있듯이, 무조건적이고 무차별적인 정보의 상품화는 사회적으로 커다란 비효율과 불평등을 초래하게 된다.5)

1996년에 OECD는 『지식기반경제』라는 제목의 보고서를 발표하고, 곧 이어 1998년에 세계은행은 『발전을 위한 지식』이라는 제목의 보고서를 발표하였다. 이 무렵부터 정보사회를 대신하여 지식사회라는 용어가 널리 사용되기 시작했다. 이에 따라 종래의 정보자원론도 지식자원론으로 바뀌어 갔다. '21세기 지식사회는 바야흐로 지식이 부가가치 창출의 원동력인 사회'라는 것이다. 이러한 주장을 바탕으로 제시된 것이 바로 '신지식인'론이며, 이에 대한 가장 체계적인 연구임을 자부하는 한 책에

---

5) 빌 게이츠는 자신의 성공을 '정의 되먹임'으로 설명한다. 맞는 말이다. 그러나 바로 그렇기 때문에 이것을 제어하지 못하면 사회 전체가 큰 시련을 맞게 된다. 마이크로소프트의 독점으로 말미암은 각종 폐단들이 그 좋은 예이다. 마이크로소프트 소송은 이 폐단들을 시정하기 위한 '부의 되먹임'이라고 할 수 있다.

서는 지식사회가 필요로 하는 이 새로운 주체를 다음과 같이 정의한다.

> 신지식인이란 사물지, 사실지뿐만 아니라 방법지를 체득하고 지식의 생성·저
> 장·활용·공유 과정에 필요한 정신 자세, 습관, 기본 능력을 갖추고 실천을 통
> 해 지속적으로 가치를 창조해 나가는 21세기형 인재(김효근, 1999: 80-81).

이 책은 모든 국민이 이러한 존재가 되어야 한다고 주장한다. 그러나 과연 모든 국민이 이렇게 뛰어난 존재가 될 수 있을까? 누구나 이런 사람이 될 수 있다고 주장하는 것은 학문을 빙자한 '지적 사기'가 아닐까?

정보자원론은 정보통신기술의 발달을 배경으로 무한성장의 신화를 되살리려 한다. 그러나 물질적으로 한계지워진 세상에서 무한성장은 불가능하다. 물질이 없다면 정보는 결국 무가치하다. 무한성장에 관한 정보자원론의 주장은 이론적으로 오류이다. 또한 그것은 본래 공공재인 정보를 무조건 사유재로 다룬다는 점에서 사회적으로 큰 문제를 안고 있다. 이런 식으로는 경제적 효율성을 크게 저해하는 마이크로소프트의 독점(Rohm, 1998; Cosmo and Nora, 1998)은 물론이고 심각한 윤리적 문제를 안고 있는 생명정보의 독점(양희진, 2000; 정관혜, 2000)에 대해서도 대처할 수 없게 된다.

3. 기술주의의 문제

1) 디지털화론

주류 정보사회론은 이미 오래 전부터 기술결정론이나 기술낙관론에 빠져 있다는 비판을 받아 왔다. 그러나 1990년대에 들어와 더욱 빠르고 복잡하게 전개되는 정보기술의 발달은 이러한 비판을 무색하게 만들고 있다. 그 한복판에 이른바 '디지털화'론이 자리잡고 있다. 요컨대 1970

년대의 극소전자기술혁명에서 1980년대의 정보기술혁명을 거쳐 1990년
대의 디지털혁명을 통해 현대 사회는 본격적인 문명의 전환을 경험하게
되었다는 것이다. 대체 디지털이 무엇이길래 이처럼 거대한 변화를 가
져온다는 것일까?

기술적으로 디지털이란 이진법에 의한 전자적 정보처리 및 소통방식
을 뜻한다.[6] 이 점에서 최근의 디지털화는 두 가지 변화를 뜻한다. 첫
째, 종래에는 컴퓨터로 처리할 수 없었던 각종 정보들을 컴퓨터로 처리
할 수 있게 되는 것이다. 둘째, 아날로그방식이 지배적이던 통신기술이
디지털방식으로 대체되는 것이다. 이런 변화는 무엇보다 컴퓨터기술의
발달에 의한 것이다. 오늘날 컴퓨터는 숫자나 글자나 도표만이 아니라,
소리와 움직그림을 포함한 모든 시청각 정보들을 처리할 수 있게 되었
다. 이것이 바로 디지털화의 기술적 본질이다.

그러나 이제는 널리 대중화되어 버린 '아톰'과 '비트'의 대비는 디지털
화의 이러한 실제적 의미를 문명전환론의 차원으로 과장한다.

> 디지털이란 구체적인 물질atoms이 아니라 비트bits의 방식으로 전송되는 새로운
> 미디어로서 이 때문에 정보의 양은 엄청나게 많(아졌)고 다양해졌으며 이제 눈에
> 보이지 않는 지식이 경제의 핵심이 되고 있다(최혜실 엮음, 1999: viii).

19세기 중반까지 정보의 이동은 물질[7]의 이동에 구속되어 있었다.

---

6) 어원적으로 디지털이란 디지트의 형용사형으로서 '숫자의', '십진수의'라는 뜻을 가지고 있
다. 디지트는 본래 손가락을 가리키는데, 이로부터 수를 센다는 뜻이 파생되었고, 다시 이
로부터 십진수라는 뜻이 파생되었다. 대체로 사람들의 손가락은 열개이기 때문이다.
7) 질량과 에너지와 정보는 세계의 물질직 통일성을 구성하는 세 가지 요소이다. 따라서 정
확히 말하자면 '물질'의 이동이 아니라 '질량(mass)의 이동이다. 질량과 에너지가 물질의
내용적 성분이라면, 정보는 그 형태적 성분을 이룬다. 상대성이론에서 증명되었듯이 질량
과 에너지는 동질적 관계에 있지만($E = mc^2$), 정보는 어느 경우에나 그 형태를 가리키는

그러나 19세기 중반부터 전기와 전파를 새로운 매체로 이용할 수 있게 됨으로써 정보는 물질의 이동에서 해방될 수 있게 되었다.[8] 그뒤 새로운 매체는 아날로그방식과 디지털방식의 두 가지로 이용될 수 있게 되었다. 요컨대 아날로그도 물질의 이동이 아니라 에너지의 이동을 이용한 정보전달방식이라는 점에서는 디지털과 같은 것이다. 또한 '비트' 즉 이진수[9]는 에너지의 이동을 매체로 이용하는 한 가지 방식일 뿐이다. 이 점에서 '물질에서 정보로', '물질에서 비트로', '아날로그에서 디지털로' 등의 이분법은 모두 '과장의 수사학'에 해당하는 것이다.

더욱이 이런 변화 때문에 '지식이 경제의 핵심이 되고 있다'는 것은 지나친 비약이 아닐 수 없다. 이 주장은 단순히 지식의 '경제적 기능'이 강화된다는 것뿐만 아니라 그 '경제적 가치'가 커진다는 것을 뜻하는데, 이러한 변화는 단순히 기술발달의 결과가 아니라 자본주의의 사적 소유와 이윤의 원리가 지식의 영역으로까지 확장된 결과이기 때문이다. 이런 논리는 자본주의적 기술결정론에 해당한다. 이것은 우리가 진지하게 의문을 제기해야만 하는 논리이다.

'아톰'과 '비트'의 대비는 MIT의 저명한 공학자인 니콜라스 네그로폰테 교수의 저서를 통해 널리 알려졌다. 이 대비를 통해 그가 강조하려고 했던 것은 컴퓨터통신의 사회적 가능성이었다.

오늘날 전세계의 20%가 80%의 자원을 소비하며 1/4이 만족할 만한 삶의 수준을

것이다. 정보는 질량과 에너지를 대체하는 것이 아니라, 질량과 에너지의 표출 자체이다.

8) 엄밀하게 말하자면 이 또한 과장이다. 에너지를 새로운 매체로 이용하기 위해서도 여전히 물질이 필요하기 때문이다. 이 점에서 보자면, 실제로 달라진 것은 정보의 이동속도와 방식일 뿐이다. 예컨대 말의 속도에서 전기의 속도로, 인쇄매체에서 전자매체로 변해갔던 것이다.

9) bit는 binary digit 즉 이진수의 약어로, 현대 통신이론을 정립한 클로드 샤논에 의해 정보량의 측정단위로 고안되었다.

누리는 반면 3/4은 그렇지 못한 상태에 있다. 어떻게 이러한 분열을 극복할 수 있을까? 정치가들이 역사의 쓰레기더미에서 서로 싸우고 있는 사이에 새로운 세대가 과거의 수많은 편견을 떨쳐버리고 새로운 디지털 환경을 만들고 있다. …디지털 기술은 사람들을 더 거대한 세계의 조화로 이끄는 자연적 힘이 될 수 있다. …나의 낙관주의는 무엇보다도 디지털화가 본질적으로 가지고 있는 분권화의 특성에 기인한다. 접근성, 이동성, 변화에 영향을 미치는 능력이 미래를 지금과 다르게 만들 것이다(Negroponte, 1995: 219-220).

이러한 가능성을 미리부터 부정할 필요는 없을 것이다. 그러나 그 실현을 위해서 우리는 기술이 그 자체로 새로운 사회를 가져오는 것은 아니라는 지적에 먼저 귀를 기울여야 한다.

디지털화는 일찍이 경험하지 못했던 정보의 통합적 처리를 가능하게 한다. 그리고 바로 이 때문에 거대한 초국적 미디어 및 컨텐츠업체들 간의 통합이 계속 전개되고 있다. '분권화'에 대한 네그로폰테의 낙관과 달리 엄청난 기술적 및 경제적 '집중화'가 현실에서 나타나고 있는 것이다. 이 모순적 경향의 동시적 전개 중에서 어느 한 가지만을 강조하는 것은 잘못이다. 또한 새로운 기술에 익숙한 새로운 세대는 새로운 사회를 만들 것이라는 전망은 낙관적이기 이전에 소박하기 짝이 없다. 이것은 기술과 사회의 관계에 관한 주류적 논의에서 흔히 찾아볼 수 있는 낙관적 기술결정론일 뿐이다. 이런 주장을 무비판적으로 되풀이하지 않도록 주의해야 한다.

2) 가상공간론

정보통신기술의 발달에 따른 사회변화를 기술결정론적으로 혹은 기술낙관론적으로 과장하는 데서 디지털화론과 쌍벽을 이루는 것으로 '가상공간론'을 들 수 있다. 가상공간은 사이버스페이스(cyberspace)의 번역어이다. 그러나 이 번역어는 잘못된 것이다. 이 잘못된 번역어를 통해 오늘날 '사이버'는 마치 '가상'이라는 뜻을 지닌 접두어인 것처럼 여겨지게 되었다. 그러나 사실 '사이버'는 정보 현상을 중심으로 인간과 기계를 통합적으로 연구하는 새로운 학문인 '사이버네틱스'의 준말이다.

'사이버'가 '가상'이라는 뜻의 접두어로 여겨지게 된 것은 캐나다 태생의 SF작가인 윌리엄 깁슨이 1984년에 발표된 그의 소설『뉴로맨서』에서 사이버스페이스라는 용어를 사용한 데서 비롯된다. 그는 이것을 '공감적 환상', '정신 속의 공간 아닌 공간'으로 정의했는데, 그 기술적 핵심은 1986년에 자론 레이니어라는 엔지니어에 의해 고안된 '가상현실'이라는 용어로 포착되었다. 이 용어는『뉴로맨서』에서 영감을 얻어서 레이니어 자신이 개발하고 있던 고도로 발달된 컴퓨터 시뮬레이션기술을 가리키는 것이었다(홍성태, 2000ㄱ: 1장).

1990년대에 접어들면서 이 기술의 개발은 사실상 좌절되었다. 그러나 이 용어 자체는 정보통신기술의 발달이 초래하는 사회변화를 상징하는 것으로 확고히 자리잡았다. 1991년에 개발된 월드 와이드 웹(www)을 통해 멀티미디어환경에서 작동하게 된 인터넷의 대중화가 그 현실적 배경이었다. 오늘날 가상공간 혹은 가상현실이라는 용어는 주로 인터넷의 특성을 과장하기 위한 용도로 사용된다.

> 비트로 이루어진 디지털 시대는 가상현실이란 새로운 개념을 낳았다. 시간과 공간을 초월한 새로운 세계를 만든 것이다(시정곤, 1999: 124).

여러 가지 용어와 표현이 뒤섞이면 이렇듯 이해할 수 없는 범벅이 만들어진다. 사람들을 현혹할 목적이 아니라면, 이러한 범벅을 함부로 만들어내서는 안 될 것이다. '비트로 이루어진 디지털 시대'라는 표현도 과장이지만, 그것이 '가상현실이란 새로운 개념을 낳았다'는 것은 더욱 그렇다. 기술적으로 보자면, 가상현실은 아이반 서덜랜드가 시각적 시뮬레이션장치를 개발한 1960년대 말로 거슬러 올라간다. 용어로만 보더라도 그것은 1980년대의 산물이다. 물론 여기서 더욱 문제가 되는 것은 '시간과 공간을 초월한 새로운 세계'라는 구절이다. 이런 식의 표현은 새로운 기술을 새로운 세계와 직접 연결시키는 강력한 언어적 실천이기 때문이다. 그러나 어떤 기술도 시간과 공간을 초월할 수 없다. 기술은 그 이용방식에 변화를 가져올 수 있을 뿐이다.

이미 오래 전에 지구상에서 오지는 사라졌다. 이로부터 '우주 식민지'의 개척이라는 발상이 나타나게 되었지만, 그 주창자들의 주장과 달리 그것은 너무도 어려운 과제이다. 이런 상황에서 인터넷에 의해 나타난 새로운 공간적 현상이 아예 새로운 공간의 창출로 과장되는 것은 놀라운 일이 아니다. 어쨌든 인간은 희망을 먹고사는 동물이 아닌가? 사실 인터넷은 여러 면에서 새로운 희망의 근거로 여겨질 수 있다. 그것은 개인에게 세계와 소통할 수 있는 매체를 제공하기 때문이다.

그러나 1990년대 중반부터 본격화하기 시작한 인터넷의 시장화는 이러한 희망을 오로지 경제적 성공으로 국한시키려는 듯이 보인다.

현재 우리는 컴퓨터와 통신장비가 만드는 새로운 세계를 경험하고 있다. 인터넷이 만드는 가상의 세계, '사이버세계'가 바로 그것이다. 가상의 세계이지만 실제로는 엄청난 가능성을 가진 세상이다. 1492년에 콜럼부스가 신대륙을 발견한 것과 비교할 만한 세계가 열리고 있는 것이다. 눈에 보이지 않는 세계 속에서 서점을 내고 백화점을 내는 희한한 일이 벌어지고 있는 것이다(이광형·이민화, 2000: 20)

인터넷이 만드는 것은 '가상의 세계'가 아니라, 현실의 공간이용방식의 변화일 뿐이다. '눈에 보이지 않는 세계'에서 상거래를 하는 것이 아니라, 새로운 매체를 이용하여 새로운 방식으로 상거래를 하는 것일 뿐이다. 분명히 인터넷은 신대륙의 발견에 비교할만한 가치가 있다.[10] 그러나 그것이 빠르게 구대륙의 질서에 의해 정복당하고 있다는 사실에 더욱 주의해야만 하지 않을까? 마치 신대륙이 그러했던 것처럼.

4. 경제주의의 문제

1) 수확체증론

정보화가 엄청난 경제성장의 가능성을 가지고 있다는 주장은 이제 확실히 입증된 것처럼 보인다. 이른바 '신경제'론은 단순한 가설을 넘어서 이제는 어엿한 하나의 이론으로 정립된 것처럼 보인다. 그러나 사실은 이와 다르다. '신경제'론은 여전히 가설일 뿐만 아니라, 심지어 영국의 『이코노미스트』지와 같은 경제 전문지는 '신경제'라는 것 자체를 부정한다. '신경제'론을 낳은 직접적인 근거인 아메리카합중국의 장기호황에 대해서도 찬탄만큼이나 우려의 목소리가 높다(Perkins & Perkins, 1999).

'신경제'론의 이론적 기원은 스탠포드대의 경제학 교수인 폴 로머가 1980년대 중반에 발표한 '내생적 성장론'에서 찾을 수 있을 것 같다.[11] 그는 물질재는 유한하지만 정보재는 무한하기 때문에 무한성장이 가능하다고 주장한다. 이것을 그는 요리법에 비유한다. 요컨대 요리 재료는 제한되어 있더라도 요리법은 무한하다는 것이다. 이렇게 해서 주류 정

---

10) 이런 비교에 대해 '신대륙'의 원주민들은 분명히 화를 낼 것이다. 필자는 그들에게 동의한다. 함부로 이런 식의 비교를 하는 것 자체가 지극히 낡은 발상이다.
11) 로머 자신은 '신경제'론에 대해 신중한 태도를 취하고 있다지만, 그 주창자들이 그의 이론에서 큰 영향을 받은 것은 부인하기 어렵다.

보사회론의 정보자원론은 새로운 성장론으로 발전되었다. 그러나 아무리 많은 요리법을 알고 있다고 해도 요리재료가 없으면 어떻게 요리를 할 수 있을까? 그리고 심지어 요리법을 알고 있어도 요리사 마음대로 그 요리법을 사용할 수 없는 것이 우리의 자본주의적 현실이다. 이런 점에서 로머의 이론은 요리사나 손님이 아니라, 단지 요리법의 소유자들을 위한 것이라고 할 수 있다.[12]

한편 '신경제'에 관한 환상적 낙관론을 널리 퍼뜨리는 데 가장 크게 영향을 미친 것으로는 단연 '수확체증론'을 들 수 있다. 이것은 흔히 다음과 같은 식으로 제시된다.

> 지식기반산업의 경제적 특성은 생산측면에서 한 단위 지식의 추가 투입에 따른 수확이 점차 감소하는 것이 아니라 오히려 증가하는 수확체증의 법칙이 작용하며, 또한 일단 창출·축적된 지식은 그 스스로 새로운 지식을 계속 증식시켜 나가는 자기증식 효과를 갖고 있다—이러한 경제적 특성으로 인해 지식기반산업은 다른 산업들에 비해 생산성 증가를 통한 국제경쟁력의 강화가 용이(오상봉 외, 1998: 3).

한마디로 줄이자면, 지식기반산업은 '황금알을 낳는 거위'라는 것이다. 왜냐하면 수확체증의 법칙이 작용하기 때문이다. 그러나 이런 식의 주장은 수확체증에 대한 왜곡일 뿐이다.

정보기술을 중심에 둔 '신경제'의 경제적 가능성을 수확체증으로 설명하는 것은 산타페연구소의 브라이언 아서가 1980년대 중반에 발표한 논

---

12) 이로부터 중대한 '윤리적 문제'가 발생하기도 한다. 이와 관련된 예로 남아공화국과 아메리카합중국의 제약회사들 간에 벌어졌던 분쟁이 있다. 수백만명에 이르는 가난한 에이즈환자들을 위해 남아공화국 정부는 '강제실시권'을 발동하여 에이즈 치료제를 생산해서 싼값에 보급하려고 했다. 이에 대해 지적재산권자인 제약회사들은 강력히 반대했고, 결국 이 계획은 무산되고 말았다(양희진, 2000).

문에서 비롯되었다.13) 그 요지를 간추리자면, 첨단기술산업에서는 생산비가 무시할 정도로 적게 들며 선점효과와 잠금효과14) 가 작용하기 때문에 생산을 늘릴수록 이윤이 늘어나는 수확체증의 법측이 나타난다는 것이다. 그러나 이러한 수확체증의 열매를 맛보기 위해서는 새로운 기술을 개발하여 시장을 장악할 수 있어야 한다. 수확체증은 경쟁의 불바다를 건넜을 때에야 이르게 되는 오아시스인 것이다.

이런 점에서 보자면, 우리가 더욱 주의해야 할 것은 이른바 '기술 종속'의 문제이다. 예컨대 개인이동통신의 경우에 진정으로 수확체증의 즐거움을 만끽하고 있는 기업은 따로 있다. 디지털 통신기술에 관한 로열티를 챙기고 있는 아메리카합중국의 퀄컴사가 바로 그 기업이다. 또한 수확체증은 '기술 독점'의 결과라는 점에도 주의해야 한다. 이러한 독점은 마이크로소프트의 경우에서 볼 수 있듯이 사회적으로 엄청난 비효율과 불평등을 유발한다. 그러므로 수확체증의 법칙을 오로지 지식기반산업의 경제적 성공 가능성이라는 점에서만 다루는 것은 잘못이다. 이경우에 수확체증론은 그 실체가 불명확한 '신경제'를 지나치게 낙관적으로 합리화하는 이데올로기가 되어 버린다.

2) 벤처기업론

2000년의 한국에서 벤처기업은 말 그대로 '시대적 화두'가 되었다. 벤처기업은 크게 두 가지 면에서 한국 경제의 발전에 이바지할 것으로 기

---

13) 그의 논문은 수확체증론을 널리 퍼뜨리는 데 크게 이바지했지만, 이와 함께 수확체증에 관한 '혼란의 기반'이라는 비판을 받기도 한다. 시오자와 요시노리에 따르면, 수확체증에는 서로 구분되는 네 가지의 개념이 있으며, 전통산업＝수확체감 대 첨단산업＝수확체증의 이분법은 잘못된 것이다(시오자와 요시노리, 1997: 346-349).

14) 선점효과란 새로운 기술을 먼저 개발한 자가 계속 지배력을 행사하게 되는 것을 뜻하고, 잠금효과는 어떤 기술이 일단 널리 사용되면 그 기술을 중심으로 관련 기술들이 개발되는 것을 뜻한다.

대되었다. 첫째, 재벌의 지배로 대표되는 한국 경제의 후진성을 극복한다. 벤처기업은 이미 1970년대부터 그 문제점이 지적되어온 재벌경제구조를 개혁하기 위한 특공대와 같다는 것이다. 둘째, 갈수록 치열해지는 기술력 경쟁에서 이기고 한국 경제의 지속적인 성장을 도모한다. 벤처기업은 기술로 승부하기 때문에 한국 경제 전체의 기술력을 높이는 데 크게 이바지하리라는 것이다.

이처럼 거창한 '역사적 사명'을 지니고 있는 벤처기업이라는 존재가 사람들에게 널리 알려진 것은 1997년 봄부터였다. 아니 정확히 말해서 그때부터 벤처기업이라는 용어가 널리 사용되기 시작했다. '기술창업중소기업'이라는 좀더 낯익은 이름으로 바뀌어 사용되기도 했지만, 벤처기업이라는 낯선 용어가 더욱 널리 사용된 배경에는 정보화가 자리잡고 있었다. 정보통신산업 혹은 지식기반산업 분야의 신규 창업기업을 가리키기 위해 벤처기업이라는 용어가 사용되기 시작했던 것이다.

그러나 이 용어는 사실 대단히 어색한 조어이다. 영어와 국어의 합성어라는 점에서도 그렇지만, 더 중요한 것은 자본주의에서 기업이란 본래 '벤처'하는 존재이기 때문이다.[15] 이런 점에서 보자면 벤처기업이라는 조어는 어설픈 동어반복이며, 연줄이 중요한 우리의 기업풍토를 고려하면 서글픈 동어반복이라고 할 수 있다. 그럼에도 불구하고 이 용어는 '신경제'와 관련하여 어떤 핵심을 담고 있다. 본래 벤처는 '모험'과 '투기'라는 뜻을 동시에 가지고 있다. 벤처기업이란 양자의 갈림길에 서

---

15) 미국에서는 벤처기업이라는 용어는 사용되지 않고 벤처자본이라는 용어가 사용되고 있을 뿐이다. 신기술을 개발하여 창업한 중소기업의 경우에 그것을 이용하여 성공하기에는 여러 가지 어려움이 많다. 따라서 안정적인 수익을 원하는 자본가는 이런 기업에 투자하지 않는다. 이런 기업이 필요로 하는 자본을 제공하는 것이 바로 벤처자본이다. 벤처자본은 단순히 자본을 제공하는 데 그치지 않고 경영을 적극적으로 지원하여 가진 것이라곤 기술밖에 없는 신생기업이 시장에서 성공을 거둘 수 있도록 한다.

있는 존재인 것이다. 탁월한 기술력과 경영력으로 모험하는 기업이 있는가 하면, 별다른 기술도 수익모델도 없이 투자자들을 사기치는 기업도 있다. 벤처기업에 대한 열망과 열광은 뜨겁지만, 그렇다고 해서 이런 상황이 달라지지는 않는다. '벤처열풍'의 이면에는 언제나 '벤처허풍'이 도사리고 있는 것이다.

'벤처허풍'의 문제는 '카지노 자본주의'의 중요한 양상인 '주식 카지노'와 직결되어 있다.16) 현재의 과열된 주식시장에서 투자와 투기는 결코 구분되지 않는다. 그러나 '벤처대국론'자들은 물론 그렇게 생각하지 않는다.

> 우리 인간의 행동 패턴을 살펴보면 가능성이 높은 곳에 돈이 모이는 것은 당연한 일이다. 그렇기 때문에 정보통신과 인터넷 같은 지식산업의 호황은 일시적인 거품이 아니고 지속적인 트랜드라고 보는 것이 타당할 것이다(이광형·이민화, 2000: 32).

약간 이론적으로 말하자면, 이러한 주장의 바탕에는 '합리적 행위자'론이 깔려 있다. 그러나 이러한 명망가들의 호언장담을 믿고 행위하는 것도 역시 합리적 행위에 속한다. 다시 말해서 속사정을 잘 모르는 일반 투자자들은 이러한 전문가들의 조언을 믿고 투자 혹은 투기를 하게 된다는 것이다.17) 아무런 수익모델도 없이 이른바 '미래가치'라는 신기루를 가지고 돈을 끌어 모으고, 이 때문에 주가가 오르면 투자자들은 마치

---

16) 카지노 자본주의는 본래 과잉축적된 금융자본이 세계 전역을 누비며 환투기를 하는 것을 가리킨다. 여기서는 '기술 카지노'와 '주식 카지노'를 카지노 자본주의의 주요한 양상으로 파악하고자 한다. 전자는 어떤 기술이 표준화를 통해 막대한 독점을 형성할 수 있게 되는 것을 뜻하며, 후자는 '돈 놓고 돈 먹기' 게임이 되어버린 현재의 주식 투자 붐을 가리킨다.
17) 최근에 폴 크루그만은 첨단기술주의 거품이 '피라미드 사기'와 비슷하다고 지적했다. 그 선례는 이미 1930년대에 나타났던 '폰지 사기'이다(한겨레신문, 2000/3/14).

큰돈을 번 듯한 착각에 빠지게 되지만, 결국에 수익모델이 없다는 것이 드러나면서 신기루는 사라지고 많은 사람들이 파산하게 된다(Perkins & Perkins, 1999).

벤처기업이라는 어색한 용어를 써서 경제개혁을 촉구해야 할 정도로 한국 경제의 기본구조는 엉망이다. 이 점에서 벤처기업들의 약진은 흥미롭다. 그러나 '젊은 피'를 수혈한다고 해서 정치개혁이 이루어지는 것이 아닌 것처럼, 벤처기업이 약진한다고 해서 경제개혁이 이루어지는 것은 아니다. 벤처기업은 '투기' 이외에도 '벤처재벌'이나 '재벌벤처'의 문제, 그리고 '신경제'의 이름으로 노동조합에 반대하는 문제를 가지고 있다.18) 이런 문제들을 짐짓 부차적인 것으로 여기고 벤처기업을 개혁의 기수로 선전하는 것은 또 다른 '사기'일 것이다.

5. 혁명의 시대?

영국의 맑스주의 역사학자인 에릭 홉스봄은 1789년부터 1848년까지의 유럽사에 대해 '혁명의 시대'라는 이름을 붙였다. 그것은 프랑스대혁명으로 시작되어 프롤레타리아계급의 등장으로 마감하는 한 시대에 붙여진 이름이었다. 그것은 봉건주의가 역사의 뒤안으로 사라지고 자본주의가 확립되는 역사적 시대에 붙여진 이름이었다.

주류 정보사회론자들은 과학기술의 발달과 함께 인류가 새로운 '혁명

---

18) 대표적인 벤처기업가인 비트컴퓨터의 조현정 사장은, 벤처기업에서는 모두가 '스톡옵션'을 통해 배분되는 '미래가치'의 실현을 위해 노력하는 동반자이기 때문에, 서로를 대립적인 존재로 파악하는 전통적인 노사관은 맞지 않는다고 주장한다(조현정, 2000). 그러나 (주)멀티데이타시스템의 경우에서 잘 드러났듯이, 벤처기업에서도 전통적인 노사관계를 찾아볼 수 있으며, '동반자론'은 종종 열악한 벤처기업의 노동조건을 은폐하는 구실을 한다. (주)멀티데이타시스템의 노동자들은 열악한 노동조건에 대응하기 위해 벤처기업으로서는 처음으로 2000년 초에 노동조합을 결성하였다.

의 시대'를 맞게 되었다고 선언한다.[19] 새로운 '혁명의 시대'는 지난 300
년간 현대 사회를 지배해 왔던 산업주의와 자본주의가 사라지는 '문명의
전환기'라고 한다. 이 혁명은 단순한 기술혁명이 아니라 거대한 사회혁
명이라는 것이다.

그러나 이 문명론적 혁명론의 본질은 '자본주의의 정보적 확장'을 탈
자본주의와 탈산업주의의 실현으로 제시하는 데에 있다(홍성태, 2000
ㄴ). 지적재산권의 역사는 이러한 사실을 잘 보여준다. 지적재산권은
경제적 보상을 통해 사회 전체의 지적 자산을 늘리기 위해 고안되었다.
그러나 오늘날 자본주의는 지적재산권 자체를 목적으로 여기고 있다.
지적재산권의 폐해를 방지하기 위해 마련된 '공정한 사용'과 같은 최소
한의 규제책조차 정보자원론이나 지식자원론의 강화 속에서 시나브로
약화되고 있다. 이런 변화가 과연 혁명인가?

정보사회론이 단순히 주관적인 희망과 소신의 묶음이 아니라 좀더 객
관적인 분석과 판단의 체계가 되기 위해서는, 무엇보다 주류 정보사회
론이 구사하는 '혁명의 수사학'을 비판적으로 대해야 할 것이다. 그것은
이런저런 사실들에 대한 과장의 범벅으로 혁명의 개념 자체를 아리송하
게 만들고 있다.

과연 무엇이 혁명인가? 빌 게이츠가 세계 최대의 부자가 된 것이 혁명
인가? 몇몇 젊은 '벤처재벌'들이 전통적인 재벌들보다 더 부자가 된 것이
혁명인가? 종래 공공재로 다루어지던 정보재가 갈수록 사유재화하는 것
이 혁명인가? 지적재산권이 갈수록 확대·강화되는 것이 혁명인가? 인
간의 유전정보를 포함한 세상의 모든 생명정보가 사적 소유물로 되는

---

19) 새로운 '혁명의 시대'는 기술적으로, 경제적으로, 정치적으로, 문화적으로 사실상 새로운
'아메리카합중국의 시대'라고 할 수 있다. 주류 정보사회론자들이 모두 아메리카합중국
인이라는 사실은 이 점과 무관할 것인가?

것이 혁명인가?

아니다. 이런 것은 혁명이 아니다. 이런 것은 그저 자본주의와 산업주의의 극단적 확장일 뿐이다. '혁명의 수사학' 이면에서 실제로 관철되는 것은 낡은 질서의 끝모를 확대이고 강화이다. 현실 사회주의의 형태로 전개되었던 체제론적 혁명은 실패했지만 주류 정보사회론자들이 주장하는 문명론적 혁명은 아예 일어나지도 않았다. 자본주의의 '정보적 확장'을 넘어선 '혁명적 전환'은 오직 생태론적 입장에서만 가능하다. 그러나 그것은, 아직 꿈일 뿐이다. [20]

참고문헌

김효근(1999), 『신지식인』, 매일경제신문사

시정곤(1999), 「디지털 네트워크와 커뮤니케이션의 구조」, 최혜실 엮음(1999), 『디지털시대의 문화예술』, 문학과지성사

양희진(2000), 「의약분야의 지적재산권」, 『다른과학』 8호, 한울

오상봉 외(1998), 『지식기반산업의 발전방안』, 산업연구원

이광형·이민화(2000), 『21세기 벤처대국을 향하여』, 김영사

정관혜(2000), 「생명공학 분야의 나쁜 특허들」, 『다른과학』 8호, 한울

조현정(2000), 「노동법과 벤처」, 『한겨레신문』 2000/4/25

최혜실 엮음(1999), 『디지털시대의 문화예술』, 문학과지성사

홍성태(1999), 「정보화 경쟁의 이데올로기에 관한 연구」, 서울대학교 대학원 사회학과 박사학위논문

---

20) 생태주의는 '성장의 한계'를 직시하고 공업력에 기반을 둔 산업주의와 무한성장을 추구하는 자본주의의 근본적 재편을 요구한다. 이러한 요구를 달성하는 것은 물론 대단히 어려운, 현재로서는 사실상 불가능한 것으로 보인다. 오히려 생태계를 구성하는 요소들 간의 연관과 공생을 강조하는 생태주의의 원리조차 새로운 자본주의의 원리로 흡수되고 해석되고 있는 상황이다.

______(2000ㄱ),『사이버사회의 문화와 정치』, 문화과학사

______(2000ㄴ),「지식사회와 탈근대—주류 정보사회론 비판」,『문화과학』 22
　　호, 2000년 여름

시오자와 요시노리(1997), 기술과 진화의 경제학 연구회 옮김(1999),『왜 복잡
　　게 경제학인가』, 푸른길

Beniger, J. (1986), *The Control Revolution: Technological and Economic Origins of the Information Society*, Harvard Univ. Press

Boyle, J. (1996), *Shamans, Software, and Spleens: Law and the Construction of the Information Society*, Harvard Univ. Press

Cosmo, R. and D. Nora(1998), 조성애 옮김(1999),『세계를 터는 강도』, 영림
　　카디널

Negroponte, N. (1995), 백욱인 옮김(1995),『디지털이다』, 박영률출판사

Perkins, A. & M. Perkins(1999), 형선호 옮김(2000),『인터넷 거품』, 김영사

Rohm, W. (1998), 고병권·김인수 옮김(1999),『마이크로소프트 화일—빌 게
　　이츠 신화의 거짓과 진실』, 더난출판사

지식사회와 탈근대
—주류 정보사회론 비판

1. 머리말

현실 사회주의가 몰락한 직후인 1993년 가을에 미국의 빌 클린턴 행정부는 '정보고속도로' 구축계획을 발표했다. 이 계획은 곧바로 세계적인 정보화 경쟁을 야기했다. 일본의 신사회간접자본 구축계획, 유럽의 정보사회 구축계획, 한국의 초고속통신망기반 구축계획, 말레이시아의 멀티미디어 수퍼코리도 구축계획 등이 잇따라 발표되었다. 이렇게 해서 20세기는 세계 전역에서 인터넷, 디지털, 멀티디미어, 사이버스페이스 등의 낯선 기술적 용어들로 그 마지막을 소란스럽게 장식하게 되었다.

물론 이 소란은 그저 소란에 그치고 만 것은 아니었다. 언론은 오히려 이 소란을 '정보사회'가 실현되는 과정에서 빚어지는 것으로 축복하였다. 이 축복성사는 대단히 다양한 어조와 어구로 이루어졌지만, 사실 그것은 모두 하나의 교리에 바탕을 두고 있는 것이었다. 다니엘 벨, 피터 드러커, 그리고 특히 앨빈 토플러로 대표되는 주류 정보사회론이 바로 그것이다. 이에 따르면 정보사회는 산업주의와 자본주의가 마침내 종말을 고하고 새로운 문명이 시작되는 사회이다. 인류가 이처럼 역사의 신기원에 이르게 되었으니, 그것을 축복하기 위해 다소 소란을 떤다고 해도 문제가 될 것은 없지 않겠는가?

물론 때마침 세기말을 맞게 되어서 축복성사는 생각보다 훨씬 더 요란스럽게 진행된 감이 없지 않다. 그러나 어쨌든 그 결과 사람들은 주류 정보사회론에서 제시하는 정보사회의 상을 우리가 살아가는 생생한 현실 자체로 받아들이게 되었다. 축복성사는 분명히 기대 이상의 성과를 거두었다. 그것은 대다수 사람들로 하여금 이제 과거와는 다른 사회 속에서 살아간다는 생각을 완전히 받아들이도록 하는 데 성공하였다. 이렇게 해서 마침내 주류 정보사회론에서 제시하는 정보사회의 상은 생생한 현실이 되었다.

그러나 그것은 과연 어떤 사회인가? 그것은 과연 산업주의와 자본주의를 넘어서 새로운 문명을 향해 나아가고 있는 사회인가? 축복성사의 소란에서 벗어나기 위해서라도 반드시 이런 원칙적인 질문들을 다시 한 번 던져볼 필요가 있다. 그리고 이 질문에 답하기 위해서는 주류 정보사회론의 기원과 전개를 주의깊게 살펴볼 필요가 있다. 1950년대의 정보경제론은 정보기술의 발달에 따른 산업구조나 직업구조의 변동을 실증적으로 파악하는 데 초점을 맞추었다. 그러나 1960년대부터 사정은 크게 달라지기 시작했다. 1960-70년대에는 탈산업화론으로, 1980-90년대에는 정보사회론으로, 그리고 지금 2000년에는 지식사회론으로 그 이름을 계속 바꾸어왔을지언정, 주류 정보사회론의 이데올로기적 함의는 전혀 달라지지 않았다.

주류 정보사회론은 서구의 1960년대가 제기한 새로운 도전에 대한 이론적 실천의 산물로 나타났다. 그 배경은 크게 두 가지로 정리될 수 있다. 첫째, 정치적 배경으로서 당시에 날로 격화되고 있던 냉전에서 자본주의의 승리를 보장하는 것이다. 이것은 비단 소련을 중심으로 한 사회주의세력에 대해서뿐만 아니라 평화운동을 중심으로 한 새로운 사회운동에 맞서서 '질서'를 재확립하는 과제이기도 했다. 둘째, 생태적 배경으로서 '침묵의 봄'으로 상징되는 생태위기를 초래한 산업주의의 문제를 보정하는 것이다. 이것은 당시에 처음으로 제기되었던 '성장의 한계'론에 맞서서 무한성장의 가능성을 재확립하는 과제였다. 컴퓨터로 대표되는 새로운 기술을 이용하여 이 두 가지 과제를 다 해결할 수 있다는 신념 위에서 주류 정보사회론은 태어났던 것이다.

주지하다시피 산업주의와 자본주의는 근대 사회의 구조적 핵심을 차지한다. 이 점에서 서구의 1960년대가 제기한 새로운 도전은 결국 근대 사회에서 벗어나려는 기획, 즉 탈근대의 기획을 구성하는 것이었다. 그리고 바로 이 점에서 주류 정보사회론은 지배적 입장에서 제시한 탈근대의 사회상이었다. 그렇다면 세기말에 이르러 인류는 마침내 근대 사회에서 벗어나 탈근대의 사회를 구성하게 된 것인가? 주류 정보사회론은 그렇다고 말한다. 완전하지는 않더라도 우리는 이미 새로운 사회 속에서 살아가고 있다고 말한다. 30년 전 혹은 40년 전부터 주류 정보사회론이 줄기차게 외쳐온 그 사회가 이제는 우리의 현실이 되었다고 말한다. 그러나 과연 그러한가?

2. 문명전환론

주류 정보사회론은 단순히 현재의 사회를 설명하거나 미래의 사회상을 제시하는 데 머물지 않는다. 그것은 인류의 전 역사를 하나의 일관된 틀로 설명하려는 '거대담론'이다. 료따르는 정보사회에서 거대담론이 그 신뢰성을 잃어버렸다(Lyotard, 1979: 89)고 했지만, 그러나 모든 거대 담론이 그렇게 되지는 않았다는 점에 우리는 충분히 주의를 기울여야만 한다. 모든 역사적 거대담론은 결코 실증적으로 증명될 수 없지만, 시 공간적 정체성을 제공하기 때문에 언제나 큰 호소력을 갖는다. 이론적 인 면에서 보았을 때, 주류 정보사회론의 강력한 현실 구성력은 그것이 바로 이러한 역사적 거대담론이라는 데서 나온다. 그 대표적인 예로는 토플러의 '물결론'을 들 수 있다.

1) 연속과 단절

역사적 거대담론의 유형은 크게 순환론과 진화론으로 구분된다. 전자 가 역사의 반복을 강조한다면, 후자는 그 변화를 강조하는 것이다. 주 류 정보사회론은 대체로 진화론의 계열에 속한다. 예컨대 벨은 산업사 회를 중심으로 그 전과 후로 역사를 구분하며, 드러커는 자본주의를 중 심으로 그 전과 후로 구분하고, 토플러는 물결의 비유를 들어 역사의 전 개를 구분한다.[1] 또한 진화론은 점진적 진화론과 급진적 진화론으로 구분된다. 전자가 역사의 완만하고 연속적인 변화를 주장한다면, 후자 는 그 비약적이고 단절적인 변화를 주장한다. 주류 정보사회론은 대체 로 후자에 속한다.[2] 예컨대 토플러는 다음과 같이 주장한다.

---

1) 여기서 주목할 것은 모두 일종의 '3분 도식'을 취하고 있다는 점이다. 이 도식의 의미는 현재를 중심으로 과거와 미래에 의미를 부여한다는 데에 있다. 이것은 우리의 일상적인 시간감각과 그대로 일치하는 것이다. 『제3의 물결』에서 토플러는 이것을 산업주의의 시 간관으로 비판하지만, 그 자신의 주장도 바로 이러한 시간관에 기초를 두고 있는 것이다.
2) 후자의 대표적인 예가 맑스주의라는 것을 떠올린다면, 정보사회론은 맑스주의 변동론과 '가족관계'에 있다고 할 수 있겠다. 물론 이것은 주로 형태적 유사성이고 내용 면에서 양 자는 대체로 '적대관계'를 이룬다. 시카고의 <제3물결 사회주의 연구집단>처럼 이 '가족관

새로운 접근방법의 하나는 끊임없이 출렁이는 물결의 연속을 역사로 보고, 하나하나의 물결의 힘이 우리를 어디로 데려갈 것인지 자세히 간파하는 것이다. 역사의 연속성도 물론 중요하지만 이 방법은 오히려 그 비연속성, 그리고 단속과 혁신에 주목한다(Toffler, 1980: 34).

토플러의 주장에서 더욱 주의할 점은 이러한 단절의 논리가 '희망의 원리'로까지 승화된다는 점이다. 현재가 혼란으로 점철되어 있으며 미래가 비관적으로 보이는 까닭은, 우리가 현재를 단순히 과거의 연속으로, 미래를 단순히 현재의 연속으로 보기 때문이라는 것이 그의 주장이다. 이런 주장을 뒷받침하기 위해 그는 프리고진의 저 유명한 '혼돈 속의 질서'를 끌어들인다(410). 이렇게 해서 단절의 논리는 단순한 주장을 넘어서 과학적 아우라를 부여받게 된다.

이러한 관점에서 그가 제시하는 것은 문명론이라는 역사적 거대담론이다. 그가 보기에, "현재 일어나고 있는 변화는 단순한 기술혁명이 아니라 문자 그대로 완전히 새로운 하나의 문명의 출현이다"(399). 여기서 주의할 것은 그의 문명론이 단순한 단절론적 역사관을 넘어선다는 점이다. 그것은 기존의 체제론적 사회관을 모두 부차화하는 방식으로 제시된다. 따라서 우리가 이 문명론을 받아들인다면, 우리가 가지고 있는 기존의 사회관을 모두 부정하지 않을 수 없게 된다. 이를테면 자본주의자도 사회주의자도 모두 낡은 제2의 물결 문명을 지속하고자 하는 자들일 뿐이다.

그렇다면 도대체 제3의 물결 문명은 어떠한 것인가? 그것은 '고도의 과학기술에 바탕을 두고 있는 동시에 반산업주의라는 성격'을 가지고 있는 문명이다. 그것은 다양한 에너지원에 바탕을 두고 있으며, 포드주의

계'를 내용의 면으로까지 확장하려고 시도하는 맑스주의자들도 있다.

생산방식을 낡은 것으로 만들어 버리고, 핵가족과는 다른 새로운 가족제도를 만들어내며, 직주일치의 생활방식을 가져오고, 관료제도를 붕괴시키고, 국민국가의 구실을 약화시키며, 제국주의의 지배를 넘어서 세계적인 반자율경제를 탄생시키며, 효율적이고 민주적인 정부를 필요로 하며, 생산자와 소비자를 다시금 융합시키는 경제를 낳게 된다. 이런 점에서 '우리가 조금만 지적인 노력을 한다면, 새로운 문명은 역사상 처음으로 인간성이 넘치는 문명이 될 것'이다(31).

우리는 이러한 주장을 하나의 희망사항으로 받아들여야 할 것인가, 아니면 현실의 추세에 대한 엄밀한 분석으로 여겨야 할 것인가? 다시 말해서 토플러는 정력적인 몽상가인가, 아니면 예리하고도 폭넓은 시야를 가진 과학적 분석가인가?

2) 프랙토피아

토플러는 자신이 유토피아의 전도사라는 것을 굳이 감추려 하지 않는다. 그러나 그는 자신이 제시하는 유토피아가 결코 실현될 수 없는 것이 아니라고 주장한다. 그의 용어로 표현하자면, 그것은 프랙토피아(practopia), 즉 실제적 유토피아이다.[3]

> 지금 우리들의 눈앞에 나타나고 있는 것은 유토피아가 아니라 프랙토피아라고 해야 할 세계이다. 그것은 상상할 수 있는 세계의 가장 좋은 것도 아니며 가장 나쁜 것도 아니다. 우리의 현재 상태보다는 더 좋고 실용적인 세계이다(408).

프랙토피아의 특징은 무엇인가? 첫째, 그것은 '패스토피아'(pastopia)

---

3) 이와 유사한 것으로 기든스가 1980년대 말에 제시한 '유토피아적 현실주의'가 있다. 그러나 기든스가 현실에서 이상을 추구하려 하는 반면에, 토플러는 이상으로 현실을 제압하려 한다(Giddens, 1990: 160-161).

이다. 4) 제2의 물결 문명이 파괴한 과거가 복원되는 것이다. 그는 언제나 미래에 대해 말하지만, 그의 얼굴은 과거를 향하고 있다.

> 제2의 물결과는 대조적으로 제3의 물결 문명은 제1의 물결 사회와 많은 점에서 유사한 특색을 가지고 있다. 예를 들면 집중화를 피하는 생산, 적절한 규모, 재생가능한 에너지, 비도시화, 가내 노동, 고도의 생산소비생활 등이다. 여기서 우리는 변증법적 회귀와 너무도 흡사한 현상을 볼 수 있다. …간단히 말해서 제1의 물결과 제3의 물결은 서로 일치하는 것이다(386).

이처럼 '패스토피아'로서 프랙토피아는 제3의 물결 문명을 낭만화할 뿐만 아니라, 세계사적으로 과거의 시간에 속하는 나라들에게 커다란 희망을 부여하는 것이기도 하다.

둘째, 그것은 '테크노토피아'이다. 제3의 물결 문명은 고도의 과학기술을 통해 산업주의의 문제를 해결하고 이룩되는 문명인 것이다(31). 그가 특히 강조하는 것은 생산성을 크게 증진시키는 정보기술과 진화의 과정 자체를 변화시키는 유전공학5) 이다. 여기에 태양에너지를 비롯한 새로운 에너지체계가 결합됨으로써 제3의 물결 문명이 이루어진다고 그는 주장한다.

> …우리가 컴퓨터·전자공학 및 우주나 바다에서 얻은 새로운 원료 등의 새 테크

---

4) 토플러의 방식대로 필자가 생각해 본 조어로 past와 utopia의 합성어이다.
5) 토플러는 유전공학이 '진화 그 자체를 선취하고 있다'고 말한다(1980: 338). 그 위험성에 대해서는 그도 분명히 지적하고 있기는 하지만(180), '진화 그 자체를 선취'한다는 발상이야말로 그러한 위험성의 좋은 예이다. 그는 유전공학의 발달에 의해 '제4의 물결'이 올 것이라고 보고 있다(한겨레신문, 2000/3/31, 6면). '진화 그 자체를 선취'한 문명의 모습은 어떤 것일까? 궁금증보다는 우려가 앞선다. '자연의 정복'이 아니라 '자연의 회복'이 필요하다는 것을, 그는 너무도 쉽게 무시한다. 그의 입장은 초국적 생명공학기업들의 이해관계를 고스란히 대변해 주고 있다.

놀로지를 유전학과 결합시키고, 나아가서 그것과 새 에너지 체계를 결합시켰을 때 비로소 새로운 변혁의 영향을 알게 될 것이다. 그리고 이런 모든 요소를 결합시켰을 때 인류 역사상 일찍이 없었던 기술혁신의 물결이 솟아오르게 될 것이다(181).

그가 말하는 기술들이 실제로 존재한다는 점에서, '테크노토피아'로서 프랙토피아는 제3의 물결 문명의 실현가능성을 구체적으로 입증하는 것처럼 보인다. 그러나 우리의 현실은 사실 다른 결과를 보여준다. 기술적 대안은 언제나 또 다른 기술적 문제를 야기해온 것이다.

가장 중요한 것은 프택토피아의 실천적 함의이다. 그것은 무엇인가? 첫째, 누구나 똑같은 출발선상에 있다는 것이다. 다시 말해서 모든 사람에게 완전한 기회의 평등이 주어진다는 것이다.

다가올 제3의 물결 문명에는 경쟁할 수 있는 기존 모델이 없다. 이 문명은 아직 완전히 형성되어 있지는 않다. 그러나 가난한 사람들에게도 부유한 사람들에게도 제3의 물결 문명은 참신하고도 해방적인 미래를 개척해 준다. …이제 부유한 자도 가난한 자도 똑같이 지금까지와는 전혀 다른 미래로 향하는 새로운 경쟁의 출발점에 나란히 서있는 것이다(398).

둘째, 따라서 성공과 실패는 각각의 행위주체들이 거시적 변화에 얼마나 빠르게 적응할 수 있느냐에 달려 있을 뿐이다.

우리에게는 오직 하나의 방법밖에 남아 있지 않다. 그것은 자기 자신 또는 자기들의 조직을 변화에 맞추어 적극적으로 개조해 가는 것이다(412).

변하지 않으면 죽는다, 각자 최선을 다해 변화하라! 이것이 그의 정언명령이다.

3. 탈산업주의

토플러 식으로 말하자면, 산업주의는 사실상 제2의 물결 문명과 동의어라고 할 수 있다. 그것은 공업력에 기반을 둔 생산방식, 화석연료에 기반을 둔 에너지체계, 관료적이고 중앙집중적인 거대조직, 획일화된 생활양식 등과 같은 특징을 가진다. 그러므로 제3의 물결 문명 혹은 탈산업주의는 이러한 특징을 벗어버린 새로운 사회상을 뜻한다. 이런 점에서 탈산업주의는 생태주의 물리학자로 잘 알려진 프리초프 카프라가 말하는 '태양 시대'와도 비슷해 보인다(Capra, 1982). 그러나 그 유사성은 형식적인 것일 뿐이다. 카프라의 '태양 시대'가 산업주의의 무한성장론을 비판하는 데서 출발한다면, 주류 정보사회론의 탈산업주의는 이러한 비판을 반비판하는 것이기 때문이다.

1) 무한성장론

산업주의는 인류에게 엄청난 부를 가져다 주었다. 그 핵심은 바로 공업력이다.[6] 그것은 자연이 오랜 세월에 걸쳐 비장해 둔 온갖 물질들을 마음대로 꺼내 쓸 수 있는 능력을 인류에게 부여했다. 공업력이야말로 근대의 프로메테우스였다. 그러나 그 놀라운 능력은 일찍부터 많은 문제들을 낳았다. 공업력을 이용하여 부를 쌓는 과정은 사실 인류를 '문명의 활화산' 위에서 살아가게 하는 위험을 낳는 과정이었다(Beck,

---

6) 이와 관련하여 산업주의(industrialism)라는 번역어는 혼란을 가져온다. 공장을 연상시키는 공업력과 달리 산업주의는 오히려 대중사회를 연상시키는 경향이 있기 때문이다. 이런 혼동을 피하기 위해 산업주의는 공업주의로 옮겨지는 편이 더 옳을 것이다. 이 경우 산업주의는 무엇보다 공업력의 특성에 기초를 두고 정의되어야 한다. 그것은 한마디로 자연의 순환운동을 파괴하는 인공적 생산력을 뜻한다. 산업주의는 이러한 공업력에 의존하여 형성된 생활양식 전체를 뜻한다.

1986). 더욱 근본적인 문제는 공업력이 자정능력을 넘어설 정도로 자연환경을 오염시키고, 지구의 자연자원을 급속히 고갈시켜 왔다는 사실에 있다. 결국 자연의 무한성은 부정되었고, 따라서 성장의 무한성도 기각되었다. 놀라운 성공에 대한 찬탄은 1960년대에 이르러 마침내 심각한 회의와 반성으로 변모하고 말았다(홍성태, 1998: 1장, 2장). 토플러도 다음과 같이 주장한다.

> 산업화 시대는 이미 끝났다는 사실을 명확히 이해하지 않으면 안된다. …황혼에 물든 현대라는 시대를 어떻게 평가하건 새로운 물결의 도래로 인해 다음의 두 가지 변화가 일어남으로써 산업문명은 이미 이대로는 지탱할 수 없게 된다.
> 첫째로, 우리는 자연에 대한 도전의 전환점에 이르렀다는 점을 알 수 있다. 즉, 생태계가 산업주의의 공세에 더 이상 견딜 수 없는 한계까지 와있다는 말이다. 둘째로, 지금까지 산업의 발전을 뒷받침하는 보조 역할을 한 재생불능의 에너지에 의존하는 것은 이미 불가능하게 되었다는 점이다(Toffler, 1980: 152).[7]

이러한 상황을 배경으로 나타난 것이 바로 생태주의이다. 생태주의는 공업력에 바탕을 둔 무한성장을 하나의 신화로 여기고, 그것을 즉각적으로 포기할 것을 강력히 주장한다. 이와 달리 주류 정보사회론은 기술의 발달을 통한 무한성장의 가능성을 계속해서 주장한다. 예컨대 토플러는 다음과 같이 주장한다.

> 현재의 심각한 환경문제 중 대부분—대기오염에서 유독성 폐기물에 이르기까지—은 낡은 산업주의적 부 창출방법의 부산물이다. 이에 반해 물질적 자원을 지식으로 대체하고, 생산을 집중화시키기보다 분산시키고, 에너지 효율을 증대시키며 또한 자원 재생기술을 극적으로 발전시킬 잠재력을 지니고 있는 새로운 경제체제는 깨끗한 생태계와 경제발전을 결합시킬 수 있다는 희망을 제시해 주고 있다(Toffler, 1990: 356).

---

7) 이제부터 이 책에서의 인용은 괄호 안에 쪽수만을 표기한다.

그러나 토플러의 희망과는 달리 지구의 환경은 지속적으로 악화되고 있다. 이에 대해 그는 산업주의의 힘이 아직은 강하기 때문이라고 대답할 것인가? 그의 주장대로 새로운 경제체제가 지난 수십년 간에 걸쳐 계속적으로 발전해 왔다면, 아무튼 환경문제는 조금씩이라도 계속해서 완화되었어야 하지 않을까?

『제3의 물결』에서 토플러는 생태주의자를 새로운 문명의 대리인들 중의 하나로 보았다(186). 그러나 이러한 태도는『권력이동』에서 크게 바뀐다. 생태주의를 대표하는 근본생태론에 대해 그는 '생태 히틀러', '생태 중세주의자'라는 극단적 언사까지 주저하지 않는다(Toffler, 1990: 536).

> 종교부흥운동과 녹색운동은 똑같이 민주주의를 기꺼이 내팽개칠 수 있는 과격파를 양성하고 있다. 극단적인 경우 이 두 운동이 합쳐져서 '신과 녹색자연'이라는 공동 이름으로 개인 행동과 정치적 행동에 새로운 제한을 가하게 될지도 모른다. 그들은 함께 과거로의 권력의 이동을 추진하고 있다(537).

그러나 토플러는 생태주의를 이처럼 과격하게 비판하기 전에 미국의 환경정책을 비판해야 옳았을 것이다. 지구온난화와 관련하여 핵심적인 과제인 이산화탄소 절감안에 대해 그의 조국이자 새로운 경제체제가 가장 발달한 나라인 미국이 가장 강력하게 반대하고 있기 때문이다. 이른바 '합리적 환경주의'의 입장에서 보더라도 오늘날 환경문제의 악화에 가장 큰 영향을 미치고 있는 나라는 바로 미국이다. 토플러가 종교부흥운동과 생태운동을 극렬하게 비난하는 까닭은 그가 미국인, 그것도 대표적인 지배 이데올로그이기 때문은 아닐까?

2) 정보자원론

생태위기의 생생한 현실과 생태주의의 '과학적' 입증에도 불구하고,

주류 정보사회론이 무한성장을 주장할 수 있는 근거는 무엇일까? 그 해답은 정보자원론에서 찾을 수 있다. 경제적 자원으로서 정보나 지식의 중요성은 주류 정보사회론의 이론적 기초이다. 일찍이 다니엘 벨은 다음과 같이 주장했다.

> 자본과 노동이 공업화사회의 중심변수가 되어온 것처럼, 정보와 지식이 탈공업화사회의 결정변수인 것이다(Bell, 1981: 17).

이런 관점에서 그는 종래의 노동가치설을 대신하여 지식가치설을 제시한다. 지식가치설은, '지식이…자원의 변형에 적용되는 어떠한 체계적 형태로 될 때, 지식은 노동과는 달리 가치의 원천이 된다'는 것과 '노동시간이 단축되고, 생산노동자가 감소함으로써 지식과 그것의 응용이 국민생산에 있어서 부가가치의 원천으로서 노동을 대체'한다는 것을 뜻한다(16-17).

한편 벨이 이론지식의 구실을 강조한 반면에, '지식사회'라는 용어의 창안자인 드러커는 실증지식의 구실을 강조한다.

> 250년 전에 시작된 지식에 대한 의미의 변화는 사회와 경제를 바꾸어 놓았다. 정상적 지식은 중요한 개인적 자산이고 또한 중요한 경제적 자원이다. 지식은 오늘날 의미있는 유일한 자원이다. 전통적인 생산요소들인 토지(즉 천연자원), 노동 그리고 자본은 사라지지 않았다. 그러나 그것들은 부차적인 것이 되어 버렸다. 그것들은 얻을 수 있는 것이며, 더욱이 지식만 있다면 쉽게 얻을 수 있는 것이다. 새로운 의미의 지식은 실용성으로서의 지식이고, 사회적 지위와 경제적 성과를 얻을 수 있는 수단으로서의 지식이다(Drucker, 1993: 79).

지식의 경제적 중요성이 250년 전부터 갑자기 커졌건, 50년 전부터 갑자기 커졌건 상관없이, 그 구실 자체가 새로운 것은 결코 아닐 것이다. 중요한 것은, 그것이 이론지식이건 실용지식이건 상관없이, 주류 정보사회론의 탈산업주의가 지식의 경제적 중요성을 강조하고 나섰다는 점이다.

그 이유는 '성장의 한계'로 상징되는 생태주의의 도전을 제외하고는 달리 찾을 수 없다. 이러한 생태주의의 도전에 맞서서 무한성장의 가능성을 주장하기 위해서는 무엇보다 무한한 자원을 찾아내야 했다. 그것이 바로 정보 또는 지식이다. 양자는 개념적으로 구분될 수 있지만, 모두 인간의 인지작용이라는 공통점을 갖는다. 이 점에서 정보나 지식이라는 정보재[8]는 물질재와는 사뭇 다른 물리적 특성을 갖는다. 여기서 무엇보다 중요한 점은 사용할수록 오히려 그 양이 늘어난다는 것이다. 즉 물질재와는 달리 정보재는 희소성의 원칙을 따르지 않는 것이다. 이 점에서 정보재는 무한한 자원으로 파악된다.

그러나 사실 정보재가 아무리 무한하다고 할지라도 물질재와 결합되지 못한다면, 궁극적으로 아무런 쓸모도 없는 것이 되어버리고 만다. 요컨대 요리법이 아무리 많더라도 요리재료가 없다면, 그 요리법은 결국 아무런 쓸모도 없는 것과 같다. 이 점에서 무한한 정보자원이란, 무한성장론이 그렇듯이, 하나의 신화일 뿐이다.

그럼에도 불구하고 정보자원론은 '물질대체론'으로까지 변형되어 무한성장론을 떠받치는 기둥이 되었다. 예컨대 토플러는 다음과 같이 주장한다.

제3의 물결에 있어서 가장 기본적인 자원, 그러나 절대로 고갈하지 않는 자원은 상상력을 포함한 정보이다. 정보와 상상을 통하여 비로소 오늘날의 한정된 자원

---

[8] 지식도 정보의 한 유형이라는 점에서 필자는 양자를 통합하여 정보재라고 부른다.

의 대체물이 발견될 수 있을 것이다(Toffler, 1980: 401).

‘한정된 자원의 대체물이 발견될 수 있을 것’이라는 다소 완곡한 입장은 뒤에 가서 아예 정보재가 물질재의 대체물이라는 과격한 입장으로 바뀌었다.

> 사실 지식은(때로는 단순한 정보와 데이터도) 다른 자산들의 대체품으로 사용될 수 있다. 지식—이론적으로 무진장한—이야말로 궁극적인 대체물이다(Toffler, 1990: 137)

이런 주장은 사실 공상과학물에서나 통용될 이야기이다. 그 좋은 예를 우리는 〈론머맨〉이라는 영화에서 찾아볼 수 있다. 이 영화는 주인공인 ‘론머맨’(잔디깍이) 이 육신을 벗어버리고 디지털 정보로 화신하는 것으로 끝난다. 정보재가 물질재를 대체할 수 있다는 것은 이러한 엉터리 이야기와 다르지 않다. 그러므로 벨이 토플러의 이론을 가리켜 ‘스타트렉 사회학’이라고 부르는 것은 적절하다. ‘스타트렉’이야말로 ‘순간이동장치’를 통해 ‘물질대체론’을 널리 퍼뜨린 대표적인 공상과학물이기 때문이다. 벨은 적어도 정보와 물질의 구분에 관한 위너나 웨팅거의 물리학 이론을 왜곡하지 않는다(Bell, 1981: 21-22).

4. 탈자본주의

근대를 지배했던 하나의 사회적 관심이 있다면, 그것은 바로 자본주의의 문제이다. 근대는 자본가와 노동자라는 양대 계급 간의 갈등과 투쟁으로 점철된 역사였다. 그러므로 자본주의의 문제를 해결하는 것은 탈근대의 기획에서 핵심적인 위치를 차지한다. 냉전기의 체제대립을 배경으로 제기된 주류 정보사회론은 탈산업주의를 통해 이 문제를 해결하고자 한다. 여기에는 크게 세 가지 방식이 사용되었다. 체제대립을 회피하거나, 그것을 부차화하거나, 아예 자본주의의 승리를 선언하고 승리한 자본주의의 질적 전환을 주장하는 것이다. 앞의 두 가지 방식은 사회주의체제가 생존해 있는 동안에 나타났으며, 마지막 방식은 그것이 몰락한 직후에 나타났다. 이러한 차이는 있지만, 어느 경우나 주류 정보사회론은 사실상 자본주의의 질적 전환을 주장한다.

1) 질적 전환론

'체제대립의 회피'는 적어도 자본주의의 존재 자체를 부정하지는 않는다. 따라서 그 문제 자체도 부정하지는 않는다. 이 방식의 대표자로는 다니엘 벨을 들 수 있다. 그에 따르면, 산업사회라는 틀과 자본주의라는 틀은 구분되어야 한다. 전자가 사회의 사회기술적 차원을 가리킨다면, 후자는 그 사회경제적 차원을 가리키는 것이기 때문이다(Bell, 1976: x). 이런 방식에 따르자면, 예컨대 자본주의와 사회주의는 사회경제적으로는 확연히 대립되지만 사회기술적으로는 공통점을 가지고 있는 것으로 파악된다. 이것은 종래의 적대적 대립관계라는 관점에서 보자면, 실천적으로 대단한 파급력을 갖는 이론적 수정이 아닐 수 없었다. 양자의 공통점을 강조한다면, 체제대립은 오히려 부차화될 수 있기 때문이다.

토플러의 문명론은 바로 이런 식으로 '체제대립의 부차화'를 시도한다. 그의 문명론에서 산업주의는 체제대립을 뛰어넘는 '초이데올로기'로 파악된다. 예컨대 맑스가 생산력과 생산관계를 통합해서 파악했다면, 다니엘 벨은 그것을 분리시켜 동등한 위치에 놓았고, 토플러는 다시 생

산력을 명백히 우위에 놓았던 것이다. 『제3의 물결』에서 토플러는 다음
과 같이 주장한다.

> 금전, 물품, 재산 같은 것에 따르는 끈질긴 관심은 자본주의니 사회주의니 하는
> 체제에는 관계없는 산업주의의 반영이다(65).

『권력이동』에서 이러한 주장은 훨씬 과격한 형태로 제기된다. 근대
사회의 핵심적인 대립은 자본주의와 사회주의 사이에서 발생한 것이 아
니라, 제1의 물결과 제2의 물결 사이에서 발생했다는 것이다.

> 사실 모든 공장굴뚝 사회의 중심적인 정치투쟁은 흔히들 생각하듯 좌익과 우익
> 간의 문제가 아니었다. 그것은 '제1물결' 농업체제와 '전통주의' 찬미자를 한편으
> 로 하고 '제2물결' 산업체제 또는 '근대주의' 옹호자를 다른 한편으로 하는 투쟁이
> 었다(Toffler, 1990: 351).

다시 말해서 체제대립이 아니라 문명의 대립이 근대의 핵심적 특징이
었다는 것이다. 이런 방식으로 그의 문명론에서는 체제의 문제가 철저
히 부차화된다.

그러나 그렇다고 해서 현실에 엄존하는 체제의 문제를 완전히 무시할
수는 없다. 이런 점에서 그는 결국 고사해 버린 '현실 사회주의'에 대해
다음과 같이 추도의 말을 건넨다.

> 사회주의가 키워온 장대한 꿈도 죽은 것은 아니다. 풍요와 평화, 그리고 사회정
> 의가 지배하는 세상을 창조하려는 욕구만큼은 고귀한 것이며 그 어느 때보다도
> 공감을 얻고 있다. 다만 낡은 기초 위에는 그러한 세계를 세울 수 없다(1990:
> 587).

이것은 사실 추도사라기보다는 충고이다. 여기서 중요한 것은 '낡은 기초' 위에는 사회주의를 세울 수 없다는 지적이다. 그렇다면 '새로운 기초'는 어떤 것인가? 그것은 당연히 제3의 물결이며, 이제 그 핵심은 명확히 지식으로 제시된다.

어떤 지배 엘리트가, 또는 사적인 관계에서 개개인이 어떠한 권력의 수단을 활용하건 간에 물리력, 부, 지식이 궁극적인 지렛대가 된다. 이 세 가지가 권력의 3요소를 이룬다(1990: 43).

지식 그 자체는 최고품질 권력의 원천일 뿐만 아니라 물리력과 부의 가장 중요한 요소이기도 하다. 다른 말로 표현하자면 지식은 금권과 완력의 부속물이 아니라 이제는 그 본질적 요소가 되어가고 있는 것이다. 실제로 지식은 이제 궁극적인 증폭자가 되었다. 이것이 우리 앞에 놓여 있는 '권력이동'의 핵심문제이다(1990: 48).

'현실 사회주의'가 지나친 군비경쟁에서 비롯된 경제의 피폐화로 고사했다는 사실에 대해 그는 전혀 주의를 기울이지 않는다. 마치 '현실 사회주의'는 지식의 가치를 제대로 인식하지 못한 '무능' 때문에 몰락한 것처럼 여겨진다. 나아가 체제의 차이에 따라 지식이 생산되고 소유되는 방식이 판이하게 다르다는 사실에 대해 그는 전혀 주의를 기울이지 않는다. 이런 식으로 그는 결국 '낡은 기초', 즉 자본주의를 옹호한다.

'현실 사회주의'의 몰락은 자본주의 승리론을 세계적으로 강화시켰다. 그러나 그렇다고 해서 자본주의의 문제가 없어지는 것은 아니었다. 여기서 한걸음 더 나아가 자본주의의 질적 전환을 주장하는 이론이 나타났다. 드러커의 '탈자본주의론'이 그 좋은 예이다. 그에 따르면 오늘날의 자본주의는 '자본가 없는 자본주의'로서 종래와 같은 체제론적 관점은 더 이상 유지될 수 없는 시대착오적인 것이다. 그는 다음과 같이 주장한다.

새로운 사회는—그것은 벌써 우리 주변에 와 있다—탈자본주의사회이다. 다시 말해 새로운 사회는 확실히 자유시장을 하나의 증명된 경제적 통합기구로서 계속 유지할 것이다. 새로운 사회는 '반자본주의사회'가 되지는 않을 것이다. 더욱이 그것은 '비자본주의사회'가 되지도 않을 것이며 자본주의적 기관들, 예를 들면 은행 등은 꽤나 다른 역할을 하겠지만 계속 남아 있을 것이다(Drucker, 1993: 29).

탈자본주의가 반자본주의가 아니고 비자본주의도 아니라면, 그것은 대체 무엇일까? 그저 자본주의라고 하는 편이 낫지 않을까?

'자본가 없는 자본주의'라는 역설로 자본-임노동관계의 존재 자체를 부정할 수는 없을 것이다. 그리고 '자본가 없는 자본주의'라는 역설 자체도 그저 억설(臆說)일 뿐이다. 지식사회의 대표자로 숭앙받는 빌 게이츠는 자본가가 아닌가? 산업구조나 생산방식의 변화는 있을지언정, 자본-임노동관계는 변하지 않았으며, 오히려 산업구조나 생산방식의 변화와 함께 더욱 확대·강화되고 있다.[9] 이 점에서 자본주의는 새로운 체제대립의 불씨를 안고 있다고 할 수 있다. 질적 전환론은 자본주의의 확대·강화라는 의미에서만 타당한 것이다.

2) 지식노동자

주류 정보사회론에서 탈자본주의를 주장하는 핵심 논거로서 오래전부터 주장해온 것으로 노동자계급의 변화론을 들 수 있다. 그 선구적 입론으로는 2차대전 이후의 '대타협'에 의해 노동자의 생활수준 향상과 그에 따른 체제내화가 진행되면서 제기되었던 '노동자의 부르주아화'론이 있다. 이것이 노동자의 중산층화를 통해 자본주의의 질적

---

9) 인간의 유전정보를 비롯한 모든 정보재의 상품화와 정보기술의 이용에 따른 노동강도의 강화를 그 대표적인 예로 들 수 있다. 이것을 필자는 '자본주의의 정보적 확장'이라고 부른다.

전환을 주장하는 것이라면, 지식노동자론은 노동자의 생산수단 소유 자화를 통해 자본주의의 질적 전환을 주장한다. 다시 말해서 '노동자의 부르주아화'론이 소비영역에서 노동자계급의 변화를 주장한다면, 지식노동자론은 생산영역에서 노동자계급의 변화를 주장한다. 이런 점에서 지식노동자론이야말로 '노동자의 부르주아화'론의 완결판이라고 할 수 있다.

사실 기술의 발달과 정보재의 경제적 구실을 둘러싼 노동자계급의 변화론은 정보사회론보다도 훨씬 더 오래된 이론적 연원을 가지고 있다.[10] 정보사회론의 특징은 정보자원론을 통해 이 오래된 논란을 발본적으로 재구성하려고 하는 데에 있다. 여기서 정보자원론은 이중적 가치를 지니게 된다. 첫째, 그것은 앞에서 본 대로 산업주의의 무한성장을 보장한다. 정보재는 무한하기 때문에 '성장의 한계'론은 타당하지 않다는 것이다. 둘째, 그것은 노동자계급을 없애준다. 지식노동자는 정보재라는 생산수단을 소유하고 있기 때문에 결코 프롤레타리아가 아니라는 것이다. 그러므로 산업주의와 자본주의의 관점에서 보았을 때, 정보자원론이야말로 '이보다 더 좋을 수는 없는 것'이라고 할 수 있다.

그러나 정보재의 경제적 구실과 계급구성의 변화에 대한 정보사회론의 주장에서는 약간의 차이점도 발견된다. 특히 벨은 토플러나 드러커와 달리 지식계급론을 주장하며, 그것의 제한성과 정치의 결정성을 주장한다.

탈공업화사회에 있어서 기능엘리트는 지식엘리트이다. 그러한 엘리트는 지적단체

---

10) 이것은 우선 맑스주의의 노동가치설을 둘러싼 논란으로 나타났으며, 뒤에 이 논란은 정신노동과 육체노동의 관계에 대한 논란, 지식인의 계급적 위상에 대한 논란으로 이어졌다. 이에 대해서는 봄-바베르크, 루돌프 힐퍼딩 외(1987), 존-레텔(1978), Couldner(1979) 등을 참조.

…내에서 권력을 가지지만, 정책결정이 행해지는 보다 큰 세계에서는 단지 영향
력만을 가질 뿐이다. …이러한 관점에서 볼 때, 지식엘리트가 새로운 권력엘리트
가 될 것이라는 생각은 과장된 감이 없지 않다. …지식계급은 너무 거대하고 산발
적이며, 이 계급이 일련의 공동이해를 증대시켜 새로운 하나의 계급으로 융합되
는 것은 경제적으로나 지위적으로나 거의 있을 수 없는 일이라고 생각된다(Bell,
1981: 75-76).

벨은 지식의 구실, 특히 이론지식의 중요성을 강조한다는 점에서도
토플러나 드러커와 구분되지만, 이처럼 지식노동자가 아니라 지식계급
의 중요성과 그 제한성을 주장한다는 점에서도 그들과 구분된다.

이러한 벨에 비해 토플러와 드러커는 노동자계급의 구성변화와 질적
변화, 즉 지식노동자론을 통한 자본주의 자체의 질적 전환을 주장한다.
먼저 토플러는 다음과 같이 주장한다.

우리 생애의 가장 중요한 경제적 사태발전은 근육노동이 아닌 정신에 기초하여
부를 창출하는 새로운 체제가 등장했다는 데 있다(Toffler, 1990: 35).

여기서 주의할 것은 육체노동과 정신노동의 분리, 육체노동에 대한
정신노동의 일방적 강조와 같은 주장이 아니다. 이런 주장은 이미 오래
전부터 많은 자본주의 이론가들에 의해 제기되어온 것이다. 토플러의
주장에서 새로운 점은 이를테면 육체노동에서 정신노동으로 노동의 이
행이 이루어지고, 이러한 이행은 문명의 전환을 초래하는 것이면서 또
한 문명의 전환을 반영하고 있는 것으로 제시된다는 점이다.

그렇다면 이러한 지식노동자는 어떤 사람일까? 누구나 지식노동자가
되어 문명의 전환을 만끽할 수 있는 것일까? 토플러는 새로운 문명의 주
체를 다음과 같이 제시한다.

제3의 물결 시대의 고용주가 날이 갈수록 필요로 하는 것은 책임을 정확하게 자각하고 있는 사람, 종래에 체험한 적이 없는 커다란 일을 감당할 수 있는 사람, 환경의 변화에 신속히 대응할 수 있는 사람, 주위의 사람들과 잘 조화하여 갈 수 있는 사람이다(Toffler, 1980: 438).

이런 사람이 과연 이 세상에 얼마나 될까? 이렇게 탁월한 능력을 지니고 있는 사람을 과연 우리 주위에서 쉽게 볼 수 있을까? 아마도 아주 소수의 사람만이 이런 식의 능력을 보유하고 있을 것이다. 그렇다면 제3의 물결 시대에서 성공적으로 살아남을 수 있는 사람은 별로 많지 않을 것이다. 11)

그러나 토플러는 전혀 반대의 주장을 펼친다. 그 이유는 무엇인가? 바로 '권력이동'의 결과라는 것이 토플러의 주장이다. 이와 관련하여 토플러의 주장에서 가장 중요한 부분은 지식의 '혁명적 특징'에 대한 그의 해석이다.

원래 물리력과 부는 모두 강자와 부자의 소유물이다. 지식은 약자와 가난한 자도 소유할 수 있으며 이것이야말로 지식이 갖는 진정으로 혁명적인 특징이다(Toffler, 1990: 51).

이것은 우선 지식의 물리적 특성, 즉 물리재와 달리 희소성과 배타성을 따르지 않는다는 점에 대한 언급이라고 할 수 있다. 그러나 여기서 간과할 수 없는 것이 바로 지적재산권의 문제이다. 토플러는 "경제가 지식을 움직이는 것이 아니라 지식이 경제를 움직여간다"고 주장한다 (1990: 586). 그러나 사실은 정반대이다. 지적재산권의 강화와 확대는

---

11) 이와 동일한, 그러나 한결 현학적인 주장을 우리의 '신지식인론'에서 찾아볼 수 있다. 이에 대해서는 김효근(1999)을, 이에 대한 비판으로는 홍성태(1999)를 참조

경제, 즉 자본주의가 지식을 움직이고 있다는 것을 분명하게 보여준다. 12) 다시 요리법의 비유를 들자면, 요리법을 안다고 해도 이용하지 못하게 하는 장치가 강력하게 작동하고 있는 것이다. 요컨대 요리법을 알고 있고 요리재료가 있다고 해도 요리를 마음대로 할 수 없는 것이 현실이다. 토플러는 현실과는 정반대의 주장을 하고 있다.

드러커는 토플러와 유사한 주장을 편다. 그는 현대 사회를 조직사회, 피고용자사회, 연금기금 자본주의, 자본가 없는 자본주의 등으로 부른다. 이런 잡다한 명칭들의 공통점은 자본가와 노동자의 모순관계로 특징지워지는 자본주의는 더 이상 존재하지 않는다는 것이다. 요컨대 현대 사회에서 "하급자는 존재하지 않는다. 다만 동료만 존재한다"(Drucker, 1993: 169)는 것이다. 그 이유로 드러커가 제시하는 것이 바로 전형적인 지식노동자론이다.

가치는 이제 생산성과 혁신에 의해 창조되는데 생산성과 혁신은 지식을 작업에 적용한 결과이다. 지식사회의 주도적 사회집단은 지식근로자일 것이다. 마치 생산적인 곳에 자본을 배분할 줄 아는 자본가처럼 생산성 있는 곳에 지식을 배분할 줄 아는 지식경영자 즉 지식 전문가, 지식 피고용자들이 지식사회의 주역이 될 것이다.
사실상 이런 모든 지식인들은 조직들에 의해 고용될 것이다. 그럼에도 불구하고 그들은 자본주의 체제하의 피고용자들과는 달리 생산수단과 생산도구를 함께 가지고 있다. 전자는 단 하나의 진정한 소유주로서 모든 선진국에서 급속히 확대되고 있는 연금기금을 통해서이고, 후자는 지식근로자들이 그들의 지식을 소유하고 있으며 그 지식을 가지고 자기들이 가고자 하는 곳이면 어디든지 가서 일할 수 있기 때문이다(Drucker, 1993: 29).

---

12) 이에 대해서는 반년간지 『다른과학』, 2000년 봄·여름호를 참조. 최근의 대표적인 예로는 '강제실시권'을 발동하여 에이즈 치료제를 생산하려고 한 남아공 정부의 계획이 특허권자인 미국 제약회사들의 거부로 무산된 것을 들 수 있다.

토플러와 마찬가지로 드러커도 자본주의가 지식의 생산과 이용방식을 규정하는 측면에 대해서는 전혀 지적하지 않는다.[13] 더욱이 지식경영자, 지식 전문가, 지식 피고용자들이 모두 지식노동자라는 하나의 범주로 통합되어 다루어진다. 과연 이들이 하나의 범주로 통합되어 다루어질 수 있는가? 현실에서는 의사결정과정에 대한 차이뿐만 아니라 소득에서도 현격한 차이를 보이고 있지 않는가? 드러커도 토플러와 마찬가지로 현실과는 정반대의 주장을 하고 있다.

5. 맺음말

주류 정보사회론은 탈근대의 사회상을 가장 적극적으로 제시하고 있는 현대의 사회이론이다. 그러나 그것은 논리적 정합성의 면에서 일관되지 못하고 현실적 적합성의 면에서 타당하지 못한 면을 많이 가지고 있다. 그러므로 주류 정보사회론을 현실에 대한 하나의 완성된 설명으로 받아들이는 것에는 확실히 문제가 있다. 그럼에도 불구하고 주류 정보사회론은 정보화와 관련된 담론을 확실히 지배하고 있다. 다시 말해서 우리가 일반적으로 정보사회라고 할 때는 바로 이 주류 정보사회론에서 제시되는 사회상을 그대로 받아들이고 있다는 것이다. 이것은 요컨대 정보사회를 문명전환의 관점에서, 탈산업과 탈자본의 관점에서, 그러므로 탈근대의 관점에서 받아들인다는 것을 의미한다.

그러나 지금까지 살펴본 것처럼 주류 정보사회론의 탈근대적 주장은 성립되지 않는다. 그것이 제시하는 탈근대적 사회상은 근대의 강화와

---

13) 그러므로 지식노동자들이 자유롭게 직장을 옮기며 이동할 수 있다는 것은 하나의 허구이다. 이와 관련한 최근의 예로는 삼성이 벤처기업으로 옮긴 직원들을 대상으로 자사에 있는 동안에 획득한 지식을 사용하지 못하도록 소송을 제기한 것을 들 수 있다.

확대라고 하는 것이 더욱 타당하다. 요컨대 주류 정보사회론에서 제시하는 정보사회의 상은 극산업주의와 극자본주의의 사회이다. 그것은 생명을 생산할 정도로 공업력이 고도화하고 정보재에까지 사적 소유권을 확장하는 사회이다. 우리가 적어도 탈근대를 근대에서 벗어나는 것으로 이해한다면, 이런 식의 변화를 탈근대라고 부를 수는 없을 것이다. 그럼에도 불구하고 주류 정보사회론의 문명전환론은 이런 식의 변화를 탈근대의 전망으로 제시하며, 여기서 생겨나는 진정한 문제는 이런 주장이 대중적으로 널리 유포되고 있다는 점에 있다.

정보사회가 진정한 탈근대의 사회상이 되기 위해서는 적어도 두 가지 조건을 충족시켜야 한다. 첫째, 생태위기에 대한 생태주의의 주장을 실현할 수 있어야 한다. 그러나 주류 정보사회론은 오히려 생태주의를 논박하기 위해 제기되었다. 둘째, 자본주의의 무정부성과 독점화 경향과 불평등의 문제를 해소할 수 있어야 한다. 그러나 주류 정보사회론은 오히려 자본주의의 정보적 확장을 당연시하며 '카지노 자본주의'와 '사시미 자본주의'의 형성을 촉진한다. 요컨대 주류 정보사회론의 탈근대 기획은 그 주장과는 달리 사실상 근대에 포섭되어 있다. 그것은 새로운 부의 생산과 성장의 이론이다. 그것은 변화에 대한 개인의 적응을 일방적으로 강조하며, 생태적 한계와 사회적 평등의 문제를 결코 제기하지 않는다.

또 한 가지 주목할 것은 벨, 드러커, 토플러 등 주류 정보사회론의 대표적 이론가들이 모두 미국인이며 남성들이라는 점이다. 이들의 주장은 모두 보편적 거시담론의 형태를 취하고 있지만, 그 이면에서 그들이 미국과 남성의 관점을 관철시키고 있을 가능성은 결코 배제할 수 없다. 즉 그들이 근대가 맞은 '혼란'에 맞서 세우려는 새로운 탈근대의 '질서'는 근대적 지배자의 관점에 포획되어 있는 것일 수도 있다는 것이다. 여기서 특히 두드러지는 것은 토플러이다. 가족을 사회의 중심으로 재확립시키고자 하는 그의 기획에서는, 다양한 가족형태에 대한 그의 관용적 태도와는 별도로, 산업주의와 자본주의의 지배 속에서 해체될 수밖에 없는 현대 가족의 사회적 운명에 대한 고려를 찾아보기 어렵다.

주류 정보사회론에서 제시되는 정보사회의 상을 '현실 정보사회'라고 부른다면, 진정한 탈근대의 정보사회에 도달하기 위해서는 바로 이것을 넘어서야 한다. 이와 관련된 가장 기본적인 대립선은 정보주의와 생태주의 사이에 그어져 있다. 전자는 정보기술의 발달을 매개로 산업주의와 자본주의의 고도화를 추구한다. 반면에 후자는 산업주의와 자본주의의 폐기를 주장한다. 전자를 지배하는 것은 물론 주류 정보사회론이지만, 그에 대항하는 흐름으로서 정보공유주의와 정보자유주의도 찾아볼 수 있다. 정보주의의 이러한 대항적 흐름과 생태주의가 결합되는 것이야말로 정보사회가 진정한 탈근대의 기획으로 발전할 수 있는 유일한 경로일 것이다.

참고문헌

김효근(1999), 『신지식인』, 매일경제신문사

뵘-바베르크, 루돌프 힐퍼딩 외, 이인호 편역(1987), 『노동가치론 논쟁』, 학민사

존-레텔(1978), 황태연·윤길순 옮김(1986), 『정신노동과 육체노동―철학적 인식론 비판』, 학민사

홍성태(1998), 『생태사회를 위하여』, 문화과학사

홍성태(1999), 「자본주의 '지식사회'와 '신지식인'론 비판」, 『문화과학』 19호, 1999년 가을

Beck, U. (1986), 홍성태 옮김(1997), 『위험사회—새로운 근대(성)를 향하여』, 새물결

Bell, Daniel(1976), *The Coming of Post-Industrial Society: A Venture in Social Forecasting*, BasicBooks(초판은 1973년)

______(1981), 이동만 옮김(1984), 『정보화사회의 사회적 구조』, 한울

Capra, F. (1982), 이성범 · 구윤서 옮김(1985), 『새로운 과학과 문명의 전환』, 서울: (주)범양사 출판부

Drucker, Peter(1993), 이재규 역(1993), 『자본주의 이후의 사회』, 한국경제신문사

Giddens(1990), 이윤희 · 이현희 옮김(1991), 『포스트 모더니티』, 민영사

Gouldner(1979), 박기채 옮김(1983), 『지식인의 미래와 새로운 계급의 부상』, 도서출판 풀빛

Lyotard, J-F. (1979), 이현복 옮김(1992), 『포스트모던적 조건』, 서광사

Toffler, A(1980), 정해근 옮김(1987), 『제3의 물결』, 정암출판사

______(1990), 이규행 감역(1990), 『권력이동』, 한국경제신문사

03

지구화와 지식의 위상 변화
—'지식/돈' 패러다임의 발흥

1. 지구화, 자본주의, 그리고 지식

지구화는 지식에 어떤 영향을 미치고 있는가? 그것은 경제분야에서 국민국가의 경계를 무력화하고 있는 것처럼, 지식분야에서는 오랫동안 유지되어 ·왔던 동·서양의 틀을 무너뜨리고 있는지도 모른다. 동양을 열등시하고 기껏해야 신비화하던 '오리엔탈리즘'을 넘어서려는 노력들이 최근 들어 크게 강화되고 있는 것을 보면, 정말 동·서양의 구분을 넘어선 지식의 통합이 이루어지고 있는 것 같다는 생각이 들기도 한다.[1] 지구화와 지식의 관계는 분명히 이런 관점에서 검토될 수도 있을 것이다. 흔히 '탈식민주의'라는 이름으로 검토되는 이러한 변화도 대단히 중

---

[1] 이에 대해서는 Said(1978), 姜尙中(1996), Carrier ed.(1995), Apffel-Marglin and Marglin eds.(1996) 등을 참조.

요하고 의미있는 변화라고 생각한다. 그러나 이 글에서는 지구화의 경제적 영향을 배경으로 전개되는 지식의 위상 변화에 초점을 맞추고자 한다.

　경제적인 면에서 보았을 때, 지구화는 무엇보다 '자본주의의 지구화'로 이해될 수 있다. 이것은 크게 두 가지 내용을 가진다. 첫째, 자본주의의 지구화는 1980년대 말과 1990년대 초에 걸쳐 급격히 전개된 현실 사회주의 세계체계의 몰락을 통해 이루어진 자본주의의 지구적 확장을 의미한다. 뒤집어 말하자면, 이것은 지구상의 모든 나라들에서 자본주의가 지배적인 경제체계로 자리잡게 된 것을 의미하겠다. 둘째, 자본주의의 지구화는 흔히 정보기술로 통칭되는 새로운 과학기술의 폭넓은 이용과 밀접하게 연관되어 있다. 발달한 정보기술은 자본의 지구적 실시간 이동을 가능하게 함으로써 자본주의 세계체계에 많은 변화를 가져오고 있다. '카지노 자본주의'의 형성과 세계금융질서의 교란은 그 중에서도 특히 많은 사람들의 관심을 끌고 있는 변화일 것이다.

　이러한 자본주의의 지구화가 가져온 총체적 결과는 이른바 '무한경쟁 시대의 도래'라는 한마디로 요약된다. 종래에는 서로 적대적인 두 세계체계 간의 대립으로 말미암아 국가들 간의 경제적 경쟁이 정치적으로 조절되기도 했다면, 이제는 그러한 대립이 완전히 종식되었기 때문에 자본주의의 경쟁원리가 국가들 간의 관계를 규제하는 가장 강력한 힘으로 완전히 확립되었다는 것이다. 이러한 무한경쟁 시대에 각국이 살아남을 수 있는 길은 오직 스스로 경제적 경쟁력을 갖추는 길밖에 없다고 한다. 그리고 그를 위해 가장 유력한 방법으로 여기저기서 소란스럽게 새삼 강조되고 있는 것이 바로 '지식의 경제적 구실'이다. 이것은 크게 두 가지 내용을 갖는 것으로 보인다. 첫째, 새로운 상품을 생산하거나 생산과정을 변화시키는 것과 관련된 지식의 구실이다. 그러나 이것은 전혀 새로운 것이 아니며, 사실 전통적인 지식의 구실이다. 둘째, 지식의 구실이 강조되면서 지식 자체의 '상업화·상품화'가 유례없이 강조되고 촉진된다. 아마도 바로 이 점이야말로 현재 진행되고 있는 가장 새로운 변화라고 할 수 있을 것이다.

이 글에서는 지식의 '상업화·상품화'가 가져오는 지식관의 변화를 '지식/돈' 패러다임이라고 부르고자 한다. 이것은 종래의 '지식/힘' 패러다임을 대체하면서 지식의 성격, 그 생산 및 이용방식에서 큰 변화를 가져오고 있는 것으로 보인다. 글의 순서는 다음과 같다. 먼저 이어지는 2절에서는 배경적 논의로서 '지식/힘' 패러다임의 특징에 대해 살펴보도록 한다. 다음에 3절에서는 새로운 '지식/돈' 패러다임의 이론적 연원, 현실적 배경, 실제적 효과 등에 대해 살펴보도록 한다. 4절에서는 '지식/돈' 패러다임이 사회적으로 실현되는 방식에 대한 검토를 통해 이른바 '지식사회'가 '지식 자본주의 사회'라는 것을 보이도록 하겠다.

2. '지식/힘' 패러다임

'아는 것은 힘이다'라고, 베이컨은 말했다. 이 글에서 '지식/힘' 패러다임이라고 부르는 것은 바로 이런 인식에서 비롯된 지식관을 가리킨다. 이 지식관의 지식은 예컨대 '무릇 머리 검은 짐승은 배워야 사람 구실을 한다'는 지식관의 그것과는 크게 다르다. 그것은 무엇보다 자연과 인간에 대한 실증적 이해를 강조하는 지식이다. 반면에 후자는 사실상 윤리 혹은 도덕을 가리키는 것이다. 즉 '지식/힘' 패러다임에서 지식은 실험과 관찰에 근거를 둔 실증적 지식이자, 인간의 의도대로 자연을 개조할 수 있는 실용적 지식을 뜻한다. 그 최고의 성과는 물론 현대의 자연과학이며, 우리가 살아가고 있는 현대의 물질문명 자체이다. 따라서 이에 대한 평가는 우리의 현실에 대한 비판적 성찰이라는 함의를 지니게 된다.

서구 근대지식의 지배적 패러다임으로서 '지식/힘' 패러다임은 크게 두 가지 면으로 나누어 검토될 수 있다. 첫째, 인간과 자연의 관계이다. 이 패러다임은 자연에 대한 사변적이거나 신학적인 이해가 아니라 경험적으로 확실한 이해를 추구한다. 이것은 보통 베이컨으로부터 시작된 것으로 지적된다. 그는 '자연을 조종하는 방법론을 추구'했으며, 그 결과 '기계적 세계관의 초석'을 놓았다는 것이다(Rifkin, 1989: 28). 이 새로운 지식관은 그뒤 데카르트와 뉴턴을 통해 이른바 '데카르트/뉴턴 패러다임'으로 정립된다.[2] 이것은 실로 엄청난 성과를 거두었다. 무엇보다 오늘날 우리가 누리고 있는 고도의 물질문명이 바로 이 패러다임에서 비롯된 것이다. 그러나 오늘날 이 패러다임은 지난 세기의 중반부터 시작된 '열역학'의 발전과 근대 문명의 발달과정에서 나타난 여러 가지 문제들로 말미암아 심각한 회의의 대상이 되어 있는 상태이다(Capra, 1982; 홍성태, 1998).

둘째, 인간과 인간의 관계이다. 이 패러다임이 실증적으로 명확한 이해를 추구한 것은 자연계에만 국한되지 않았다. 그것은 인간도 동일한 방식으로 분석하고 설명할 수 있다고 보았다. 이에 대해서는 '정신과학' 혹은 '문화과학'의 저항(Rickert, 1898)이 있기는 했으나, 결국 여기서도 '지식/힘' 패러다임은 그 지배적인 위치를 어렵지 않게 확립할 수 있었다.[3] 아마도 1960년대 '근대화이론'의 지주가 되었던 '사회공학'을 그 대

---

2) 베이컨과 데카르트는 보통 경험론과 합리론의 원조로서 철학상으로는 대립적으로 구별된다. 그러나 자연에 대한 완전한 이해와 그를 통한 자연의 개조를 핵심으로 하는 기계적 세계관의 정립이라는 점에서는 양자는 오히려 보완적으로 파악된다. 이 때문에 서구 근대의 지배적 지식관을 '베이컨/데카르트/뉴턴 패러다임'으로 확장하기도 한다.
3) '정신과학'이나 '문화과학'이 자연과학과의 구별을 목표로 하면서도 '과학'이라는 명칭을

표적인 예로 들 수 있을 것이다. 잘 알려져 있다시피 이것은 자연뿐만 아니라 인간과 사회도 충분히 개조될 수 있는 대상으로 파악한다. 이로써 '지식/힘' 패러다임은 단순히 외적 자연에 대한 객관적 이해와 개조를 추구하는 차원을 넘어서 그 자체가 인간과 사회의 변화까지 추동하는 하나의 지배적인 윤리로까지 정립된다.

이러한 '지식/힘' 패러다임의 가장 큰 특징은 '진리 주장'에서 찾아볼 수 있다. 이 패러다임은 세상의 모든 것들에 대한 명확한 이해가 가능하다고 보는 것이다. 그러나 이러한 '진리 주장'이 인간과 사회로까지 확장되었을 때, 그것은 존재에 대한 객관적 설명이 아니라 정치의 영역으로 비약하게 된다. 여기서 '지식/힘' 패러다임은 자연의 한계와 사회의 지배로부터 '인간의 해방'이라는 거대한 역사적 목표를 달성하기 위한 수단으로 재정립된다. 그러나 불행하게도 해방은 그렇게 쉽게 이루어지지 않는 것 같다. 푸코는 '지식/힘' 패러다임의 정치적 측면, 요컨대 그것이 권력을 생산하는 방식을 세밀하게 추적하였다. 그에 따르면, "가시성의 영역에 예속되어 있고, 또한 그 사실을 알고 있는 자는 스스로 권력의 강제력을 떠맡아서 자발적으로 자기 자신에게 작용시키도록 한다. 그는 권력관계를 내면화하여 1인2역을 하는 셈이다. 그는 스스로 예속화의 원칙이 된다"(Foucault, 1975: 299). 이것은 '지식/힘' 패러다임이 확립한 '규율의 내면화'라는 새로운 감시체제를 통해 이루어진 변화이다. 지식/힘' 패러다임은 결코 단순한 해방의 도구가 아닌 것이다.

이 패러다임에서 전체 지식체계는 무엇보다 자연과학을 중심으로 편

스스로 사용한 것 자체가 자연과학의 우위를 이미 전제한 것으로 볼 수도 있겠다. '지식/힘' 패러다임은 자연과학을 매개로 모든 종류의 지식에 강력한 영향을 미치게 되었던 것이다. 그 결과 '지식/힘' 패러다임은 지식과 비지식을 가르는 기준으로까지 확립되었던 것으로 생각된다.

제된다. 자연과학은 인간이 알고 있는 것들 중에서 어떤 것을 지식으로 공인하는 기준이 된다. 그 중에서도 핵심적인 것은 수학과 물리학이다. 이것들을 흉내내서 체계화된 것은 이를테면 준과학으로서 공식적인 지식체계 내부로 편입될 수 있었던 반면에, 그렇지 않았던 것은 지식으로서 어떤 근거도 가지지 못하는 '비지식'으로 여겨지게 되었다. 요컨대 지식과 비지식의 구별, 지식 내에서의 위계화가 이루어졌던 것이다. 이러한 체계화는 분명히 어떤 기준을 가지고 있는 것이기는 하지만, 실제 내용상으로는 확실히 자의적인 지식의 위계화를 가져오고 말았다.[4] 다른 한편 이러한 지식의 체계화는 지식생산과 이용방식의 체계화를 수반하는 과정이기도 했다. 그것은 대학을 정점으로 하는 근대적 공교육제도의 확립으로 나타났다. 이제 지식은 거대한 체계를 통해 집단적으로 생산되며 또한 전파되는 것으로 변했다. 그리고 이렇게 해서 지식은 무엇보다 이러한 교육제도를 통해 생산되고 전파되는 '공식지'로 변모하게 되었다. 그 결과 이른바 '현장지'는 '비지식' 혹은 열등한 지식으로 전락하고 말았다. 이런 변화는 결국 지식을 근대적 교육제도에 단단히 묶어놓는 결과를 낳게 되었다. 이것이 지식의 생산과 이용에서 유례없이 거대한 성과를 거둔 것은 사실이지만, 그와 동시에 이것은 지식의 생산 및 이용방식을 유례없이 단선화하는 것이기도 했다.[5]

'지식/힘' 패러다임은 그것이 이룬 성과에 걸맞게 많은 문제들을 낳았다. 예컨대 '생태위기'나 '위험사회'와 같은 현상들은 이러한 '지식/힘' 패

---

4) 예컨대 신비주의의 배격, 오리엔탈리즘의 확립, 원주민 지식의 폄하 등에서 이러한 자의성을 살펴볼 수 있다.
5) 공교육제도를 비판하며 일리치는 '취학을 의무화한다는 것이 오히려 대다수의 사람들에게 학습할 수 있는 권리를 제약한다고 지적했다(Illich, 1970: 3). 일리치는 '공식지' 이외의 다양한 지식을 '공교육제도' 이외의 다양한 방식으로 배울 수 있는 기회가 사실상 박탈되는 현실을 비판하는 것이다.

러다임의 의도하지 않은 결과 혹은 역설적 결과의 문제를 잘 보여준다 (Beck, 1986). 그러나 '지식/힘' 패러다임은 지식을 직접적인 돈벌이의 수단으로 여기지는 않는다. 이 패러다임에서 지식은 무엇보다 진리의 아우라로 뒤덮여 있다. 그리고 이 패러다임에서 진리는 돈 냄새를 별로 좋아하지 않는 것으로 여겨졌다. 그것은 이를테면 인류적 이상의 달성 과 관련된 신성한 것이기 때문에 돈이라는 극히 세속적인 매개물이 개 입되어서는 오히려 훼손되는 것으로 여겨졌다.

3. '지식/돈' 패러다임

1990년대 중반을 지나며 우리는 새로운 지식 패러다임이 급부상하는 것을 목격하게 되었다. 이것은 오직 경제적 '환금성'의 관점에서 지식의 가치를 규정하고, 그 생산 및 이용방식을 재주조하려는 것이다. 이 글 에서는 이것을 '지식/돈' 패러다임이라고 부르기로 하겠다. 이것은 '지식 만이 살 길'이라는 최근의 호들갑에서 잘 볼 수 있지만, 이런 식으로 경 제적 관점에서 지식의 특성을 다루는 논의는 적어도 이미 한 세대 전부 터 시작되어 왔다. 예컨대 '지식사회'라는 용어는 이미 1969년에 피터 드 러커에 의해 처음으로 고안되었던 것이다(Stehr, 1994: 5). 또한 다니 엘 벨도 그의 유명한 '탈산업사회론'에서 이론지식의 경제적 중요성을 강조하고 나아가 '지식가치설'을 주창하였다(Bell, 1976). 물론 이들의 논의는 근본적으로 여전히 '지식/힘' 패러다임에서 벗어나는 것은 아니 었다. 그러나 이들의 지식론은 실증성과 실용성에 기반을 둔 지식의 구 실을 사회 자체의 재생산과 변동으로까지 확장시킨다는 점에서 확실히 최근의 변화를 선취하고 있었다.[6]

'지식/돈' 패러다임의 발흥을 일찍이 관찰한 훌륭한 연구로는 '정보화와 지식의 위상'에 관한 료따르의 『탈근대의 조건』을 들 수 있다. 이 책에서 그는 정보화의 결과로 지식의 실용성이 사실상 지식의 환금성을 의미하게 된다고 주장한다(Lyotard, 1979: 115).

명시적이건 함축적이건 간에 직업적 학생, 국가 및 고등교육기관이 제기하는 물음은 더 이상 '이것이 맞습니까?'가 아니라 '이것은 어디에 쓸모가 있습니까?'이다. 지식의 상업화란 맥락에서 이 두 번째 질문은 대체로 '이것은 팔 수 있습니까?'를 의미한다.

계속해서 그는 정보화에 따라 더욱 강화되는 수행성의 원리가 지식의 생산을 '충분한 정보게임'으로 바꾸고, 이에 따라 새로운 것을 찾아내는 것이 아니라 주어진 정보들을 새롭게 배열하는 능력이 훨씬 더 중요해질 것으로 본다(116).

불충분한 정보게임에서 이득은 추가 정보를 알고 획득할 수 있는 사람에게 돌아간다. …하지만 충분한 정보게임에서, 최상의 수행성은 추측하건대 그와 같은 추가정보를 얻는 데 있을 수 없다. 그것은 정확히 '활동'을 구성하는 자료들의 새로운 배열에 기인한다. 이 새 배열은 대개 상호 무관한 것으로 간주된 일련의 자료들의 연결에 의해 이루어진다. 연결되지 않았던 것을 함께 연결하는 이 능력은 창의력이라 부를 수 있으며, 속도는 그것의 한 속성이다.

이같은 주장은 최근의 '지식산업'을 정확히 예견한 것이라고 할 수 있다. 지식산업은 '노하우'보다 '노훼어'를, 새로운 지식 자체보다는

---

6) 이들의 지식론은 '문학적 지식'에 대한 강력한 비판이기도 했다. 이들에 앞서서 스노우는 '두 문화'에 관한 그의 논의에서 이것을 다음과 같이 비판하였다. '과학적 문화에 속하는 사람들을 제외한다면, 서구의 지식인들은 산업혁명을 이해하려고 힘쓰지도 않았고 원치도 않았으며, 또 할 수도 없었다. 하물며 그것을 받아들일 턱도 없었다. 지식인, 특히 문학적 지식인은 말하자면 타고난 러다이트들이었다'(Snow, 1959: 40-41). 드러커와 벨은 이런 인식을 문명사적 차원으로 확장했다고 볼 수 있다.

그것의 법적 선점을 강조한다. 그러므로 료따르에 따르면 지식론에서 나타난 최근의 변화는 무엇보다 정보화의 효과로서 파악될 필요가 있다.

한편 최근에 우리는 경제개혁과 관련하여 지식의 구실을 강조하는 주장들을 온갖 곳에서 듣고 있다. '국민의 정부'가 국정의 최고목표를 '지식사회의 건설'로 정했으니 그럴 법도 하다고 생각할 수 있겠지만, 솔직히 이제는 비슷한 소리들을 너무나 많이 들어서 지겹기도 하고 그런 소리들을 하는 데 소모하는 자원이 아깝다는 생각도 든다. 어쨌든 '신지식인'이라는 상징을 통한 국가적 동원전략(김효근, 1999)은 현재의 지식체계와 생산방식을 대대적으로 뜯어고치려는 정책(이른바 'BK21')으로 구체화되고 있다(홍성태, 1999ㄱ). 여기서 보이는 것은 '지식/돈' 패러다임에 대한 맹목적 추종이다. 이것은 종래의 패러다임에서 보자면 사실상 '지식의 실추'에 가깝다. 그렇다면 어떻게 해서 이런 변화가 나타나게 된 것일까?

『지식경제』라는 책의 편자는 지식의 경제적 구실에 대한 관심이 1990년대 중반부터 급격히 증폭된 이유를 다음과 같이 네 가지로 제시한다(Neef, 1998: ix-x).

ㄱ) 기업들로 하여금 적응성, 혁신, 처리속도를 향상시키도록 요구하는 압력을 놀랍게 강화하고 있는 경제의 지구화.
ㄴ) 지구화의 압력에 대처하는 데서 조직의 업무처리와 일상업무 속에 내재된 전문지식의 가치에 대한 자각.
ㄷ) 생산의 별개 요소로서 지식 및 지식기반산업 내에서 그것이 장부가치 대 시장가치의 비율을 증가시키는 역할에 대한 자각.
ㄹ) 결국 우리에게 함께 작업하고 서로에게서 배울 수 있는 도구를 제공하는 저렴한 컴퓨터 네트워크.

　　요약하자면 결국 자본주의의 지구화에 따른 무한경쟁이 지식의 경제적 구실을 크게 강화한다는 것이다. 특히 여기서는 업무의 수행과정에서 형성되는 ‘전문지식’과 새로운 고부가가치산업으로 지칭되는 이른바 ‘지식산업’이 강조되고 있다. 지식의 경제적 구실과 관련하여 종래에는 일반적으로 ‘기술지식’이 강조되었던 것과 비교해서, 이 두 가지는 최근의 ‘지식/돈’ 패러다임에서 두드러지는 새로운 특징이라고 할 수 있겠다. 물론 이것들을 최근에야 비로소 나타난 완전히 새로운 현상으로 보는 것은 잘못이다. 정도의 차이는 있을지라도 이러한 현상은 이미 오래 전부터, 그리고 사실은 모든 경제에서 언제나 있어 왔던 것이기 때문이다. 그러므로 최근의 변화에서 진정으로 새로운 점은 이런 현상이 새롭게 나타났다는 데 있는 것이 아니라, 이렇듯 모든 경제에서 언제나 있어왔던 현상을 유난스럽게 강조하는 점에 있다고 해도 지나치지 않을 것이다.[7]

　　‘지식/힘’ 패러다임의 가장 큰 특징이 강한 ‘진리 주장’에 있다면, 새로운 ‘지식/돈’ 패러다임의 특징은 ‘진리 따위는 어째도 좋다’는 식의 태도에 있다고 할 수 있다. 언뜻 보기에 이것은 상당히 극적인 전환으로 보인다. 그리고 언뜻 보기에 이것은 니체 이래, 그리고 무엇보다 양차대전 이래 많은 논자들에 의해 계속 표명되어온 근대적 이성과 진리에 대한 회의의 소산인 것 같다. 그러나 이것을 예컨대 파이어아벤트 식의 인식론[8]과 연관짓는 것은 너무 고상한 해석이다. 같은 맥락에서 포스트

---

7) 여기서 무엇보다 주목할 점은 포스터가 지적하고 있는 ‘총체화의 간지’와 관련된 최근 지식담론의 화용론이다(Poster, 1990: 50-56). 즉 최근의 지식담론은 마치 지식 일반을 강조하고 있는 것처럼 보이지만, 실제로는 특정 지식과 그를 중심으로 한 전체 지식생태계의 변화를 추구한다.

8) 파이어아벤트는 과학적 방법론의 유일한 규칙을 ‘어떻게 해도 좋다’는 것으로 보며, 이 때문에 그의 인식론은 ‘무정부주의 인식론’이라고 불리기도 한다(Chalmers, 1982: 214-231).

모던적 태도라고 보는 것도 역시 너무 현학적인 해석이다. 이론적으로는 이런 것들의 영향이 없다고 할 수는 없겠지만, '지식/돈' 패러다임을 등장시킨 것은 이런 이론적 변화가 아니라 지난 20년간 신자유주의와 신보수주의 아래서 줄곧 강화되어온 경제적 경쟁 자체이기 때문이다.

지식의 성격과 관련하여 새로운 '지식/돈' 패러다임이 '지식/힘' 패러다임의 지식론을 대체하는 것은 아니다. 예를 들어 실증주의의 지배는 여전히 지켜진다. 이 점에서 '지식/돈' 패러다임은 '지식/힘' 패러다임 안에서 이루어지는 변화라고 할 수 있다. 이 변화는 주로 지식의 구실을 둘러싸고 이루어진다. 종래의 '지식/힘' 패러다임이 진리를 강조했다면, 새로운 '지식/돈' 패러다임은 정말 막무가내로 '돈'을 강조한다. 종래의 '지식/힘' 패러다임이 지식의 구실에서 실용성을 강조했다면, 새로운 '지식/돈' 패러다임은 이것을 더욱 노골적으로 세속화한다. 그 결과 실용성은 '환금성'으로 확실히 대체된다. 환금성이란 말 그대로 돈으로 교환될 수 있는 성질을 뜻한다. 이론적으로 모든 지식은 돈이 될 수 있지만, 그러나 실제로 돈이 되는 것은 특정한 지식이다. 이런 현실적인 차이가 엄존하는 상황에서 '지식/돈' 패러다임이 등장하는 것은 결국 지식생태계에 큰 변화를 가져오게 된다. 그것은 '진리의 신성성'이 여지없이 무너지는 결과를 낳게 된다. 이제 돈이 되지 않는 지식은 지식생태계에서 퇴출당하는 가련한 신세가 되고 만다.[9] 진리가 아니라 환금성이 지식을 규정하는 기준으로 작용하게 되는 것이다.[10]

---

[9] 이런 변화는 이미 상당한 정도로 진행된 상태이다. '두뇌한국 21'을 둘러싼 학계 내부의 갈등도 이와 밀접한 연관을 맺고 있다. 예를 들어 어떤 소장 철학자는 앞으로 국내 대학의 철학과는 10개 정도만 남을 것으로 예상하기도 한다. 그 이유는 물론 철학이 '돈이 되지 않는 학문'이기 때문이다. 이런 과들의 경우는 '두뇌한국 21'의 재정지원계획은 상당한 유혹이 아닐 수 없다.

[10] 환금성은 단기적으로 생산성의 향상을 가져올 수 있지만, 장기적으로는 극히 파괴적인 결과를 낳을 수 있다. 예를 들어 농업분야의 경우에 환금성은 어디에서나 생태적 다양

‘지식/돈’ 패러다임이 함축하는 것은 지식의 가치를 규정하는 기준의 변화만이 아니다. 그것은 당연히 지식의 생산 및 이용방식의 변화를 가져오게 된다. 특히 두드러지는 것은 교육의 변화이다. 이와 관련하여 애플은 다음과 같이 지적한다(Apple, 1993: 83).

> 시장화가 강한 국가와 결합한 탓에 생겨나는 주된 효과의 하나는 교육정책이 공적 논의에서 배제되어 버린다는 것이다. 즉 선택은 개별 부모의 소관이 되고, 나머지는 의도하지 않은 결과라는 보이지 않는 손이 떠맡는다. 이 과정에서 교육은 그 수단과 목적이 공적으로 논의되는 공공의 정치영역에 속한다는 생각 자체가 위축되어 버린다.

‘지식/돈’ 패러다임은 어떤 지식의 가치를 돈이 결정한다는 것에 덧붙여, 지식을 생산하고 이용하는 방식도 돈이 결정하게 된다는 것을 의미한다. 돈이 있는 사람은 정말 모든 지식을 얻을 수 있고, 그것을 이용해서 다시 더 많은 돈을 쉽게 벌 수 있게 된다. 그 결과 교육을 매개로 한 ‘공업체계의 봉건성’은 더욱 더 강화될 가능성을 갖게 된다(김진균, 1978: 225). 그리고 이런 문제는 이른바 ‘지식사회’를 탈자본주의의 관점이 아니라, 오히려 자본주의의 관점에서 파악해야 할 필요성을 더욱 강화한다.

4. 지식 ‘자본주의’ 사회

지식이 왜 그렇게 중요한 것일까? ‘지식도 하나의 자원이며 또 그것이 모든 자원 중에서 가장 중요하게 취급되는 것은 모든 물질적 및 인적 자

성을 파괴하고 있다. 지식의 경우에도 환금성은 같은 결과를 낳을 것이다.

원의 소재를 알고 그것을 효용화시킬 수 있'기 때문이다(김진균·여정동, 1973: 90). 요컨대 지식은 정확하고 효율적인 물질대사를 위한 필요조건이다. 드러커는 자신의 지식 개념에 대해 "우리가 지금 생각하고 있는 지식은 스스로 행동으로 증명한다. 우리가 지금 지식이라고 의미하는 것은 행동을 하는 데 효과가 있는 정보, 결과에 초점을 맞춘 정보이다"라고 주장한다(Drucker, 1993: 84). 실증적 지식이 실용적인 이유, 그리고 지식이 정보와 사실상 등치되는 이유는 지식이 본래 물질대사의 필요조건이라는 사실에서 비롯된다. 그러므로 이런 지식관 자체가 문제라고 할 수는 없다. 진정한 문제는 지식을 물질대사의 필요조건이라는 차원을 넘어서 사회구성 자체를 바꿔놓는 새로운 자원으로 비약시키는 데서 나타난다.

드러커에 따르면, '지식사회'는 '비사회주의 사회'이며 '탈자본주의사회'이다(23). 그 까닭은 이 사회에서 가장 중요한 자원은 바로 지식이기 때문이다. 그런데 여기서 지식은 갑자기 문명사적 의의를 지니는 것으로 비약한다. 여기에는 이상한 점이 있다. 첫째, 지식은 언제나 중요한 자원이었지 현대에 들어와서 갑자기 자원으로 '발견'된 것은 아니다. 그럼에도 불구하고 지식의 구실이 문명사적 차원에서 새롭게 부각되는 것은 현재의 사회구성과 관련하여 해명되지 않으면 안된다. 둘째, 지식이 문명사적 의의를 지니는 것으로 파악되는 까닭은 그것의 물리적 특성 때문인 것으로 보인다. 요컨대 지식은 다른 사람과 공유한다고 해서 그 양이 줄어들지 않는다. 즉 물질과 달리 희소성의 원칙을 따르지 않는다. 그것은 이를테면 그 양이 무한한 자원이다. 따라서 지식이 가장 중요한 자원이 되는 사회에서는 희소한 자원을 둘러싸고 벌어졌던 사회적 투쟁은 더 이상 벌어지지 않을 것이라는 가정이 문명사적 전환론의 이면에 자리잡고 있다.

지식의 물리적 특성 때문에 그것은 경제학적으로 공공재로 정의되어 왔다. 지금 우리가 경험하고 있는 변화는 바로 이러한 공공재로서 지식이 사유재로 빠르게 전환되고 있다는 것이다. 즉 지식은 희소성의 원칙을 따르지 않기 때문에 본래 경제학의 대상이 될 수 없는 것이나, 최근의 변화는 인위적인 희소성의 장벽을 설치함으로써 지식을 경제학의 대상으로 전환시키고 있는 것이다(Perelman, 1998). 이것은 자본주의의 원리가 이제 공공재의 영역으로까지 크게 확장되고 있음을 뜻한다. 지식의 구실이 문명사적 차원에서 새롭게 부각되는 이유는 바로 여기에 있다. 문명사적 전환의 논리는 자본주의의 확장을 문명사적 차원에서 합리화하는 구실을 하는 것이다(홍성태, 1999ㄴ: 3장). 이러한 자본주의의 확장을 가져오는 인위적인 희소성의 장벽이 바로 '지적재산권'이다. 그러므로 지적재산권은 단순히 지식의 생산과 이용을 규제하는 법적 사안이 아니라 자본주의의 변화와 관련된 훨씬 더 포괄적인 사회적 사안이라고 할 수 있다.

새로운 '지식 자본주의'는 문명사적으로 합리화될 뿐만 아니라 대단히 인간적인 면모를 통해 합리화되기도 한다. 세계은행의 『발전을 위한 지식』이라는 제목의 연례보고서(1999)는, "설사와 같은 단순한 병의 치료법에 관한 지식은 오래 전부터 있어 왔다. 그러나 부모들이 그 치료법을 몰라서 수백만명의 아이들이 설사 때문에 죽어가고 있다"고 그 첫머리에서 지적한다(World Bank, 1999: 1). 참으로 가슴아픈 사실이다. 그러나 이런 사실이 쉽게 개선되지 않는 이유는 자본주의의 현실과 밀접한 연관을 맺고 있다. 부모들에게 지식을 가르치기 위해서는 비용이 필요하다. 잘 알다시피 자본주의는 이런 비용에 극히 인색하다. '지식/돈' 패러다임은 이런 상황을 더욱 악화시킨다. 이와 관련된 좋은, 그러나 역시 가슴아픈 예가 있다(한겨레신문, 1999/8/5).

국민 4천여만명 가운데 300만명이 에이즈 환자인 남아프리카공화국 정부는 97년 자국 안에서 에이즈 치료제를 싸게 생산하는 것을 허용하는 '강제 허가'의 내용이 담긴 법률을 만들었다. 하지만 이 법은 발효되지 못했다. 초국적 제약업체들이 특허권 위반 혐의로 남아공 정부를 제소하는 등 '압력'을 넣고 있기 때문이다. 현재 에이즈 치료제로 생명을 한달 연장하는 데는 500-1,000달러가 든다.

남아공 정부는 에이즈 치료제를 값싸게 생산해서 국민들에게 제공하려고 했으나, 지적재산권을 앞세운 초국적자본의 요구 때문에 그 계획을 실행할 수 없게 되었던 것이다. 이런 식으로 '지식 자본주의'는 자본주의의 비인간성을 더욱 강화한다.

베이컨은 '부를 덕성의 방해물'이라고 보았다(Bacon, 1597: 162). 앞의 예는 다소 극적이기는 하지만, '지식/돈' 패러다임에서 우리는 바로 이러한 베이컨의 지적을 증명해 주는 생생한 예를 분명히 찾아볼 수 있다. 우리는 흔히 '지식을 가지고 있다'고 말한다. 어떤 면에서 '지식 자본주의'는 이런 상식적 표현에서부터 출발한다고 할 수 있다. 그러나 상식은 우리를 속이는 경우가 많다. 이 상식적 표현도 사람들을 아주 쉽게 오도한다. 지식은 가지는 것이 아니라 '아는 것'이다. 이 때문에 지식은 사유재가 아니라 공공재인 것이다. 지식을 가지고 있다는 표현을 자본주의의 요구에 맞게 정정하면 지식을 사적으로 소유한다는 것이 된다. 도대체 지식을 어떻게 사적으로 소유할 수 있다는 말인가? 그것은 아는 것을 법적으로 통제한다는 뜻이다. 정해진 대가를 지불하지 않으면 알지 못하게 하거나 아는 것을 이용하지 못하도록 하는 것이다. 이 점에서 지적재산권의 강화는 사회의 존속이나 운영 자체를 위협하는 결과를 낳을 수 있다. '지식/돈' 패러다임은 생각보다 훨씬 더 심각한 문제를 안고 있는 것이다.

그럼에도 불구하고 '지식/돈' 패러다임은 자본주의의 현실을 배경으로 갈수록 강화되고 있다. 최근에 들어와 그것은 특히 '지식경제' 혹은 '지식산업'의 형태로 구체화되고 있다. 이것이 이른바 '신경제'의 핵심으로 인식되고 정책적 목표로까지 부상한 것은 세계적으로도 아주 최근의 일이다(OECD, 1996; World Bank, 1998). 국내의 경우에 이러한 변화는 '국민의 정부'에서 분명하게 나타나고 있다. '국민의 정부'는 국정의 최고 목표를 '창조적 지식기반국가 건설'(정보통신부, 1999ㄱ)로 제시하고 있다. '지식기반국가'11) 란 '고도화되고 글로벌화된 정보화 기반 위에서 삶에 필요한 지식과 정보가 언제 어디서나 누구와도 빛의 속도로 교환되고, 개인, 기업, 국가의 힘이 지식과 정보의 질과 양에 의하여 결정되는 사회'(정보통신부, 1999ㄴ)로 정의된다. 여기서 특히 강조되는 것은 인터넷의 이용이다. 요컨대 '지식정보화사회에서 정보 인프라는 수단이며, 지식과 정보의 창출과 활용은 목적이라 할 수 있음. 앞으로 국부는 '제2의 국토'인 전자공간에 유용한 정보가 얼마나 많이 축적되는가에 달려 있'(정보통신부, 1999ㄷ) 다는 것이다.

그러나 인터넷을 '전자 불도저'에 비유하거나 '제2의 국토'로 여기는 것은 정책 담당자들이 기존의 강압적 산업화 방식으로 인터넷이나 정보화를 인식하고 있음을 보여준다. 더욱이 여기서 '지식의 상업화·상품화'는 당연한 것으로 전제되어 있다. 지구화를 주도하는 세력이 선진 자본주의국들이라는 점에서 이러한 전제는 불가피한 것이라고 할 수도 있지만, 이것이 전파되는 방식은 문명전환론을 무차별적으로 받아들이는 것이라는 점에서 현재의 변화에 대한 비판과 대안의 모색을 애초부터 봉쇄하는 효과를 가지게 된다.

한편 '국민의 정부'가 국정목표로 제시한 이른바 '지식기반국가의 건설'

---

11) 이것은 세계적으로 통용되고 있는 '지식기반경제'(Knowledge-based Economy)를 변형한 것으로 보인다.

을 위해, 최근에는 기존의 정보화와 함께 '지식기반산업'의 육성이 새롭게 강조되고 있다(산업연구원, 1998). 국가적 산업육성전략으로서 그것은 다음의 〈표〉에서 볼 수 있는 것과 같은 새로운 산업분류를 시도하였다.

<표> 한국형 지식기반산업의 범위

구 분	산 업 명
지식기반 1차산업	첨단작물, 첨단축산, 첨단영림, 첨단양식업
지식기반 제조업	정밀화학, 메카트로닉스, 전자·정보통신기기, 정밀기기, 우주항공, 생물, 신소재, 원자력, 환경
지식기반 서비스산업	정보통신서비스, 금융·보험, 소프트웨어, 데이터베이스, 컨설팅, 엔지니어링 및 연구개발, 광고, 산업디자인, 교육서비스, 의료, 방송, 문화산업

출처: 산업연구원(1998: 4)

여기서 우선 지식기반산업은, '인간의 창의성에 기초를 둔 지식을 노동, 자본 등의 전통적 생산요소보다 더 주된 생산요소로 활용하는 산업'으로 정의되었다(2). 그러나 구체적인 산업분류를 보자면, 기존의 산업분류에 '지식기반'이라는 수식어를 덧붙였을 뿐임을 쉽게 알 수 있다.

또한 이 보고서는 '수확체증의 법칙'이 작용하기 때문에 '지식기반산업은 다른 산업들에 비해 생산성 증가를 통한 국제경쟁력의 강화가 용이'하다고 주장하고 있다(3). 그러나 수확체증은 기술개발에 엄청난 금액을 투자한 대가로 얻게 되는 독점이윤이다. 지식경제의 핵심은 기술경쟁의 강화이며, 따라서 이른바 '지식기반산업'의 국제경쟁력 강화는 극히 어려운 과제이다. '수확체증의 법칙'은 마치 지식산업이 '황금알을 낳는 거위'인 것처럼 보이도록 하고 있지만, 그것은 무엇보다 지식의 자본주의적 독점에서 비롯되는 특성인 것이다. 더욱이 이 독점은 단순히 새로운 기술을 개발하여 확보할 수 있는 것이 아니라, 마이크로소프트의 경우에서 잘 드러나듯이 지극히 전통적인 술수들을 요구하는 것이기도 하다(Cosmo and Nora, 1998). 그러나 새로운 산업전략은 이런 현실적인 문제를 적절히 분석하지 않은 채, '지식/돈' 패러다임을 무조건 추종하는 수준을 거의 벗어나지 못하고 있는 것이다. 이런 식으로 한국은 '지식 자본주의 사회'로 달려들어가고 있다.

5. 결론

우리는 지금 '지식/힘' 패러다임에서 '지식/돈' 패러다임으로의 전환을 보고 있다. 좀더 정확하게 말해서 우리는 지금 '지식/힘' 패러다임 내에서 '지식/돈' 패러다임의 발흥을 보고 있다. 이것은 자본의 위력이 지식이라는 공공재의 영역으로까지 확장되는 것을 의미한다. 이 점에서 이른바 지식사회는 탈자본주의 사회가 아니라 자본주의 사회, 즉 지식사회는 지식 '자본주의' 사회이다. 여기서 지식의 가치는 진리로서보다는 돈으로서 결정되며, 따라서 환금성이 강한 지식과 돈을 벌게 해주는 수단에 관한 지식이 전체 지식생태계를 지배하게 된다. 여기서 근대 지식의 강한 '진리 주장'은 그에 대한 이론적 비판보다는 돈의 위력에 의해 터무니없을 정도로 쉽게 무너지고 만다.

베이컨은 『학문의 진보』에서 이렇게 말했다. "지식은 매춘부처럼 다만 쾌락과 허영을 위한 것이어서는 안된다. 또 여자 노예처럼 주인이 이용하기 위해서 입수하고 구하는 것이어서는 안된다. 배우자처럼 자식의 출생, 결실, 위안을 위한 것이어야 하는 것이다"(베이컨, 1605: 296). 이것은 지식의 본래 목적이 진리를 찾는 데 있다는 주장으로 읽힌다. 너무 남성주의적 표현이라 인용하기에 다소 껄끄러움이 있기는 하지만, 현재 지구 전체를 휩쓸고 있는 진리관의 변화에 대한 비판으로서 이 지적은 깊이 음미해볼 가치가 충분히 있다. 지식이 직접적인 환금성의 대상으로 변모할 때, 지식은 타락할 수밖에 없다. 그나마 돈이 되지 않는 지식은 시나브로 죽어갈 수밖에 없다.

'지식/돈' 패러다임의 발흥은 무엇보다 자본주의의 지구화와 밀접한 연관을 맺고 있다. 지금 우리가 경험하고 있는 것은 '자본주의의 이중적 확장'이다. 그것은 공간적으로 지구 전역을 장악하게 되었으며, 지식과 정보로 대표되는 공공재를 빠르게 사유화하고 있다. 그러므로 '지식/돈' 패러다임의 반지식적 속성, 즉 지식생태계를 위기로 몰아가는 그 파괴적 속성에 저항하기 위해서는 이러한 자본주의의 확장에 저항하지 않을 수 없다. 현재 새로운 저항은 '지식/돈' 패러다임이 제시하는 탈자본주의의 유토피아적 전망에 맞서는 것, 그리고 '그누/리눅스 프로젝트'로 대표되는 지식/정보공유운동을 발전시키는 것으로 전개되고 있다. 이 저항이 과연 '지식/돈' 패러다임의 위력을 약화시킬 수 있을 것인가?

상황이 그렇게 낙관적인 것은 아니지만, 그렇다고 완전히 비관적인 것도 아니다. 우리는 그 희망의 근거로 '지식/돈' 패러다임이 안고 있는 여러 가지 문제점들에 대한 지식이 계속 늘어가는 사실을 들 수도 있다. 그리고 자본주의는 공공성의 영역을 통째로 삼키려 하고 있으나, 그것은 쉽게 삼킬 수 없는 큰 가시를 가지고 있다. 이렇게 해서 자본주의의 내적 모순은 새로운 형태로 지속된다. 반마이크로소프트 소송부터 '두뇌한국 21'을 둘러싼 갈등까지 이런 관점에서 주의깊게 검토될 필요가 있다.

참고문헌

姜尙中(1996), 『オリエンタリズムの彼方へ──近代文化批判』, 岩波書店
김진균(1978), 「테크놀로지적 사회구조론」, 김진균(1983), 『비판과 변동의 사
　　회학』, 한울

______ · 여정동(1973), 「근대화의 제조건과 사회조직에 관한 일고찰」, 김진균
    (1983), 『비판과 변동의 사회학』, 한울
김효근(1999), 『신지식인』, 매일경제신문사
산업연구원(1998), 『지식기반산업의 발전방안』(KIET 정책자료 제74호)
정보통신부(1999ㄱ), ‘Cyber Korea 21—창조적 지식기반국가 건설을 위한 정보
    화 VISION’
______(1999ㄴ), ‘정통부, 신지식인 양성과 신산업 육성에 주력’,
    http://mic. etri. re. kr/BroadDir/보도자료/정통부. htm
______(1999ㄷ), ‘정보화의 길’,
    http://mic. etri. re. kr/BroadDir/보도자료/정대보고. htm
홍성태(1998), 『생태사회를 위하여』, 문화과학사
______(1999ㄱ), 「자본주의 ‘지식사회’와 ‘신지식인’론 비판」, 『문화과학』 19호,
    1999년 가을
______(1999ㄴ), 「정보화 경쟁의 이데올로기에 관한 연구—정보주의와 정보공
    유론을 중심으로」, 서울대학교 대학원 사회학과 박사학위논문

Apffel-Marglin, F. and Stephen Marglin eds. (1996), *Decolonizing Knowledge
    —from Development to Dialogue*, Oxford Univ. Press
Apple, M. (1993), 박윤경 · 손지희 역(1999), 「포스트모더니스트들이 잊은 것:
    문화자본과 공식적 지식」, 『문화과학』 19호
Bacon, F. (1597), 이종구 역(1978), 『학문의 진보, 베이컨 수필』, 동서문화사
Beck, U. (1986), 홍성태 옮김(1997), 『위험사회—새로운 근대(성)를 향하여』,
    새물결
Bell, D. (1976), *The Coming of Post-Industrial Society—A Venture in Social
    Forecasting*, BasicBooks
Capra, F. (1982), 이성범 · 구윤서 옮김(1985), 『새로운 과학과 문명의 전환』,
    (주) 범양사 출판부
Carrier ed. (1995), *Occidentalism—Images of the West*, Oxford Univ. Press
Chalmers, A. (1982), 신일철 · 신중섭 옮김(1985), 『현대의 과학철학』, 서광사
Cosmo, R. and Dominique Nora(1998), 조성애 옮김(1999), 『세계를 터는 강

　　도』, 영림카디널

Drucker, P. (1993), 이재규 역(1993), 『자본주의 이후의 사회』, 한국경제신문사

Foucault(1975), 오생근 역(1994), 『감시와 처벌—감옥의 역사』, 나남출판

Illich, I. (1970), 황성모 역(1978), 『탈학교의 사회』, 삼성미술문화재단

Lyotard, J. (1979), 이현복 옮김(1992), 『포스트모던적 조건—정보사회에서의
　　지식의 위상』, 서광사

Neef, D. ed. (1998), *The Knowledge Economy*, Butterworth-Heinemann

OECD(1996), *The Knowledge-Based Economy*

Perelman, M. (1998), *Class Warfare in the Information Age*, St. Martin's Press

Poster, M. (1990), 김성기 옮김(1994), 『뉴미디어의 철학』, 민음사

Rickert, H. (1898), 윤명로 역(1973), 『문화과학과 자연과학』, 삼성미술문화재단

Rifkin, J. (1989), 김명자·김건 역(1992), 『엔트로피—21세기의 새로운 세계
　　관』, 동아출판사

Said, E. (1978), 박홍규 역(1991), 『오리엔탈리즘』, 교보문고

Snow, C. (1959), 오영환 역(1977), 『두 문화와 과학혁명』, 박영사

Stehr, N. (1994), *Knowledge Societies*, Sage Publications

World Bank(1999), *Knowledge for Development*, Oxford Univ. Press

04

디지털 혁명과 자본주의의 정보적 확장

1. 디지털 혁명의 시대?

'세상이 빠르게 변하고 있다'는 말 자체가 가장 진부한 상투어가 되어 버린 시대를 우리는 살고 있다. 도처에서 들리느니 이런 류의 말들이다. 그 결과 이런 말들은 평범한 수사학적 가치마저도 지니지 못하게 되었다. 그러나 불행하게도 오늘날 우리는 이런 말들의 지배를 받으며 살고 있다. 공허한 메아리조차 울리지 못하는 이런 말들이 우리의 사고와 행위를 장악하고 있는 것이다. 그러나 도대체 무엇이 어떻게 변하고 있다는 말인가?

지난 10년 사이에 이루어진 가장 큰 변화라면 단연 사회주의 세계체계의 몰락을 들어야 할 것이다. 이로써 자본주의의 지리적 확장이 완성되었다. 사회주의가 사라진 자리에 자본주의가 들어서면서 마침내 자본주의에 의한 천하통일이 이루어진 것이다. 이와 함께 변화에 관한 논의의 중심은 기술 쪽으로 옮아갔다. 요컨대 기술의 발달이 자본주의에 어떤 변화를 가져오고 있는가 하는 것이 변화에 관한 논의의 초점이 되었다.

이런 식으로 기술혁명이 사회혁명의 자리를 차지하게 되었다. 아마도 오늘날처럼 '혁명'이라는 용어가 일상적으로 널리 사용되었던 적은 없을 것이다. 그러나 그것은 더 이상 과거와 같은 사회혁명을 가리키지 않는다. 그러므로 '혁명'은 더 이상 과거와 같은 정치적 무게를 지니지 않는다. 오늘날의 혁명은 자본주의를 넘어서는 것이 아니라 확장하는 기술혁명이기 때문이다(홍성태, 2000ㄱ).

디지털혁명은 이러한 기술혁명의 한 축이다.[1] 자본주의의 지리적 확장이 완성된 세계에서 그것만이 오늘날 실제적인 '영구혁명'이자 '세계혁명'으로 작동하고 있다. 그것은 새로운 세계를 지배하는 새로운 패권의 원리인 '무한경쟁'과 '승자독식'에서 살아남기 위해 받아들이지 않을 수 없는 시대사적 변화로 여겨지고 있다. 나아가 디지털혁명을 통해 기술은 이제 분명히 도구적 차원을 훌쩍 뛰어넘어 역사와 사회를 구성하는 주체의 영역에 안착한다.[2] 그러나 과연 디지털혁명은 무엇을 가리키는 것인가?

디지털혁명에 관한 외침은 도처에서 들려오건만 정작 그것이 가리키는 구체적인 내용에 관한 논의는 찾아보기 쉽지 않다. 예컨대 미 상무부 전자상거래국에서 1998년에 발표한 '부상하는 디지털 경제'라는 보고서를 보자. 이 보고서는 '디지털혁명이 시작되었다'는 제목의 절로 시작한

---

1) 다른 한 축은 '바이오혁명', 즉 생체공학혁명이다. 이것은 물론 디지털혁명과 밀접한 연관을 맺고 있다. 어떤 점에서 디지털혁명이 없었더라면, 바이오혁명은 없었다고 할 수 있다. 디지털혁명을 통해 인류는 생체정보를 해독할 수 있는 능력을 지니게 되었으므로.
2) 이런 점에서 '기술결정론'이 이 시대보다 더 위세를 부린 때는 없었던 것으로 보인다. 이에 대한 체계적인 논의로는 윤영민(1997)을 참조.

다. 그러나 여기에서 디지털혁명에 관한 정의는 찾아볼 수 없다. 그것은 다만 인터넷의 대중화와 그에 기반을 두고 나타나는 경제적 변화를 가리키는 것으로 읽힐 수 있을 뿐이다(DOC, 1998).

네그로폰테로부터 비롯된 것으로 보이는 디지털혁명론의 가장 큰 문제점은 디지털을 신비화한다는 것이다. 기술적으로 보자면, 디지털은 전자 정보를 처리하는 한 방식일 뿐이다. 그러나 디지털혁명론에서 디지털은 물질적 한계를 넘어서 인류에게 무한한 성장을 약속하는 '마법의 씨앗'과 같은 것으로 제시된다. 이렇게 해서 디지털혁명론은 근대사회를 떠받쳐온 무한성장의 신화를 되살리는 이데올로기의 구실을 하게 된다. 물론 이러한 이데올로기는 디지털혁명을 올바로 이해하는 데서 큰 장애가 된다(홍성태, 2000ㄴ: 4장).

기술적으로 디지털혁명은 컴퓨터의 멀티미디어화와 인터넷의 대중화를 축으로 하는 정보통신기술의 발달을 가리킨다. 이와 함께 여러 가지 사회적 변화들이 나타나고 있지만, 필자는 특히 인터넷의 대중화와 '정보의 상품화'에 주목하고 싶다. 이 경우 디지털혁명은 자본주의의 정보적 확장을 가속화하고 있는 것으로 파악된다. 이것은 자본주의가 물질재의 영역뿐만 아니라 정보재의 영역까지도 확고히 지배하게 되었음을 뜻한다. 이로써 자본주의는 명실상부한 전성기를 구가하게 되지만, 당연하게도 그 결과로 새로운 형태의 모순을 낳게 된다.

이 글에서는 이러한 관점에서 디지털혁명과 자본주의의 관계에 대해 살펴보고자 한다. 먼저 다음의 2절에서는 '현실 정보사회'라는 용어를 통해 정보사회에 대한 비판적 이해를 추구한다. 3절과 4절에서는 정보의 상품화를 법적으로 보장하는 지적재산권을 다룬다. 먼저 3절에서는 세계지적재산권기구의 형성과 변화를 다루고, 4절에서는 세계무역기구의 무역관련 지적재산권협정을 중점적으로 다룬다. 마지막 5절에서는 이러한 자본주의의 정보적 확장에 관한 문명전환론적 설명과 그 문제점들을 정리하는 것으로 글을 맺도록 한다.

2. 현실 정보사회와 지적재산권

1) 현실 정보사회

정보사회에 관한 주류적 논의들[3]은 대체로 기술결정론적 편향을 갖는다. 이 편향은 다른 어떤 사회적 변수보다 기술의 영향력을 강조할 뿐만 아니라, 사회 변화를 문명전환론의 형태로 파악하도록 하는 효력을 갖는다. 여기서 기술결정론적 편향은 산업주의와 자본주의가 빚어내고 있는 현실의 사회 문제로부터 눈을 돌리도록 하는 이데올로기적 편향으로 전화된다. '현실 정보사회'라는 용어는 정보기술의 발달이 갖는 중요성을 인정하되 이러한 편향을 고려하여 고안된 용어이다.

기존의 정보사회론, 특히 주류 정보사회론은 '정보화→정보사회'라는 기술결정론적 도식에 사로잡혀 있다. 이것이 기술결정론적인 까닭은 여기서 정보화가 대체로 정보기술(IT)의 확산을 가리키기 때문이다. 이 도식에는 크게 두 가지 문제가 있다. 첫째, '정보기술적 편향'의 문제이다. 이 도식에서 정보화는 흔히 전자공학에 바탕을 둔 정보기술 분야의 변화로 한정된다. 그러나 이른바 '바이오혁명'에서 잘 드러나듯이 현재의 정보화는 생체정보의 확인과 이용으로 빠르게 나아가고 있다(Rifkin, 1998). 이러한 기술적 변화가 안고 있는 심각한 문제에 적절히 대처하기 위해서도 정보화는 전자정보기술뿐만 아니라 유전정보기술을 포함하

---

3) 피터 드러커(Peter Drucker), 다니엘 벨(Daniel Bell), 앨빈 토플러(Alvin Toffler), 존 네이스빗(John Naisbitt), 조지 길더(George Gilder), 에스더 다이슨(Esther Dyson), 니콜라스 네그로폰테(Nicholas Negroponte) 등을 떠올리면 되겠다.

는 것으로 이해될 필요가 있다.

둘째, '탈자본주의적 편향'의 문제이다. 이 도식에는 정보기술의 발달과 이용에 대한 관심이 압도적으로 반영되어 있으며, 정보기술의 발달이 정보재의 생산과 이용에 미치는 영향은 거의 반영되어 있지 않다. 이 때문에 주류 정보사회론자들은 기술의 발달에 따라 새로운 사회가 도래한다는 속 편한 문명전환론을 주장할 수 있는 것이다. 그러나 정보재의 생산과 이용에서 나타나는 변화를 보면, 정보기술이 자본주의의 구조적 규정 속에서 개발되고 있으며, 대체로 자본주의의 확장을 위한 방식으로 이용되고 있음을 알 수 있다. 정보기술의 발달과 함께 자본주의의 정보적 확장이 가속적으로 전개되고 있는 것이다.

'현실 정보사회'란 이러한 자본주의의 정보적 확장이라는 관점에서 파악된 정보사회를 가리킨다. 이 용어는 정보기술의 빠르고 복잡한 발달과 그 이용의 보편화만이 아니라 그와 함께 정보라는 재화에 어떤 변화가 초래되고 있는가에 주목할 것을 요청한다.[4] 요컨대 본래 공유재로 여겨지던 정보들이 대거 사유재로 바뀌는 변화가 일어나고 있다. 인간의 유전정보를 포함하여 이 세상의 모든 정보가 상품으로 생산되고 판매될 수 있게 된다. 정보기술의 발달뿐만 아니라 정보재의 영역에서 진행되고 있는 이러한 변화에 주목해야 비로소 현재의 정보화가 자본주의와 관련해서 차지하는 사회적 의미를 제대로 이해할 수 있다.

현재 우리가 경험하고 있는 자본주의의 정보적 확장은 1980년 초반부

---

4) 이 글에서 정보재에는 정보뿐만 아니라 지식까지도 포함된다. 다시 말해서 이 글에서 정보재는 인간의 두뇌로 인식될 수 있고 생각해낼 수 있는 모든 무형재를 뜻한다. 또한 정보재는 항상 물질을 통해 표현된다. 정보를 생산하는 가장 원초적인 행위, 즉 인간의 사고행위 자체가 물질의 운동과정이라는 점을 염두에 두면, 정보가 물질과 분리되어 존재할 수 없다는 것은 아주 자명한 사실이다. 따라서 정보를 물질로부터 분리시키고 그것에 초월적인 지위를 부과하는 '정보 예외주의'는 잘못된 것이다.

터 미국의 주도로 전개되기 시작했다. 잘 알다시피 1980년대에 미국 경제는 막대한 무역적자와 재정적자로 허덕였다. 레이거노믹스는 '위대한 미국'을 기치로 내걸었지만, 오히려 미국은 몰락하고 있는 것처럼 보였다. 이 문제에 대처하기 위해 여러 가지 방안들이 모색되었는데, 그 중의 하나가 바로 지적재산권을 강화하는 것이었다. 1983년에 설립된 미국의 대통령산업경쟁력위원회는 1985년에 발표한 보고서에서 미국 경제의 재생을 위한 방법의 하나로 지적재산권의 보호를 강화할 것을 제시했다. 바로 이것을 계기로 1980년대 중반부터 미국 및 세계경제에서 지적재산권의 보호를 강화하는 커다란 흐름이 가파르게 형성되어 왔다(박영관, 1996: 22).

물론 지적재산권 자체가 최근에 들어와 새롭게 만들어진 것은 아니다. 서구의 경우에 그 역사는 대략 500년 전으로 거슬러 올라간다. 현재 지적재산권은 복잡한 체계를 통해 관리·보호된다. 지적재산권체계는 지적재산권과 그 관리기구로 구성되는데, 현재 지적재산권은 산업재산권(특허권·실용신안권·상표권·의장권), 저작권(저작인격권·저작재산권·저작인접권), 신지적재산권(산업저작권·첨단 산업재산권·정보산업권)으로 구성되어 있으며, 그 관리기구는 특허청과 같은 각국의 해당 기구들과 세계지적재산권기구(WIPO)로 대표되는 국제적 기구들로 구성되어 있다. 이러한 체계의 기본적인 틀은 이미 19세기 말에 유럽에서 형성되었다.

1980년대 중반부터 미국의 주도로 진행되어온 세계지적재산권체계의 변화에 대해서는 두 가지 점에서 새로운 의미를 부여할 수 있을 것으로 보인다. 첫째, 그것은 정보기술의 급속한 발달과 함께 구체적으로 형성되기 시작한 정보사회를 자본주의적으로 안정화하기 위해 추구된 변화이다. 둘째, 그것은 급변하는 사회적 및 기술적 조건의 변화를 배경으로 자본주의 발전의 본질적 경향인 정보적 확장을 그 최고의 단계로 끌어올리는 변화이다. 이러한 변화는 대체로 1990년대 중반을 지나며 제도적으로 실현된다. 현실 정보사회는 이런 제도적 변화를 바탕으로 파악된 정보사회이다.

2) 지적재산권

자본주의의 정보적 확장은 제도적으로 지적재산권을 통해 나타난다. 지적재산권은 서구에서 근대의 시작과 함께 창안된 제도이다. 이것은 물질재와는 다른 물리적 및 사회적 특성을 갖는 정보재를 사적 소유제의 틀 속에서 생산·유통하기 위해 고안되었다. 따라서 지적재산권을 이해하기 위해서는 우선 정보재의 특성에 대해 살펴볼 필요가 있다.

정보재는 '형체를 가지지 않는 모든 종류의 정신적 재화'를 뜻한다. 물질재와 다른 그 가장 기본적인 물리적 특징은 '배타성이 없는 재화'라는 것이다. 즉 나만이 알고 있는 것을 다른 사람이 알게 된다고 해서 내가 알고 있던 것을 내가 모르게 되지 않는다. 다만 혼자 알던 것을 둘이 알게 되었을 뿐이다. 이런 점에서 정보재는 본래적으로 '희소성이 없는 재화'이다. 이러한 재화는 본질적으로 경제재가 될 수 없다(Perelman, 1998: 87-88). 그러나 이렇게 될 경우에 정보재를 가지고 있는 사람이 다른 사람과 그것을 공유하려 하지 않음으로써 사회 전체적으로 필요한 정보재의 생산과 유통이 원활하게 이루어지지 않게 된다. 인간은 대가가 따르지 않는 노동은 주저하는 법이다. 어렵게 얻은 결과물을 나누는 데서는 더욱 더 그러하다. 이런 문제를 해결하기 위해 고안된 것이 바로 지적재산권이다.

이처럼 지적재산권은 개인에게 일시적으로 정보재의 배타적 소유권을 인정함으로써 사회의 지적 자산을 늘리기 위해 만들어진 법적 장치이다. 이것은 실제로 사회 전체의 지적 자산을 늘리는 데 크게 이바지했다. 그러나 지적재산권에는 내적 모순이라고 불러야 할 문제점이 내장되어 있기도 하다. 이것은 정보재의 사회적 특성에서 비롯되는 것으로, 가장 기본적인 모순은 권리자와 이용자 간의 모순이다. 하늘 아래 어떤 지적재산도 완전히 새로운 것은 없다. 어떤 지적 산물도 다른 지적 산물과 연관되어 있다. 순수하게 새로운 지적 산물이란 존재하지 않는다. 따라서 어떤 지적재산에 대해서도 누구나 이용권을 가진다. 이 점에서 권리자의 소유권과 이용자의 이용권이 대립한다. 문제의 핵심은 양자가 경제적으로 제로섬관계를 형성한다는 것이다. 그러나 자본주의의 정보적 확장, 즉 지적재산권의 강화는 이용권을 일방적으로 약화시킨다. 여기에 현실 정보사회를 문제적으로 바라보아야 하는 근본적인 이유가 있다.

그 물리적 및 사회적 특성 때문에 정보재는 보통 공공재로 분류된다. 지적재산권은 이러한 공공재로서 정보재를 사유재로 전환시키기 위한 강제적 장치이다(허희성, 1996: 48). 이것은 정보재의 생산을 촉진한다는 명분으로 자본주의의 정보적 확장을 정당화하는 인위적 제도이다. 자본주의는 정보재의 상품화를 적극적으로 추구한다. 정보재는 물질재의 생산에 필수적일 뿐만 아니라 그 자체로 고이윤을 낳을 수 있는 재화이기 때문이다. 이런 관점에서 보자면, 자본주의의 발전사는 지적재산권의 지속적인 확대·강화의 역사로 파악될 수 있다. 이러한 일치는 결코 우연이 아니다. 이것은 이 세상 모든 것의 사유화를 추구하는 자본주의의 내적 본질에서 비롯된 것이기 때문이다. 역사적으로 정보재의 상품화는 자본주의의 정보적 확장으로 파악될 수 있다. 그리고 그 역사는 지적재산권의 변천에서 가장 집약적인 형태로 나타난다.

이러한 관점에서 지적재산권의 변천은 4단계로 나누어 살펴볼 수 있다. 그 1단계는 자본주의의 정보적 확장의 모색기이며, 지적재산권의 정립기이다. 시기상으로는 15세기 후반에 이탈리아에서 특허권과 저작권이 창안되었을 때부터 구미 각국에서 지적재산권이 법적으로 보장된 19세기 후반까지를 포함한다. 이 기간 동안에는 지적재산권을 둘러싸고 논란이 극심해서 심지어 '반특허운동'이 전개되기도 하였다(윤성식, 2000: 45). 이러한 논란은 자본주의의 발전에 따라 정보재의 경제적 중요성이 커지면서 구미 각국에서 지적재산권이 법적으로 성립되는 것으로 정리된다.[5]

2단계는 자본주의의 정보적 확장이 본격적으로 추구되기 시작한 시기이며, 구미 각국을 중심으로 세계지적재산권체계의 기본틀이 형성된 시기이다. 이 시기는 19세기 말에 구미 각국의 지적재산권법이 통일되면서 시작되었다. 먼저 1883년에 산업재산권에 관한 파리협약이 체결되었다. 이어서 1886년에는 저작권에 관한 베른협약이 체결되었다. 다시 1892년에는 이 두 협약을 통합해서 관리하는 '지적재산권보호 국제합동사무국'(BIRPI)이 설치되었다.

3단계는 구미 각국의 주도로 자본주의의 정보적 확장이 전세계에서 추구된 시기이며, 전세계에서 통용되는 세계지적재산권체계가 확립된 시기이다. 이 시기는 1967년에 파리협약과 베른협약이 개정되면서 시작되어 1970년에 세계지적재산권기구(WIPO)가 발족되는 것으로 일단락된다. WIPO는 1974년에 UN의 전문기관으로 인정되었으며, 그 국제사무국은 BIRPI의 후계기관이 되었다.

4단계는 자본주의의 지구화와 정보기술의 급속한 발달을 배경으로 자

---

5) 정보사회의 형성을 산업혁명에 따른 '제어위기'에서 찾는 베니거의 견해는 이런 점에서도 상당한 타당성을 지닌다고 할 수 있다(Beniger, 1986: 1-27). 그러나 이 글에서는 기술적인 면에서 컴퓨터가 개발되고 이용되기 시작한 1950년대 이후에 정보사회가 형성되는 것으로 본다.

본주의의 정보적 확장이 완성을 향해 나아가는 시기이다. 이 시기에 들어와 기술적 및 제도적 차원에서 현실 정보사회와 정보자본주의가 확립된다고 할 수 있다. 이 시기의 성립을 보여주는 가장 중요한 지표는 1994년에 조인된 세계무역기구의 무역관련 지적재산권협정(WTO/TRIPs)이다. 이 협정을 통해 이제 지적재산권은 자본주의를 보완하는 제도가 아니라 그 가장 중요한 제도로 완전히 탈바꿈한다.

3. 세계지적재산권체계의 확립

1) WIPO와 세계지적재산권체계

파리협약과 베른협약을 통해 구미 각국에서는 이미 19세기 말에 자본주의의 정보적 확장을 위한 제도적 틀이 국제적으로 정비되었다. 그러나 자본주의의 지리적 확장과 함께 지적재산을 구미 이외의 지역에서도 보호할 필요가 커져 갔다.[6] 물론 이러한 필요를 강하게 느낀 것은 선진 자본주의 국가들이었다. 그렇지 않은 나라들은 선진 자본주의 국가들의 지적재산을 마음대로 사용할 필요를 훨씬 더 강하게 느꼈다. 그러나 국제관계를 지배하는 것은 역시 적나라한 힘의 논리이다. 1960년대에 들어와 선진 자본주의 국가들의 주도로 파리협약과 베른협약이 개정되는 한편, 세계적 차원에서 지적재산권을 보호하기 위한 새로운 관리체계가 구성되었다. 이것이 바로 1970년에 설립된 세계지적재산권기구(WIPO)이다.

세계지적재산권체계의 기본틀은 이미 19세기 말에 형성되었지만, 거기에는 여러 가지 문제점들이 내장되어 있었다. 예컨대 산업재산권에

---

6) 역사적으로 자본주의는 '이중의 확장'을 추구해 왔다. 지리적 확장과 정보적 확장이 그것이다. 정보적 확장은 다시 지리적 확장과 기술적 확장을 통해 추구되어 왔다.

관한 파리협약은 '속지주의'에 입각해서 각국의 상이한 특허제도의 차이점을 인정했다. 그러나 지적재산권이 제대로 효력을 발휘하려면 당연하게도 관련 제도가 국제적으로 통일되어야 한다. 구미 각국이 자국의 이익을 위해 상이한 방식으로 지적재산권을 이용하고 있던 상황이 혁파되어야 했던 것이다. 이 때문에 파리협약과 같은 국제조약이 맺어진 것이었지만, 그 원칙은 여전히 큰 문제를 안고 있는 것이었다. 지적재산권의 보호방식을 통일하는 작업은 산업 발전의 수준이 비슷한 구미 각국에서도 오랫동안 요원한 과제였다.

아래의 〈표 1〉은 이에 근거하여 성립된 서구 각국의 최근 특허제도이다. 〈표 1〉에서 볼 수 있듯이, 지적재산권의 핵심인 특허권 분야에서조차 각국의 차이는 크다. [7]

<표 1> 서구 선진자본주의 국가들의 특허제도 비교

	한국	일본	미국	EU
심사청구기간	5년 이내	3년 이내	심사청구 제도 없음	2년 이내
신규성 의제 주장가능 기간	6개월 이내	6개월 이내	1년 이내	6개월 이내
이의신청 (담당기관)	등록공고일부터 3개월 이내 (심사관)	등록공고일부터 6개월 이내 (심판관)	이의신청 제도 없음	등록공고일부터 9개월 이내 (심사관)
우선심사제도	있음	있음	있음	있음
국내우선권 주장시기	1년 이내	1년 이내	출원계속 중	없음
출원공개시기	1년6개월 이후	1년6개월 이후	1년6개월 이후	1년6개월 이후
특허존속기간	출원일부터 20년간	출원일부터 20년간	출원일부터 20년간	출원일부터 20년간

자료: 송봉식(2002)

---

7) 그 차이는 WTO/TRIPs 이후에 많이 줄어들었다. 예컨대 미국은 17년이었던 특허권의 존속기간을 20년으로 늘렸으며, 선발명주의를 포기하는 대신에 특허의 대상을 크게 늘리려 하고 있다.

이러한 차이는 파리협약이 체결되던 당시 구미 각국의 산업 발전의 정도가 다른 데서 비롯된 필연적인 결과였다. 그러나 시간이 흐르며 선진 자본주의 국가들 간의 차이는 사라졌다. 대신에 2차대전 이후에 대거 등장한 제3세계의 신생 자본주의 국가들이 지적재산권을 보호하도록 강제해야 할 필요성이 생겨났다.

WIPO의 목적은 이와 같은 두 가지 변화, 즉 선진 자본주의 국가들 간의 차이가 사라진 대신에 신생 자본주의 국가들이 대거 등장한 상황에 대응하여 자본주의의 정보적 확장을 성공적으로 달성하는 것이었다. 물론 이것을 주도한 것은 선진 자본주의 국가들이었다. 이를 위해 지적재산권의 보호방식을 세계적으로 통일화하는 과제가 추구되었다. 그것은 다시 말해서 명실상부한 세계 지적재산권체계를 확립하는 과제였다. 이 과제야말로 WIPO의 고유업무였다. 그 중에서도 특히 WIPO가 중점적으로 추구해왔던 것은 산업적 영향력이 가장 큰 특허제도의 통일화작업이었다.

특허는 신물질의 발명(물질특허), 새로운 제조기술(제법특허), 새로운 용도개발(용도특허) 등에 대해 배타적 소유권을 부여하는 것으로서 산업 전반에 걸쳐 직접적으로 커다란 영향을 미친다. 이 때문에 특허는 선진국과 후진국의 대립이 특히 두드러지는 분야이기도 하다. 후진국이 선진국의 특허를 사용하지 않고 산업화를 할 수 있는 길은 없다. 따라서 세계적인 차원에서 특허제도를 강화하게 되면, 선진국으로서는 엄청난 이득을 거둘 수 있게 되지만, 후진국으로서는 직접적인 경제적 손실은 물론이고 선진국의 의존에서 벗어나기 어려운 구조 속으로 빠져들지 않을 수 없게 된다. 이른바 '기술종속'의 상황이 빚어지는 것이다.

이 때문에 '특허제도의 통일화' 작업은 그다지 순조롭게 진행되지 못했다. 같은 이유에서 실체적 측면보다는 절차적 측면이 상대적으로 쉽게 진행되었다.[8] 절차적 측면과 관련된 가장 획기적인 성과는 '특허협력조약'(PCT, Patent Corporation Treaty)인데, 이것도 1966년부터 추진되기 시작해서 1978년 1월부터 발효되기 시작했다. 이런 성과를 바탕으로 해서 WIPO는 1983년 6월에 '특허법 통일화조약'을 공식적으로 제안하였다. 이어서 WIPO는 1984년부터 1990년까지 8차에 걸쳐 11회의 전문가회의를 개최하여 최종협약안을 마련하였다(박동현, 1995: 16-17).

그러나 1991년에 열린 헤이그회의에서 그 체결에 실패한 데 이어 1994년 1월에 미국이 선발명제도(first-to-invention system)를 고수하면서 특허법통일화 조약은 난관에 부딪힌다. 이후 1995년부터 신규성, 진보성, 특허명세서 기재요건, 특허명세서 보정제도 등 실체적인 내용을 모두 제외하고 절차적인 내용만 포함하기로 하여 2000년 5-6월의 회의에서 특허법조약(PLT, Patent Law Treaty)이 최종 채택되었다. 특허법조약은 특허를 출원하고자 하는 출원인에게 많은 편의를 제공하는데, 실체규정이 빠져 있으므로 WIPO는 2000년 11월에 제4차 특허법상설위원회를 개최하여 특허법의 실체규정 통일작업에 대한 논의를 재개했다. 그리고 2001년 11월 5-9일에 WIPO의 제6차 특허법상설위원회(SCP: Standing Committee on the Law of Patents)에서 미국대표단을 중심으로 특허 대상을 인간의 모든 활동 분야로 확대[9] 하자는 주장이 제기되었

---

8) 특허제도의 통일화 작업은 두 측면으로 진행된다. 첫째, 실체적 측면. 발명의 성립성·산업상 이용가능성·발명의 신규성·진보성 등과 같은 발명의 특허요건을 통일하는 것이다. 둘째, 절차적 측면. 발명에 대한 권리능력·행위능력, 선원주의·선발명주의, 1특허출원의 범위 등과 같은 형식적 요건을 통일하는 것이다(박동현, 1995: 14).

9) 미국은 생명공학 분야, 인간의 정신적 처리과정(Mental steps), 계산방법, 컴퓨터 소프트웨어, 비즈니스 방법, 치료 방법(Therapeutic Methods), 데이터 구성을 포함하는 컴퓨터 메모리 등을 특허대상에 포함시키려고 하는데, 미국이 이러한 시도를 하는 것은 특허법의 실체규정을 통일하는 데에 가장 큰 걸림돌 중의 하나인 미국의 선발명제도를 포기하는 대가로 내놓은 카드로 보인다(정보공유연대, 2002).

다(정보공유연대, 2002).

2) 디지털혁명과 WIPO

특허제도의 통일화작업이 WIPO의 핵심과제이기는 했지만, 그 구실이 특허제도 분야에만 한정되는 것은 물론 아니다. WIPO는 베른협약을 계승하여 '저작권법의 통일화'도 추구했다. 이와 관련해서 특히 중요한 것은 디지털혁명에 대한 WIPO의 대응이다. 앞에서 간단히 언급했듯이 기술적으로 디지털혁명의 핵심은 컴퓨터의 멀티미디어화와 인터넷의 대중화라고 할 수 있다. 전자에 힘입어 모든 시청각 정보를 디지털 방식으로 처리[10] 할 수 있게 되었으며, 후자에 힘입어 그렇게 처리된 정보를 거의 실시간으로 전세계로 유통시킬 수 있게 되었다. 이러한 변화는 기존의 저작권에 큰 영향을 미치는 것이었다.

특허권이 물질을 다룬다면, 저작권은 표현을 다룬다. 다시 말해서 특허권이 물질과 관련된 지적재산권이라면, 저작권은 표현의 독창성에 부여된 지적재산권이다. 특허권이 기술의 이용을 제한하는 것이라면, 저작권은 표현의 이용을 제한하는 것이다. 특히 저작권에서 중요한 것은 저작물을 대량생산할 수 있도록 해주는 각종 복사기술이다. 사실 저작권 자체가 15세기에 이루어진 '구텐베르크 인쇄혁명'의 직접적인 산물이다. 저작권을 영어로는 복사권(copyright)으로 부르지만, 이 영어 명칭에는 사실 저작권의 역사가 고스란히 담겨 있다. 인쇄기술은 저작물을 쉽게 대량으로 복사할 수 있도록 해주기 때문에, 이러한 상황에 대응해서 저자와 출판업자의 이익을 보호하기 위해 저작권

---

10) '가상현실 기술'에서 볼 수 있는 것처럼 부분적으로는 촉각 정보도 디지털 방식으로 처리된다. 물론 이를 경험하기 위해서는 '데이터 글러브'(data-glove)와 같은 특수 장비가 필요하다(Cadoz, 1994).

이 고안되었던 것이다.[11] 그뒤 저작권은 음악, 미술, 영화, 라디오, 텔레비전 등 모든 형태의 저작물과 매체로 확대적용되어 갔다(허희성, 1996: 36).

디지털혁명, 특히 인터넷의 대중화는 기존의 저작권 보호방식에 커다란 위협으로 다가왔다.[12] 인터넷을 이용하면 누구나 모든 정보를 아주 손쉽게 주고 받을 수 있기 때문이다. 인터넷 이용자는 정보의 수신자이자 발신자이다. 원리상으로 누구의 통제도 받지 않고 온갖 정보를 이용자들끼리 주고받을 수 있다. 컴퓨터가 고성능화하면서 이런 상황은 더욱 더 빠르게 개선되어 갔다. 개인용 컴퓨터가 예전의 중형 컴퓨터와 유사한 성능을 가지게 되면서, 이용자들이 서로 정보를 주고 받을 수 있는 능력도 더욱 더 커지게 되었다. 이러한 상황을 배경으로 WIPO는 1991년부터 6년 동안 전문가위원회 회의를 진행하고, 1996년 12월에 스위스의 제네바에서 3주간 외교회의를 개최했다. 그 결과 세계 120개 나라가 참여한 가운데, 'WIPO 저작권 조약 및 실연·음반조약'이 체결되었다(오병일, 2000: 92).

새로운 조약의 목적은 디지털혁명이 추진되는 상황에서 100여년 전에 만들어진 저작권에 관한 베른협약과 그뒤에 만들어진 실연·음반에 관한 로마협약을 개정하는 것이다. 다음의 〈표 2〉는 이 중에서 'WIPO 저작권 조약'의 주요 내용이다.

---

11) 이와 함께 정부의 허락을 받은 출판업자에게만 인쇄기술을 이용할 수 있도록 해서 출판물을 정치적으로 검열하고자 하는 의도도 크게 작용했다. 인쇄기술은 단순히 문화적 사건이었을 뿐만 아니라 심각한 정치적 사건이기도 했다. 정보의 자유로운 흐름은 자유로운 사회를 만드는 초석이라는 명백한 사실을 저작권의 역사에서도 확인할 수 있다.

12) 인터넷에서 정보를 복제하는 방식으로 정보를 퍼뜨린다. 이 점에서 인터넷은 그 자체가 '거대한 복사기'라고 할 수 있다(Godwin, 1998: 168). 기존의 저작권은 인터넷의 이러한 기술적 특성과 심각하게 대립된다. 요컨대 저작권을 인터넷에 적용하게 되면, 인터넷의 자유로운 이용은 상당한 제약을 받지 않을 수 없게 된다.

<표 2> WIPO 저작권 조약의 주요 내용

베른협약과의 관계	베른협약의 가맹국이 아니어도 WIPO 회원국은 이 조약에 가입할 수 있다.
저작권의 보호범위	표현은 보호하지만, 아이디어·절차·운용방법·수학적 개념은 보호하지 않는다.
저작물 종류의 확대	1) 컴퓨터 프로그램: 베른협약 2조에서 규정한 어문저작물로서 보호된다. 2) 데이터 베이스: 내용의 선택과 배열에 의해 지적창작물이 되는 자료 또는 기타 소재의 편집물은 보호된다.
저작권의 확장	1) 배포권 및 그 소진: 배포권은 저작권자의 권리이며, 이것이 최초 판매 이후에 소진되는가의 여부는 체약국이 결정한다. 2) 대여권: 컴퓨터 프로그램, 영상저작물, 음반에 대해 대여권을 인정한다. 3) 공중전달권: 저작권자는 유선 또는 무선의 수단에 의해 저작물을 공중에 전달하는 것을 허락할 배타적 권리를 가진다. 4) 사진저작물의 보호기간 확대: 저작자 사후 50년까지 보호한다.
저작권 제한 규정의 엄격화	권리의 제한과 예외를 엄격하게 할 것을 규정한다.
기술조치에 관한 보호의무	체약국은 복제방지장치를 무력화시키는 기술회피행위를 금지하기 위한 효과적인 법적 규제를 해야 한다.
권리관리정보에 관한 의무	체약국은 전자적 권리관리정보의 삭제·변경행위 및 전자적 권리관리정보가 삭제·변경된 저작물의 배포·배포목적 수입·공중전달 행위가 권리침해를 유인·허용·조장·은닉할 수 있다는 것을 알면서 행한 경우에 대해 법적 규제를 행해야 한다.
합의사항	1) 복제 관련: 보호받는 저작물을 디지털 형태로 전자적 매체에 저장하는 것은 베른협약 제9조의 의미상 복제이다. 2) 공중전달 관련: 전달을 위한 물리적 설비나 전달을 가능하게 하는 물리적 설비를 단순히 제공하는 것 자체는 이 조약 또는 베른협약이 의미하는 전달에 해당하지 않는 것으로 본다. 3) 권리의 제한과 예외 관련: 체약국이 베른협약 하에서 받아들일 수 있는 것으로 생각되어온 자국의 국내 법률상의 제한과 예외를 디지털 환경에 확대적용하는 것을 허용하는 것으로 이해한다. 4) 권리관리정보 관련: 이 조약 또는 베른협약상의 권리침해라는 말은 배타적 권리 및 침해보상청구권을 포함하는 것으로 이해한다.

자료: 정국환 외(1997: 28-34)에서 정리

〈표 2〉에서 알 수 있듯이 WIPO의 새로운 조약들이 취한 기본적인 방향은 저작권을 크게 강화하는 것이다. 이러한 사실은 무엇보다 저작물의 종류를 확대하고 저작권을 확장한 데서 쉽게 알 수 있다. 저작권 제한규정을 엄격화하고 기술조치에 관한 보호의무를 부과한 것도 저작권을 강화하는 것과 동일한 효력을 지닌다. 요컨대 WIPO의 새로운 조약

들은 디지털혁명을 기존의 저작권 틀 내로 포섭해 들임으로써 자본주의의 정보적 확장을 디지털혁명의 분야로까지 밀고 나가는 것이다. 이로써 디지털혁명이 저작권에 미치는 위협은 제거되고, 새로운 경제적 번영의 가능성이 활짝 열리게 된다.

자본주의의 정보적 확장은 지리적 확장과 기술적 확장의 방식으로 진행된다. 지리적 확장은 자본주의의 지구화와 함께 완성된다고 할 수 있다.[13] 그러나 기술적 확장은 사실상 '영구혁명'의 과정이다. WIPO의 새로운 조약들은 한편에서 사회주의세계체계의 몰락에 대응하는 동시에, 다른 한편에서 인터넷의 대중화라는 디지털혁명의 중요한 기술적 효과에 대응하는 것을 목표로 한다. 전자는 대단히 자연스러운 과정으로 진행되는 데 비해, 후자는 적지 않은 논란을 빚어내고 있다. 이러한 논란은 디지털혁명의 여러 가지 가능성을 오로지 자본주의의 확장으로 귀결시키려는 데서 나타난 필연적인 결과이다.

디지털혁명은 모든 형태의 정보를 디지털 방식으로 처리할 수 있게 되는 것, 즉 디지털화(digitalization)로부터 시작된다. 이렇게 해서 형성되는 디지털 정보는 아날로그 정보에 비해 몇 가지 장점을 가진다. 가장 중요한 것은 원본과 똑같은 정보량을 가지는 사본을 누구라도 쉽게 만들 수 있다는 복사성이다. 또한 여러 가지 정보들을 결합시켜 새로운 정보를 누구라도 쉽게 만들 수 있다는 가변성도 디지털 정보의 중요한 특징이다. 더욱이 인터넷은 이러한 디지털 정보를 누구나 쉽게 소통시킬 수 있는 개방형 지구적 정보통신망이다. 이러한 기술적 특성

---

13) '우주 식민지'가 있지 않냐고? 케네디의 '뉴 프론티어'는 미국우주항공국(NASA)와 군산복합체와 정치가들이 힘을 합쳐 만들어낸 대단히 정치적인 수사이다. 그것은 지금 이곳을 벗어난 유토피아에 대한 인류의 무의식적 욕망을 건드린다. 그러나 '우주 식민지'를 유토피아로 추구하는 우리의 현실은 생태적으로 디스토피아에 가깝다.

으로만 보자면, 디지털혁명은 저작권에 대해 심각한 위협이 아닐 수
없다.

디지털혁명은 분명히 표현의 자유와 정보 접근권을 한층 높여준다.
예컨대 역사상 인터넷보다 더 자유로운 매체는 없었다. 그러나 이러한
자유는 저작권과 충돌하지 않을 수 없다. 자본주의의 정보적 확장은 인
류가 새롭게 도달한 자유의 영역을 침식한다(Godwin, 1998: 196-199).
예컨대 공중전달권은 'PC 통신이나 인터넷의 게시판에 자료를 올려 놓
거나 내려받는 것도 저작권자의 배타적인 권리로 선언한 것'(오병일,
2000: 92)으로서, 인터넷의 개발 이래 지난 30여 년간 이용자들의 자발
적인 참여를 통해 하나의 문화로 확립된 새로운 매체의 이용방식에 큰
타격을 입히는 것이다. 공중전달권에 담겨 있는 발상은 인터넷을 자유
로운 정보소통의 매체에서 이를테면 '지구적 신문 가판대'로 만들고자
하는 것이다.

2000년에 미국의 '냅스터'(Napster)를 둘러싼 논란에서, 그리고 2001
년에 한국의 '소리바다'를 둘러싼 논란에서 잘 알 수 있듯이,14) 오늘날
인터넷은 이미 더 이상 예전과 같은 의미에서 자유로운 매체가 아니다.
디지털혁명의 성과는 무엇보다 자본주의의 정보적 확장으로 귀결되고
있다. 이 점을 정확히 인식하지 못하고 디지털혁명의 새로운 사회적 가
능성을 강조하는 것은 결국 자본주의의 이데올로기로 귀착될 공산이
크다.

---

14) 냅스터는 인터넷 이용자들이 서버를 통하지 않고 자유롭게 화일을 주고 받을 수 있는
P2P기술을 이용한 프로그램이다. 이 때문에 냅스터는 저작권자들의 제소를 받았으며, 결
국 유료화하기로 결정을 내리고 말았다. 지난 10년 사이에 진행된 인터넷의 변천사는
'가상공동체에서 전자상거래로'로 요약할 수 있다. 냅스터는 단 몇 개월 사이에 이 변천
사를 압축적으로 재현했다. 소리바다의 경우도 마찬가지다. 이러한 기술적 변화에 대한
요약적 논의로는 이동영(2002)을 참조. 또한 이와 관련한 토론으로는 http://freeinternet.
jinbo.net/을 참조.

4. 자본주의의 정보적 확장의 완성

1) WTO/TRIPs와 자본주의의 정보적 확장

1999년 11월 말, 세계135개국의 경제각료들이 미국의 북서부 해안에 자리잡고 있는 세계적 도시인 시애틀에 모여들었다. 앞으로 3년에 걸쳐 진행될 세계무역기구(WTO)의 새로운 다자간 무역협상을 시작하기 위해서였다. 그러나 개막식 날이었던 11월 30일, 시애틀은 영화 제목 그대로 '잠 못 이루는 밤'이 되고 말았다. 시애틀에 모여든 것은 각료들만이 아니었다. WTO에 반대하는 세계의 NGO들도 그곳으로 모여들었던 것이다. 그들은 온힘을 다해 개막식을 막았으며, 시애틀에는 통금령이 내려지고 말았다. '뉴라운드'를 위한 각료회의는 결국 폐막식도 못하고 끝나고 말았다. 15)

잘 알다시피 WTO는 2차대전 이후 자본주의세계체계를 지탱해 온 '관세 및 무역에 관한 일반협정'(GATT)을 대신하여 설립되었다. 이로써 세계는 이른바 '무한경쟁'의 시대로 돌입하게 되었다. 그 이마에는 자유무역과 개방경제라는 이름을 내걸고 있지만, 그것이 실제로 추구하는 것은 오직 더 많은 이윤일 뿐이다. WTO가 세계의 많은 NGO들과 노동조합에 의해 신자유주의의 수괴조직으로 비난을 받고 많은 격렬한 비판의 대상이 된 것은 이 때문이다. 그것은 이미 '오직 더 많은 이윤만을 추구하는 자본주의'의 상징이 되었다. 다음의 〈표 3〉은 GATT로부터 시작된 그 약사이다.

---

15) NGO들이 '뉴라운드' 협상에 대해 이처럼 격렬하게 반대한 이유는, 그것이 세계를 투기자본의 손아귀에 넘김으로써 경제적 불평등의 골을 더욱 깊게 만들고, 유전자조작식품에 대한 미국의 수입규제 해제 요구에서 보이듯이 사람들의 안전을 크게 침해할 것이기 때문이었다. 이러한 문제는 이미 1996년에 한 사회운동가에 의해 폭로된 OECD의 다자간 투자협정(MAI)계획에서 잘 드러난 바 있다. '뉴라운드'는 사실상 MAI를 관철시키려는 것으로 비판받아 왔다(http://www.jinbo.net/~aseedkr/invest.html; 국제연대행동네트워크, 1998).

<표 3> GATT · WTO의 역사

연도	참가국	주요 내용
1947년	23	제1차 일반관세 교섭 45,000개 품목의 관세 상한 설정
1948년		GATT(관세 · 무역 일반협정) 발족
1946-56년	23	1-3차 일반관세 교섭 8,700개 품목 관세 상한 설정
1964-67년	56	케네디라운드—선진국 평균 관세율 35%로 인하
1973-79년	99	도쿄라운드—공산품 평균 관세율 6%로 인하
1986-94년	115	우루과이라운드—선진국의 관세율 1/3 인하
1995년 1월		세계무역기구(WTO) 설립—가트의 기능 강화
1999년 11월	135	WTO 시애틀 3차 각료회의—뉴라운드 의제 등 설정 목표
2001년 11월	144	WTO 도하 4차 각료회의—뉴라운드 출범

주: 도하회의의 참가국은 새롭게 회원국으로 승인된 중국과 대만을 포함한 것임.
자료: 『한겨레신문』(1999/11/27)과 류미경(2001)

1999년에는 '밀레니엄 라운드'라는 이름으로 추진되었던 WTO 뉴라운드[16]는 사회주의 세계체계의 몰락과 정보기술 등의 발달을 배경으로 전개되는 자본주의의 지구화를 제도적으로 안정화하기 위한 시도이다. 그것은 GATT를 대신하여 들어선 WTO가 추구하는 가장 중요한 과제이기도 하다. '밀레니엄 라운드'에서 다루기로 했던 주요 내용은 우루과이라운드 협정상의 기설정의제(BIA), 공산품 관세인하, 그리고 신통상이슈들[17]이다. 이것은 우루과이라운드와 비교하여 크게 다음과 같은 특징을 가지며, 그 주요내용은 2001년 11월에 카타르의 도하에서 열린 WTO 4차 각료회의를 통해 결정되었다.

---

16) 이것은 GATT의 연장선에서 보자면 제9차 협상에 해당된다. 케네디라운드는 6차, 도쿄라운드는 7차, 우루과이라운드는 8차였다.
17) 그 내역은 무역과 투자, 무역과 경쟁정책, 정부소날의 투명성, 무역과 환경, 무역과 노동, 전자상거래 등이다(채욱 · 서창배, 1999: 38-42; 한겨레신문, 1999/11/27).

<표 4>　우루과이라운드와 뉴라운드의 비교

	우루과이라운드	밀레니엄라운드	뉴라운드
협상분야	공산품 관세인하, 농산물시장개방, 지적재산권 협정 등 16개 분야	농업, 서비스 이외에 반덤핑 문제, 환경과 노동의 무역연계, 전자상거래, 유전자 조작식품 등 의제 설정을 위한 협의	농업, 서비스, 무역관련 지적재산권, 싱가포르 이슈, 환경, 지역무역협정
협상기간	7년반(86년 9월-94년 4월)	3년 이내(99년 12월-)	3년 이내(2002년-2004년)
참여국	125개국	135개국	144개국

자료:『한겨레신문』(1999/11/27)와 류미경(2001)

　자본주의의 정보적 확장과 직접적으로 연관된 지적재산권 관련 분야는 이미 우루과이라운드(UR) 체결 당시에 '무역관련 지적재산권'(TRIPs) 협정의 형태로 일단 정리되었다. 이 협정은 WTO의 일반협정에 포함되어 있으므로 이것에 조인하는 회원국들은 당연히 이 협정을 받아들이도록 되어 있다(권용수, 1996: 54). 또한 '밀레니엄라운드' 계획에서는 이 협정은 1998년부터 추가협상을 시작하도록 되어 있었다. 그리고 2001년의 도하회의에서 몇 가지 내용이 좀더 깊게 다루어졌다.[18] TRIPs 협정

---

18) 그 주요 내용은 다음과 같다. 도하 각료회의의 "선언문에서는 무역관련지적재산권협정(TRIPs)과 생물다양성협약(CBD)간의 관계, 전통지식보호, 비위반제소, TRIPS가 신기술 발전을 수용하는 문제에 대해 TRIPS 이사회가 계속 관심을 가지고 다룰 것에 동의한다고 명기되어있다. 이에 따라 특허·상표·의장 등을 비롯한 지재권의 배타적 독점권이 국경을 초월하게 될 것이다. 한편 아프리카 그룹의 제기에 따라 TRIPs 협정과 공중의 건강에 대한 '도하 각료선언문'이 별도로 채택되었다. 이의 주요내용은 'TRIPs는 공공보건을 보호하기 위한 조치를 막지 않으며,1) TRIPs는 WTO 회원국들이 공공보건을 보호하는 것을 지원하는 방향으로 해석되고 이행되어야 한다는 원칙을 확인하는 것과 의약품 특허에 대한 각국의 '강제실시권을 부여할 권리'2)를 강조하는 것이다. 강제실시는 협정이 규정하는 정한 경우에 한하여 '특허'에 상관없이 국가가 의약품의 생산 및 배포를 관장할 수 있다는 것인데, 의약품 특허에 대해 강제실시권을 발동하더라도 의약품을 직접 생산할 능력이 없는 많은 국가에서는 이러한 원칙이 별 의미가 없다. 현재 TRIPs 규정은 '강제실시권은 국내 수요를 주목적으로 발동되어야 한다'고 규정하고 있기 때문이다. 그래서, 아프리카를 중심으로 하는 개도국 그룹에서는 '수출을 위한 강제실시권'이

을 둘러싼 협상은 UR/TRIPs로 시작되었으나 종결되지 않고 WTO/ TRIPs로 이어져 여전히 진행되고 있는 것이다.[19]

TRIPs 협정은 선진 자본주의 국가들의 처지를 중심으로 지적재산권의 보호를 강화하기 위해 마련된 것이다. 그것은 기존의 국제협약들을 최저 보호수준으로 해서 강화시키는 '기존 협정 플러스'방식을 채택했다. 준용된 기존 협정들은 산업재산권의 보호를 위한 파리협약, 문학 및 예술 저작물의 보호에 관한 베른협약, 실연자·음반 제작자·방송 사업자의 보호에 관한 로마협약, 집적회로에 관한 지적재산권 협정 등이다. 지적재산권의 남용을 방지하기 위한 장치[20]가 없는 것은 아니지만, 강도를 강화하고 범주를 확대하는 것이 TRIPs 협정의 기본 방향이다. 특허권 존속기간의 연장이나 신지적재산권[21]의 보호가 그 좋은 예라고 하겠다(권용수, 1996: 57).

TRIPs 협정과 관련해서 우리가 무엇보다 주목할 것은 이전의 어떤 다자간협상에서도 이처럼 지적재산권 문제를 독자적인 의제로 다룬 적이 없다는 사실이다(박동현, 1995: 19). 본래 지적재산권과 관련된 사항은 WIPO의 고유영역이었으나, WTO는 자신의 업무영역 내로 지적재산권을 끌어들인 것이다. 이것은 1980년대 초반부터 지적재산권의 경제적 구실에 대한 관심이 이전과 비교될 수 없이 커졌으며, 더욱이 이런 변화

가능하도록 각료선언문이 밝힐 것을 요구하였지만, 이 부분은 각료선언문에서 바로 해결하지 않고, 일반이사회(general council)에서 내년말까지 해결책을 찾도록 미루었다"(류미경, 2001).
19) 이 점에서 TRIPs를 완료된 것으로 보아서는 곤란하다. 오히려 그 문제점을 적극적으로 지적하고 개정하려는 노력이 여전히 긴요하다(오병일, 2000: 85).
20) 공중보건 및 영양을 위한 제한, 공공이익을 증진하기 위한 제한, 지적재산권의 남용을 방지하기 위한 제한 등이 있다(권용수, 1996: 57-58)
21) 컴퓨터 프로그램이나 유전공학기술 등과 같이 비교적 최근에 급속히 발전하고 있는 기술영역의 지적재산권을 뜻한다.

를 세계 최대의 지적재산권 보유국인 미국이 주도했다는 사정과 결코 무관할 수 없는 변화이다. WTO는 WIPO의 일반협정보다 훨씬 큰 구속력을 가지고 있다(박동현, 1995: 22)는 점을 염두에 두면, TRIPs 협정이 지적재산권을 변화한 자본주의의 핵심에 위치시키는 것이라는 사실을 잘 알 수 있다.

TRIPs 협정은 이른바 정보자본주의 혹은 지식자본주의의 형성[22]을 보여주는 핵심적 지표이다. 그 구실은 단순히 지적재산권을 일반적인 무역거래의 핵심분야로 탈바꿈시키는 데 그치지 않는다. 그것은 여기서 한걸음 나아가 19세기 말부터 본격적으로 전개되어 온 자본주의의 정보적 확장을 지구적 차원에서 제도적으로 완성하는 것이다.

2) 디지털혁명과 WTO/TRIPs

TRIPs 협정은 지적재산권을 일반적인 무역의 대상으로 다룸으로써 WIPO보다 훨씬 더 강력하게 디지털혁명의 여러 가지 가능성을 자본주의적으로 전유하도록 해준다. 이 협정은 전문과 총 7부 73개조로 구성되어 있으며, 다음과 같은 각각 세 가지 이념과 원칙을 표방하고 있다.

여기서 TRIPs 협정의 성격을 가장 잘 보여주는 것은 물론 최혜국 대우의 원칙이다. 그것은 지적재산권의 보호가 일반적인 무역의 대상이 되었음을 보여주는 직접적인 지표이다. 권리소진의 경우에는, 제3세계 국가들이 그것을 원하고 선진 자본주의 국가들이 1국 1특허 원칙을 선

---

22) 이에 관한 논의들이 1990년대 중반 이후에 갑자기 쏟아져 나온 것에 주목할 필요가 있다. 예컨대 '지식기반경제'에 관한 OECD의 1996년 보고서는 TRIPs 협정이 체결된 상황을 배경으로 가장 잘 이해될 수 있다. '지식기반경제'의 출현을 마치 역사발전의 필연적 결과인 것처럼 제시하는 주장들은 선진 자본주의 국가들의 이익을 보편적인 담론을 통해 합리화하는 이데올로기의 성격을 강하게 지닌다. 이에 대한 비판적 검토로는 홍성태(1999ㄱ; 1999ㄴ)를 참조

<표 5> TRIPs 협정의 기본 이념과 원칙

기본이념	기술 혁신의 촉진
	기술 이전과 확산의 촉진
	기술의 생산자와 이용자의 상호이익 증진
기본원칙	내국민 대우의 원칙: 파리조약에서 채택되었던 내외국인 평등의 원칙과 같다. 회원국의 국민에 대해 자국민과 같은 수준으로 보호해 주는 것을 뜻한다.
	최혜국 대우의 원칙: 한 회원국이 다른 회원국에 대해 부여하는 특혜조치는 무조건적으로 그리고 즉시 다른 모든 회원국에 대해서도 부여해야 한다. 지적재산권 관련 국제협약에서는 처음으로 도입되는 원칙이며, 지적재산권이 무역의 대상으로서 WTO 영역 내로 들어왔음을 의미하는 원칙이다.
	권리소진의 원칙: 권리자가 일단 판매한 특허나 상표 등의 실시권을 양도한 뒤에는 다시 자신의 권리를 주장할 수 없는 것을 뜻한다. 국제적 통일이 어렵기 때문에 원칙으로 채택되지 않고 각국에 위임되었다.

출처: 기본이념은 권용수(1996: 54), 기본원칙은 박동현(1995: 21)에서 정리

호하는 상황에서 타협이 이루어진 것으로 파악된다(오병일, 2000: 88).

우리가 더 큰 관심을 가지고 확인해 보아야 할 것은 TRIPs 협정이 표방하고 있는 고상한 기본이념이 과연 제대로 실현되고 있는가 혹은 실현될 수 있는가이다. TRIPs 협정의 주요 내용을 통해 이에 대해 살펴보도록 하자. 다음의 〈표 6〉은 논란이 되고 있는 구체적인 사안들을 정리한 것이다.

WTO의 분쟁해결 절차를 준용하도록 한 것은 지적재산권이 일반적인 무역의 대상이 되었음을 보여주는 또 하나의 예일 뿐이다. '강제실시권'은 일반적으로 제3세계에 유리한 조항이라고 할 수 있다. 그러나 TRIPs 협정은 선진 자본주의 국가들의 요구에 따라 그 발동요건을 강화하였다. 승인을 받지 않아도 되는 경우가 규정되어 있기는 하지만, 실제로 그런 식으로 이 조항이 이용될 수 있을지는 불투명하다.[23] 2001년의 도하회의에서는 AIDS로 고통받고 있는 아프리카그룹의 요구에 의해 TRIPs와

<표 6> TRIPs 협정의 주요 쟁점

분쟁 해결		WTO의 분쟁해결 절차를 준용
강제실시권		1) 합리적인 상업적 조건 하에 권리자로부터 승인을 얻기 위한 노력을 하고, 이러한 노력이 합리적인 기간 내에 성공하지 않은 경우에만 발동할 수 있음. 2) 국가 비상사태, 극도의 긴급상황, 공공의 비상업적 사용의 경우에는 승인을 받지 않아도 됨.
산업 재산권	특허권	1) 존속기간 연장: 보호기간이 출원일로부터 최소한 20년이 되어야 한다고 규정. 2) 무차별 조항: 특허권은 발명 장소, 기술의 분야, 제품들의 수입 또는 국내 생산 여부에 관해 차별없이 허여되고 향유되어야 한다고 규정.
	상표권	상표에 대한 국제적으로 합의된 정의를 최초로 제공. 등록되지 않았을지라도 유명 상표는 보호하도록 규정.
저작권		저작인접권: 음반에 대한 소급보호를 인정.
신지적 재산권	산업저작권	1) 컴퓨터 프로그램 및 데이터 베이스: 베른협약상의 어문저작물로 보호. 2) 반도체 집적회로의 배치설계: 집적회로가 들어 있는 제품에 대해서도 적용.
	첨단산업 재산권	특허 또는 효율적인 별개의 제도를 통하여, 또는 양 제도 모두를 설치하여 식물의 변종을 보호하도록 규정.
	정보재산권	미공개정보의 보호: 부정경쟁 방지를 위해 영업비밀 및 정부기관에 제출된 자료를 보호.

출처: 박동현(1995: 45-52), 오병일(2000: 86-87)에서 정리

공중보건에 관한 선언문이 따로 채택되었다. 중요한 진전이 이루어진 것이다. 24)

---

23) 이와 관련된 최근의 대표적인 예가 1999년에 남아프리카공화국에서 발생했다. 이 나라의 에이즈 환자는 300만명이 넘는다. 그리고 그 대부분은 가난한 흑인들이다. 이 때문에 남아프리카공화국 정부는 강제실시권을 발동해서 에이즈 치료제를 생산하려고 했다. 이에 대해 그 특허권을 가지고 있는 초국적 제약회사들은 거세게 반발했고, 이 때문에 국제적인 논란이 빚어졌다. 초국적 제약회사들은 뒤에 강제실시권의 철회를 조건으로 싼 가격에 치료제를 공급하겠다고 제안했다. 이 제안은 초국적 제약회사들이 특허권으로 벌어들이는 막대한 독점이윤의 규모를 백일하에 드러내는 계기가 되었다.

24) 이 "선언문에서는, 'TRIPs는 공공보건을 보호하기위한 조치를 막지 않고 있고, 막아서는 안된다(…does not and should not…). TRIPs는 WTO 회원국들이 공공보건을 보호하는

TRIPs 협정은 보호대상을 확대하고 보호기간을 연장하는 식으로 지적재산권의 보호를 강화하였다. 특허권의 보호기간은 최소 20년으로 규정되었다. 이것은 17년으로 되어 있는 미국의 특허법을 개정하는 근거가 되었는데, 이런 식으로 미국은 자국의 기술 독점력을 더욱 강화할 수 있게 되었다(박동현, 1995; 52). 상표권은 등록되지 않았을지라도 유명상표는 보호하도록 하여 시장에서 지배적 지위를 차지하고 있는 기업의 기득권을 강조하였다. 저작권에서는 음반에 대한 소급보호를 인정해서 기존에는 보호를 받지 못했던 음반들도 보호기간이 지나지 않았다면 보호를 받을 수 있게 되었다.

지적재산권은 정신적 산물의 질과 양의 변화에 따라 지속적으로 변화해왔다. 정보기술의 발달은 산업재산권과 저작권으로 크게 구분되던 지적재산권의 구성 자체를 바꾸는 결과를 가져왔다. 예컨대 컴퓨터 프로그램은 특허권의 대상으로도, 저작권의 보호대상으로도 볼 수 있다. 이로부터 산업저작권이라는 새로운 개념이 형성된 것이다. 이후 데이터베이스, 생명공학기술 등의 새로운 정보기술자산이 등장하면서 신지적재산권이 형성되었다. TRIPs 협정은 이에 대한 보호도 더욱 명확하게 하거나 강화하였다. 특히 정보재산권은 TRIPs 협정에서 교섭항목으로 채택되면서 중요하게 부각되었다(박동현, 1995: 25 27, 33).

것을 지원하는 방향으로 해석되고 이행되어야 하고, 특히 의약품 접근성의 문제에 있어서 더더욱 그러하다'고 서술되어 있다. 이는 '결코 안된다'(…Shall Not…)라고 표현할 것을 주장한 아프리카 그룹의 주장을 희석시킨 결과이다." 또한 "특별선언문에서는 강제실시에 대해 다음과 같이 규정하고 있다. '(a) 회원국은 강제실시권을 부여할 권리를 가지고 강제실시권을 부여할 조건을 결정할 자유가 있다. (b) 강제실시권을 부여할 수 있는 조건의 하나인 국가의 비상사태나 극도의 위기상황이 HIV/AIDS, 결핵, 말라리아와 같은 유행병에 적용된다. (c) 일정한 조건 하에서 지적재산권의 소진문제(병행수입 문제)를 각국이 자유롭게 결정할 수 있다'"(류미경, 2001). 공중보건과 관련해서 지적재산권의 보호를 제한하는 데서 일단 진전이 이루어진 것이라고 할 수 있지만, 여기에는 여전히 큰 문제가 남아 있다. 이에 대해서는 앞의 주18)을 참조

첨단 산업재산권은 첨단 정보기술 분야와 첨단 생명공학기술 분야로 크게 나뉜다. 이 중에서 후자는 선진 자본주의 국가들과 제3세계 사이에서 특히 첨예한 논란을 빚고 있는 분야이다. 선진국들은 이 분야에서 특허권이 크게 강화되어야 할 것을 주장하는 반면에, 제3세계는 모든 생명특허를 부정하는 입장까지 보이고 있다. 풍부한 생물자원을 가진 제3세계와 발달된 생명공학기술을 가지고 있는 선진국 사이의 이해관계의 차이가 이런 식으로 나타나는 것이다(오병일, 2000: 87). 이 문제는 선진국들이 생명공학기술을 개발하고 이용하는 방식과 밀접하게 연관되어 있기도 하다. 선진국들은 제3세계의 풍부한 생물자원을 이용해서 생명공학기술을 개발하고, 특허를 통해 그에 대한 독점적 소유권을 확보해 왔다. 제3세계는 이런 식으로 확보된 특허권에 대해서도 선진국들이 원하는 대로 대가를 지불해야 한다(정관혜, 1999: 87-89; Shiva, 1997). 이것이 과연 정당한 일인가?[25]

5. 맺음말

디지털혁명에 관한 주류적 논의들은 대체로 강한 기술결정론적 편향을 보인다. 이 편향은 단순히 기술을 사회 변화의 가장 강력한 동력으로 여기는 데에 머물지 않는다. 그 논의들은 기술의 발달에 따라 인류가 새로운 문명에 도달하게 된다고 주장하기 때문이다. 이러한 문명전환론은 사회 변화에 관한 기존의 논의들을 모두 부정하지만, 그렇다고 해서 산업주의와 자본주의의 현실이 사라지는 것은 아니다. 허황된 문명전환론

---

25) 그렇지 않다고 믿는 제3세계의 지식인들은 이러한 행위를 '생물 해적질'(Biopiracy)라고 부른다. 이런 행위를 자행하는 선진 자본주의 국가들과 초국적 기업들은 그야말로 '자연과 지식의 약탈자들'이라고 할 만하지 않은가? 이에 대해서는 Shiva(1997)를 참조

에서 벗어나 디지털혁명을 사실적으로 이해하기 위해서는 이러한 현실을 직시해야 한다.

　문명전환론적 디지털혁명론자들은 2차대전 이후의 사회 변화를 주도해온 것은 정보기술의 발달이었다고 주장한다. 그 경과는 1980년대 초 IBM PC의 개발과 함께 '개인용 컴퓨터 혁명'으로 시작해서, 1990년대 초에는 월드와이드웹(www)의 개발과 함께 '인터넷 혁명'으로 이어졌으며, 다시 1990년대 중반에는 '디지털혁명'으로 확산된 것으로 설명된다. 이러한 설명이 사실은 대단히 사후적이고 추수적인 서술에 불과하다는 것은 다시 말할 필요가 없다. 중요한 것은 결국 정보화에 대한 현실적 이해이다.

　정보화는 산업주의를 넘어서는 것이 아니라 고도화하는 것이다. 문명전환론은 '성장의 한계'에 대한 생태주의의 비판을 반박하기 위해 정보화가 산업주의를 넘어서는 변화라고 주장한다. 그러나 아무리 정보화가 진행된다고 해도 우리가 물질적 존재라는 사실과 이 세상이 물질적으로 한계지워져 있다는 사실은 부정될 수 없다. 또한 문명전환론은 정보화가 자본주의를 넘어서는 변화라고 주장한다. 이러한 주장에 따르면 '현실의 계급적 갈등'은 현실을 잘못 이해하는 데서 비롯된 '비현실적인 것'으로 파악된다. 문명전환론26)은, 정보나 지식은 누구나 소유할 수 있으며 소유하고 있는 '자본'이기 때문에, 더 이상 '노사관계'는 존재하지 않고 오직 '동반관계'만이 존재할 뿐이라고 주장한다. 27) 이런

---

26) 문명전환론은 '정보 예외주의'에 바탕을 두고 있다. 정보는 물질과 달리 '무한한 자원'이라는 것이 그 핵심이다. 이것은 보통 '성장의 한계'를 반박하는 논리로 간주되지만, 그 이면에서 자본주의의 정보적 확장을 합리화하는 논리이기도 하다. '정보의 생산을 통해 성장의 한계를 넘어설 수 있다'는 주장은 '정보를 자본주의적 의미에서 경제재로 다루어야 한다'는 주장으로 연결되기 때문이다. 흥미만점의 공상과학적 담론의 이면에는 더 많은 이윤을 향한 자본의 욕망이 자리잡고 있다.

27) 이런 점에서 문명전환론은 '정보주의적 문명전환론'으로 좀더 엄밀하게 규정될 수 있다.

주장의 비현실성에 대해서는 다시 말할 필요가 없을 것이다(홍성태, 2000ㄷ).

그러므로 디지털혁명의 사회적 영향은 이러한 문명전환론으로 올바로 이해될 수 없다. 그것은 오히려 그 올바른 이해를 저해하는 이데올로기이다. 그렇다고 해서 어떠한 의미있는 변화도 일어나지 않았다고 주장하는 '본질주의'도 잘못된 것이다. 아무리 좌파의 도덕적 수사로 분식되어 있을지라도, 이러한 '본질주의'는 이론적으로 잘못된 것이며, 그 때문에 실천적으로 무력하다. 이에 대해 필자는 '현실 정보사회'라는 용어를 통해 접근해 보고자 하였다. 이것은 '자본주의의 정보적 확장'이라는 관점에서 정보기술의 발달에 대한 이해를 추구하는 것이다. 이것은 '지적재산권'의 형태로 이미 자본주의의 초기부터 진행되어온 변화였다. 현대의 정보기술은 그 경제적 가치를 더욱 크게 하고 있으며, 이에 따라 세계 지적재산권체계의 확립(WIPO), 자본주의의 정보적 확장의 완성(WTO/TRIPs)과 같은 변화가 나타나고 있다. 뒤집어 말해서 WIPO와 WTO/TRIPs는 현실 정보사회를 자본주의세계체계 내에서 확고히 뿌리내리도록 하는 구실을 한다.

현재는 자본주의의 정보적 확장이 그 완성을 향해 본격적으로 나아가는 단계이다. 그것은 일차적으로 지리적 완성으로 나타났다. 자본주의의 지구화는 자본주의세계체계의 지리적 완성을 뜻한다. 이것은 힘에 바탕을 둔 상호의존의 체계이다. 세계 지적재산권체계의 확립을 둘러싸고 나타난 갈등은 이같은 성격을 잘 보여준다. 이에 대해 가장 큰 영향을 미친 것은 선진 자본주의 국가들이다. 개발도상국들은 큰 불만을 갖고 있기는 하지만, 그렇다고 선진 자본주의 국가들의 요구를 전면적으로 부정할 수는 없다. 경제적으로, 정치적으로, 그리고 지적으로 약자인 개발도상국들은 선진 자본주의 국가들을 이용해서 앞으로 나아가는 전략을 취하지 않을 수 없다. 물론 선진 자본주의 국가들은 자신들이 그 전략을 통제할 수 있기를 바란다. 이렇게 해서 세계 지적재산권체계는 제1세계와 제3세계의 격전장이 된다.[28]

자본주의의 정보적 확장은 정보기술의 발달과 함께 또 다른 완성의 단계에 접어든다. 신지적재산권의 형태로 지적재산의 대상이 확대되고, 그 보호기간과 보호방식도 크게 강화된다. 이 점에서 정보사회가 정보 자본주의 사회이고, 지식사회가 지식 자본주의 사회라는 사실이 너무도 명백하게 드러난다. 정보기술은 전자공학적인 것과 생명공학적인 것으로 대별되는데, 두 경우 모두에서 자본주의의 정보적 확장은 커다란 문제를 야기하고 있다. 전자공학의 경우에는, 한 기업이 전체 기술체계를 좌우할 정도의 독점력을 가질 수 있게 되거나, 인터넷의 자유로운 이용을 억제하는 결과를 빚고 있다. 생명공학의 경우에는, 인간의 생명을 볼모로 막대한 독점적 이윤을 챙기거나, 나아가 인간 자체가 상업적으로 복제될 위험성마저 제기된다.

이런 문제들에 대응하여 '자유소프트웨어운동'이나 '생명공학감시운동'이 세계적으로 전개되고 있다(홍성태, 2001). 운동의 성과는 아직 크지 않다. 그러나 이 새로운 사회운동은 대단히 중요하다. 자본주의의 정보적 확장은 궁극적으로 세상의 모든 정보의 사유화를 추구한다. 그것은 세상의 모든 비밀과 아름다움을 사유화하는 것과 같다. 자본주의의 정보적 확장에 저항하는 사회운동이 중요한 이유는 이 때문이다. 그것은 디지털혁명의 시대에 자본의 탐욕으로부터 사회를 지키기 위한 운동이다.[29]

---

28) 더 일반적으로 말하자면, 지적재산권은 갈수록 '정보격차' 혹은 '디지털격차'를 경제적으로 너욱 너 크게 하는 핵심직 제도가 된다.

29) 국내의 예로는 정보공유연대(www.ipleft.or.kr)와 참여연대 시민과학센터를 참조

참고문헌

국제연대행동네트워크(1998), 『20/80, 제4차대전!: IMF, MAI, 신자유주의 공세에 맞선 투쟁을 위한 토론 자료집』

권용수(1996), 『지적재산권과 경쟁정책』, 과학기술정책관리연구소

류미경(2001), 「4차 WTO 각료회의 결과와 전망」, 류미경 외(2001), 『WTO 뉴라운드 입장과 전망 국민행동 내부 워크샵 자료』,
http://antiwto. jinbo. net/jsboard/read. php?table=kopa&no=326

박동현(1995), 『신지적재산권보호의 동향과 대응』, 과학기술정책관리연구소

박영관(1996), 『지적재산권 침해에 대한 형사적 제재』, 한국형사정책연구원

송봉식(2002), '선진국의 특허제도',
http://biozine. kribb. re. kr/special/sp2002-3-7. html

오병일(2000), 「사이버 군주의 세계체계—지적재산권을 둘러싼 국제적 동향」, 공유저작권연구모임(2000), 『디지털은 자유다』, 이후

윤성식(2000), 「기술독점과 기술확산—특허의 정치경제학」, 공유저작권연구모임(2000), 『디지털은 자유다』, 이후

윤영민(1997), 「기술적 혁신과 사회적 진보—정보 테크놀로지의 창조적 수용을 위한 서설」, 경희대 정보사회연구소·삼성경제연구소 편(1997), 『네트워크 트렌드—정보기술혁명과 사회변화』, 삼성경제연구소

이동영(2002), '인터넷 컨텐츠 배포 기술의 변화 과정',
http://networker. jinbo. net/

정관혜(1999), 「생명공학의 특허와 제3세계의 유전자 자원」, 『다른과학』6호, 1999년 봄·여름

정국환 외(1997), 『정보사회의 지적재산권 개념 재정립』, 한국전산원

정보공유연대(2002), 「특허실체법 통일화 조약」,
http://www. ipleft. or. kr/

채욱·서창배(1999), 『WTO 뉴라운드의 전망과 대책』, 대외경제정책연구원

허희성(1996), 「뉴미디어 출현과 저작권 환경변화」, 한국언론연구원 편(1996), 『뉴미디어와 저작권』, 한국언론연구원

홍성태(1999ㄱ), 「자본주의 지식사회와 신지식인론 비판」, 『문화과학』19호,

1999년 가을

______(1999ㄴ), 「지구화와 지식의 위상 변화—지식/돈 패러다임의 발흥」, 『문학마을』 창간호, 1999년 겨울

______(2000ㄱ), 「정보화와 혁명의 수사학」, 『구운몽』 창간호, 2000년 10월, 안그라픽스

______(2000ㄴ), 『사이버사회의 문화와 정치』, 문화과학사

______(2000ㄷ), 「지식사회와 벤처이데올로기」, 『경제와사회』 2000년 가을호

______(2001), 「정보공유운동을 위하여」, 홍성욱·백욱인 엮음(2001), 『2001 싸이버스페이스 오디쎄이』, 창작과비평사

Beniger, James(1986), *The Control Revolution: Technological and Economic Origins of the Information Society*, Harvard Univ. Press

Cadoz, Claude(1994), 심윤옥 옮김(1997), 『가상현실』, 영림카디널 (도미노총서 002)

DOC(1998), 신동기 옮김(2000), 『디지털 이코노미』, 씨앗을 뿌리는 사람

Godwin, Mike(1998), *Cyber Rights—Defending Free Speech in the Digital Age*, Times Books

Perelman, Michael(1998), *Class Warfare in the Information Age*, St. Martin's Press

Rifkin, Jeremy(1998), 전영택·전병기 옮김(1999), 『바이오테크 시대』, 민음사

Shiva, Vandana(1997), 한재각 외 옮김(2000), 『자연과 지식의 약탈자들』, 당대

2부

지식사회와 신경제

05

지적재산권과 '현실 정보사회'의 모순

1. 정보사회와 지적재산권

정보사회는 정보기술[1] 이 사회의 모든 분야에서 널리 이용되며 정보의 경제적 구실이 크게 강화되는 사회이다. 이 사회의 특성은 흔히 (과거의 혹은 기존의 사회와 관련된) 단절론과 연속론, 그리고 (정보사회의 향후 전망과 관련된) 낙관론과 비관론의 틀을 통해 논의되곤 한다. 단절론이 정보사회를 탈자본주의와 탈산업주의의 견지에서 파악하는 것을 뜻한다면, 연속론은 정보사회를 자본주의와 산업주의의 연속선상에서 파악하는 것을 뜻한다. 한편 낙관론이 이른바 기술유토피아적 견지에서 정보사회의 미래를 고찰한다면, 비관론은 예컨대 전자감시사

---

1) 좀더 정확하게 말하자면 정보기술(Information technologies, IT)은 정보통신기술을 뜻한다. 이것은 크게 보아 컴퓨터로 대표되는 정보처리기술과 각종 유무선 통신망으로 대표되는 정보소통기술로 구성된다. 또한 이 기술의 기초는 전자공학이라는 점을 잊어서는 안될 것이다.

회의 견지에서 정보사회의 발전경로를 의문시한다. 비록 양극단적인 대비이기는 하지만, 정보사회에 대한 평가와 전망은 이처럼 크게 엇갈리고 있다.

그러나 물론 정보기술의 사회적 영향력이 오늘날 갈수록 커지고 있다는 사실만큼은 누구도 부정하지 않는다. 여기서 문제는 '기술과 사회의 관계'에 관한 것으로 좁혀진다. 먼저 주류 정보사회론은 기술의 발달에 따른 사회적 변화를 강조한다. 주류 정보사회론에서 기술은 사회를 변화시키는 추동력이며, 각종 사회문제들을 해결하는 궁극적인 해결사로 파악된다. 반면에 비판 정보사회론은 기술이 변화하는 사회적 맥락을 중요시한다. 비판 정보사회론에서 기술은 사회적 이해관계에 따라 선택적으로 발달되고 이용되는 것으로 파악된다. 이 글은 정보기술의 중요성을 인정하되 그 사회화 방식을 시종 강조하는 비판 정보사회론의 입장을 따른다. 비판 정보사회론의 첫 번째 원칙은 어떤 기술도 사회적 진공상태에서 개발되거나 이용되지 않는다는 것이다. 여기서 특히 중요한 것은 정보사회가 자본주의 및 산업주의와 어떤 관련을 맺고 있는가 하는 것이다.

이 글에서 사용하는 '현실 정보사회'란 현재의 정보사회가 무엇보다 자본주의의 구조적 규정 속에서 형성되고 있다는 사실을 강조하기 위해 고안되었다. 이같은 사실은 정보재의 생산과 분배방식을 둘러싼 현재의 논란에서 잘 드러나고 있는 듯하다. '현실 정보사회'에서 정보의 생산과 분배는 무엇보다 자본주의적 상품교환의 논리를 따른다. 정보재2)는 단순히 지적 재산에 그치는 것이 아니라 자본주의적 상품으로

---

2) 넓은 의미에서 정보재는 지적 재산 일반을 가리킨다. 모든 지적 산물은 '정보'이기 때문이다. 좁은 의미에서 정보재는 디지털화된 지적 산물을 가리킨다. 이 경우에 정보재는 정보기술과 직접적인 연관을 맺는 지적 산물로 좁혀진다.

간주되며, 이를 보호하기 위한 제도적 장치가 바로 지적재산권
(Intellectual Property Rights, IPR)이다. 일반적으로 지적재산권은 '인
간의 정신적 창작과 산업활동상의 식별표지에 관한 권리'(박영관,
1996: 15)로 정의된다. 좀더 자세히 말하자면, 이것은 '지적재산권자
만이 자기의 지적창작물이나 영업상의 표지를 이용하도록 하고, 제3
자가 이를 이용하려면 지적재산권자의 허락을 받아야 하며, 이러한 허
락없이 무단으로 이용하는 것을 금지'하는 배타적 권리이다(정국환
외, 1997: 15).

　　오늘날 지적재산권은 대체로 그 소유자에게 경제적 이익을 제공하기
위해 설정된 것으로 인식된다. 그러나 이같은 경제적 이익은 동기부여
를 위한 수단일 뿐이며, 그 실제 목적은 정보재의 생산을 촉진하여 기술
과 문화의 발달을 촉진하는 것이다. 그럼에도 불구하고 '현실 정보사회'
에서 지적재산권은 갈수록 소유자의 경제적 이익을 보호하기 위한 장치
라는 성격을 강화해 간다. '현실 정보사회'는 자본주의가 정보의 영역으
로까지 확장된 사회이며, 이러한 확장을 보장해주는 제도가 바로 지적
재산권인 것이다.

2. 새로운 지적재산권체제의 형성

　　1980년대부터 새로운 산업적 의제로 급부상하기 시작한 지적재산권
은 1990년대에 들어와 훨씬 더 강화되는 한편, 기존의 지적재산권이 기
초하고 있는 19세기적 틀로는 감당할 수 없는 새로운 기술적 도전에 직
면하게 되었다. 그 결과 선진국의 주도로 WTO/TRIPs(세계무역기구/무
역관련 지적재산권협정, 1994년)와 WIPO(세계지적재산권기구) 저작권
조약(1996년)이 성립되었다(권용수, 1996; 정국환 외, 1997). 이것들의

직접적인 목표는 지구적인 차원에서 통일화된 지적재산권 규범을 설정하는 것이다. 이런 변화 속에서 지적재산권은 '경제전쟁의 최첨단무기'(정국환 외, 1997: 1)로 평가되기도 한다. 그리고 WTO/TRIPs와 WIPO에 기초한 새로운 지적재산권체제는 지적 재산의 생산과 분배방식을 규정하는 새로운 국내적 및 국제적 법체계를 의미한다. 이같은 법체계를 통해 '현실 정보사회'는 지구적 차원에서 사회적 실체로 부상하게 된다. 그 구성과 역할은 기존의 무역체제와 비교될 수 있다(Lorimer, 1996: 8-9). 즉 새로운 지적재산권체제는 지적 재산이 자본주의 세계경제의 부수적 요소가 아니라 핵심적 요소로 변화한 사정을 반영하여 형성된 새로운 무역체제라고 할 수 있다.3)

한편 자본주의의 구조조정이라는 맥락에서 보자면, 새로운 지적재산권체제의 형성은 정보재의 생산에 기초를 둔 신산업의 안정적 재생산을 확보하고자 하는 자본의 요구를 사회적으로 실현하는 것이다. 요컨대 '정보사회의 성패는 정보사회의 핵심을 이루는 정보자원을 어떻게 효율적으로 보호하여 정보자원의 창작과 유통을 활성화시키느냐에' 달려 있으므로, '지적재산법은 정보사회의 법제 중 가장 중요한 부분'이 된다(정국환 외, 1997: iii). 그러나 더욱 중요한 것은 지적재산권이 단순한 경제적 사안이 아니라, '정보시대의 법적 형태'이며 '정보정책에서 가장 중요한 결정이 행해지는 장소'(Boyle, 1996; 1997: 2)라는 점이다. 즉 지적재산권은 단순한 법적 혹은 경제적 사안이 아니다. 그것은 사회구

---

3) 이 과정은 선진국에 의해 주도되고 있으며, 개발도상국은 '인류 공동 유산론'을 내세워 새로운 지적재산권체제의 형성에 대항하였다. 그러나 개발도상국이 지적재산권 자체를 반대하는 것은 아니다. 개발도상국에서도 업종별로, 예컨대 컨텐츠 개발업자와 접속서비스업자 간에 이해관계의 차이가 나타난다. 전자가 강한 보호를 요구한다면, 후자는 약한 보호를 요구하는 것이다. 따라서 '디지털 경제'의 발전에 따라 '국가적 경계와 전통적인 남북관계를 가로지르는 새로운 산업적 동맹에 기반한 새로운 구분'(Woo, 1998: 10)이 강화될 것으로 전망된다.

조의 변화를 일정한 방향으로 틀지우는 것이며, 그 결과 사회의 재생산에 심대한 영향을 미치는 본질적 사안이다. 예컨대 모든 정보재에 대해 무조건적인 사적 소유를 허용한다면, 인간의 생명정보까지도 몇몇 기업이 장악하고 이용하게 될 것이다. 그러므로 지적재산권체제는 경제적인 차원뿐만 아니라, 아니 그것에 앞서서, 더욱 포괄적인 사회적 차원에서 검토되어야 한다.

새로운 지적재산권체제는 정보기술의 발달 및 정보재의 생산을 자본주의적으로 이끌어가는 구실을 한다. 그 핵심은 두 가지로 요약될 수 있다. 하나는 유통이 극히 쉬워진 디지털 정보의 저작권을 보호하는 것이며, 다른 하나는 인간의 유전정보를 포함한 생명정보의 특허권을 보호하는 것이다. 여기서 새로운 지적재산권체제의 성격은 기존 지적재산권의 '강화와 확대'로 압축된다. 지적재산권에는 '공정한 사용'4) 이나 '강제실시권'5) 과 같은 예외조항이 있다. 지적재산권의 강화란 이러한 예외조항이 약화되는 것을 뜻한다. '확대'란 종래에 지적재산권에 포함되지 않던 것들이 새롭게 지적재산권의 보호범위에 포함되는 것을 뜻한다. 그 좋은 예로는 인터넷 비즈니스모델 특허나 각종 생명특허들을 들 수 있다. 결국 새로운 지적재산권체제는 자본주의의 정보적 확장을 지구적으로 관절시키는 구실을 한다. 현새의 경향대로라면 이것은 궁극적으로 기업의 손에 '세상의 모든 것'을 맡기는 결과를 빚고야 말 것이다. 정보는 우리가 세상을 보는 눈이며, 나아가 세상을 바꾸는 열쇠이기 때문이다. 우리가 새로운 지적재산권체제에 대해 엄중한 비판과 감시의 눈길을 보내야 하는 까닭이 여기에 있다.

---

4) 교육과 같은 공적 목적을 위해서는 지적재산권의 적용을 제한할 수 있는 것을 뜻한다.
5) 전염병의 창궐과 같은 긴급사태가 발생했을 때, 지적재산권의 적용을 국가가 강제적으로 제한할 수 있는 것을 뜻한다.

3. 디지털경제와 지적재산권

1990년대의 정보화 경쟁6) 은 인터넷으로 대표되는 새로운 기술환경의 발달뿐만 아니라, 지적재산권체제로 대표되는 새로운 제도환경의 정착을 통해 전개된다. 새로운 지적재산권체제의 핵심 중의 하나는 디지털기술이 저작권에 미치는 영향이다.7) 변화의 필요성을 강조하는 측에서는 '저작권법에서의 코페르니쿠스적 혁명'이 도래했다고 주장하기도 한다(황희철, 1996: 339). 그러나 이러한 혁명의 의미는 사실 이중적이다. 그것은 한편으로 디지털경제8)의 형성을 가져오기도 하지만, 다른 한편으로 그것의 안정화를 지속적으로 위협하기도 한다. 새로운 지적재산권체제는 이같은 모순적 상황 위에서 구축되고 있다.

새로운 지적재산권체제의 형성은 미국에 의해 주도되고 있다. 이와 관련하여 클린턴 정부는 1993년 2월에 정보하부구조 임무단(IITF)을 구성하였다. 이 임무단은 통신정책위원회, 응용 및 기술위원회, 정보정책위원회를 구성하였으며, 정보정책위원회 산하에 지적소유권 작업반이 설치되어 저작권법의 문제와 개정방안을 연구하게 되었다. 이 작업반은 1994년 7월에 중간보고서(『녹서』)를 발표하고, 이어서 1995년 9월에는 최종보고서(『백서』)를 발표하였다. 『백서』가 발표되고 난 직후에 통상

---

6) 이것은 단순한 정보기술의 개발경쟁이 아니라 정보기술을 매개로 전개되는 자본주의적 이윤경쟁을 뜻한다.

7) 미국 NII 지적소유권 작업반은 새로운 기술환경 하에서도 '특허법, 상표법 그리고 영업비밀 보호에 관한 법은 개정이 필요없다'고 본다(IITF, 1995: 23). 요컨대 디지털경제를 안정화하기 위한 핵심 과제는 저작권의 보호에 있다는 것이다.

8) 좁은 의미의 정보재, 즉 디지털 정보의 생산과 유통에 기반을 두고 나타나는 새로운 경제를 가리킨다. 이것은 1980년대에 소프트웨어산업의 형성에서 시작되었으나, 디지털경제라는 용어는 1990년대 중반 이후 빠르게 전개된 인터넷의 대중화와 함께 나타났다. 현재 디지털경제는 대체로 소프트웨어산업과 인터넷산업을 아우르는 것으로 사용된다.

'1995년 NII 저작권보호법안'이라고 불리는 법안이 미 의회에 제출되었다. 이 법안은 각계의 반대에 부딪혀 통과되지 못했으나, 1998년 10월에 새로 '디지털 밀레니움 저작권법'이 통과되었다(IITF, 1995: 11-15; 황희철, 1996: 318-322; 정국환 외, 1997: 21-23; RIAA, 1998).

『백서』와 '1995년 NII 저작권보호법안'은 새로운 기술환경에 따른 저작권의 변화와 관련하여 큰 논란을 불러 일으켰다.[9] 『백서』가 취하고 있는 입장은 시장원리에 근거하여 NII를 성장시키는 것으로서, 정보고속도로를 '해적들의 천국이 되지 않도록 세심한 주의를 기울여야' 한다는 주장에 극히 충실하다(Gates, 1995: 73). 『백서』는 결국 정보고속도로 구상이 '이용당 요금지불'(Pay-per-use)이라는 명백한 시장주의적 원칙에 입각해 있음을 보여주는 것이다(Besser, 1995: 61). 또한『백서』를 비롯해서 WIPO의 저작권조약이나 '디지털 밀레니움 저작권법'에 이르기까지 일관되게 관철되고 있는 것은 기존의 저작권법을 새로운 기술환경으로 확대해서 적용하는 것이다. 그러나 기존의 저작권법이 기반하고 있는 저작물이나 저자의 개념이 새로운 기술환경에서 크게 변하고 있다는 점에서 일단 이러한 적용은 논리적으로 큰 문제를 안고 있는 것으로 파악된다.[10] 더욱이 『백서』의 주장은 프라이버시나 표현의 자유를 침해할 소지마저 다분히 안고 있다. 저작권자의 이익을 지키기 위해

---

9) 여기서 주의할 점은 이러한 미 행정부의 노력을 미국만의 문제로 보아서는 안된다는 것이다. 클린턴 행정부는 WIPO를 이용하여 국내법의 변화를 도모하는 것으로 지적되었다. 국내에서 많은 반대에 부딪혀『백서』의 내용을 관철시키지 못하자, WIPO를 통해 같은 내용으로 '국제 표준'을 제정하고, 이 표준에 따라 다시 국내법을 개정하고자 한다는 것이다(황희철, 1996: 322; Kim, 1996: 2). '디지털 밀레니엄 저작권법'은 이러한 지적을 사실로 입증해 주는 것으로서, 그 주목표는 WIPO의 새로운 저작권조약에 가입하기 위해 미국의 저작권법을 개정하는 것이다(RIAA, 1998). 이렇게 해서 결국은『백서』가 저작권의 새로운 지구적 기준으로 확정되는 것이다.

10)『백서』의 일방적인 논지는 '저작권법 자체의 존립을 위태롭게 하고 있'는 것으로 비판될 정도이다(황희철, 1996: 338).

서는 이용자에 대한 상시적인 감시, 즉 '경제적 검열'이 요구되기 때문이다.[11) 사실 인터넷은, 정보를 전파하는 방식이 정보를 복제하는 것이라는 점에서, 그 자체가 '거대한 복사기'라고 할 수 있다(Godwin, 1998: 168). 저작권자는 이러한 상황을 디지털기술이 초래한 거대한 위협으로 여겨왔지만, 저작권법의 강화 및 새로운 감시기술의 개발과 함께 이 위협은 엄청난 기회로 바뀌고 있다(Samuelson, 1996: 2).[12)

포스터는 우리 시대에 저작권이 처한 상황을 신랄하게 비판한다. 이 비판은 자본의 지배 속에서 저작권의 본말이 사실상 전도되고 있는 상황을 겨냥한다. 이미 '그것은 저자와 문화적 혁신을 보호하는 법이 아닌 일반적인 소유권법에 불과'하다(Poster, 1998a: 3). 저작권을 포함한 지적재산권 일반의 목표는 저작자에게 경제적 이익을 제공하는 것이 아니라, 그것을 통해 더욱 더 많은 지식이 사회적으로 축적될 수 있도록 하는 것이다(Godwin, 1998: 169). 이런 점에서 사이버공간에 대해 저작권을 광범위하게 적용하는 것은 결국 대중의 정보접근권을 위축시킬 것이라는 우려와 사적 재산권보다 공적 접근권이 더욱 본질적인 권리라는 주장들이 제기된다(Woo, 1998: 5-6). 결국『백서』는 지적재산권을 부여하는 것만큼이나 그것을 제한하는 것도 중요하며, 나아가 지적재산권은 자연권도 절대권도 아니라는 사실을 올바로 인식하지 못한 것으로 비판된다(Boyle, 1997: 9).『백서』는 철저히 시장의 관점에서 새로운

---

11) 명시적으로 표현의 자유를 제약하려는 시도는 음란물로부터 아동을 보호한다는 명목으로 취해졌다. 이른바 '통신품위법'(CDA)이 그것이다. 경제적인 측면에서 이 시도는 인터넷을 강제적으로 정화함으로써 디지털경제의 저변을 확장하려는 것으로 파악된다(Barbrook, 1996: 1; 홍성태, 1998).

12) 사무엘슨은 이것이 '저작권 횡령'이라고 주장한다. 새로운 기회를 간파한 저작권산업, 특히 할리우드의 영상산업이 클린턴 정부에 로비를 했고, 클린턴 정부는 대통령의 재선을 위해 이 로비를 받아들인 결과로『백서』가 작성되었다는 것이다(Samuelson, 1996: 1). 이렇게 해서 저작권의 본래 목적은 업계와 정부에 의해 '횡령'당하고 만 것이다.

지적재산권체제를 형성하여 신기술이 유발한 지적재산권의 위기를 오히려 자본의 기회로 전화시키고자 했으나, 그것은 지적재산권의 위기를 표현의 자유와 정보접근권의 위기로 전도시키는 것으로서 큰 저항을 야기하게 되었던 것이다.

새로운 기술적 상황에 따라 기존의 지적재산권이 딜레마에 봉착하게 되었다(Keyworth, 1996: 3)는 사실은 일반적으로 수용되고 있는 것으로 보인다. 그러나 이 딜레마에 대한 대응은 크게 보아 두 가지 대립되는 양상으로 전개되고 있다. 하나는 개량적 보완론이고, 다른 하나는 근본적 전환론이다. 현재 정책적 변화를 주도하고 있는 것은 전자로서, 미 정부의『백서』가 취하고 있는 것이 이 입장이라고 할 수 있다. 개량적 보완론에 대한 비판은 근본적 전환론에 의해 주도되고 있다. 이들이 파악하는 현 상황의 딜레마는 개량적 보완론에서 파악하는 것보다 훨씬 더 심각한 것이다(Barlow, 1995: 43). 심지어 새로운 기술환경 속에서 '정보의 손쉬운 복제와 이동은 물질적 상품 특유의 사적 소유를 보호하고자 하던 법률체계를 허물어뜨린다'(Poster, 1990: 60). 근본적 전환론자들은 이같은 상황에 직면하여 기존의 법체계를 고수하고 그것을 사이버공간으로 확대하는 방식으로 저작권을 보호하려는 것은 크게 잘못된 짓이라고 주장한다.

근본적 전환론은 자유주의라는 점에서 밀접한 연관을 맺고 있지만, 정보/지식의 역할에 관해서는 상당한 차이를 보이고 있는 두 가지 자유주의로 구분될 수 있다. 첫째, 정보의 자유로운 흐름과 공유에 기반한 정보자유주의이다. 이 입장은 '전자개척자재단'(EFF)[13]의 발로우가 '아

---

13) MIT의 미치 케이포(Mitch Kapor) 교수, 작사가인 존 페리 발로우의 주도로 1990년에 결성된 정보사회운동단체로 특히 사이버공간에서의 표현의 자유와 프라이버시 문제에 많은 영향을 미치고 있다.

이디어의 경제'라는 관점에서 제시하였다. 그에 따르면 기존의 지적재산권은 사상이 아니라 사상을 표현한 것에 초점을 두고 있는 것으로서, 이를테면 기존의 법체계에서는 '병안에 든 포도주가 아니라 그 포도주가 담긴 병이 보호받았던 것'이다. 그러나 모든 정보가 디지털 형태로 전환되고 모든 디지털 정보는 인터넷을 통해 배포될 것이므로, '단순히 사상의 표현이 아니라 사상들 그 자체에 대한 소유권을 주장할 수 있게' 된다. 따라서 기존의 지적재산권 보호법은 더 이상 지탱될 수 없다.[14] 이에 대해 발로우는 실효성이 의문시되며 기본권에 대한 침해가 우려되는 법보다는 윤리와 기술에 기반한 새로운 지적재산권 보호방법의 형성을 주장한다(Barlow, 1995: 42-45, 67-73).

둘째, 정보의 상품화를 활성화하기 위해 국가의 개입을 최소화하고 시장에 모든 것을 맡겨야 한다는 시장자유주의이다. 이 입장은 '진보와 자유재단'(PFF)[15]에서 주도하고 있다. 이 재단은 '사이버공간과 미국의 꿈: 지식시대를 위한 대헌장'이라는 선언적 문서에서 사이버공간, 즉 지구적 디지털 통신망을 통해 새로운 '미국의 꿈'이 실현될 것이며, 사이버공간이 '미국의 꿈'을 실현하기 위해서는 사이버공간을 구성하는 재산에

---

14) 발로우가 지적하는 또 한 가지 문제는 사이버공간의 특성에 대한 강조이다. 그는 사이버공간에서는 '어떤 국가적인 혹은 지역적인 영역들도 범죄장면을 봉쇄하고 그 처벌방식을 결정하지 못한다'고 주장한다(47-48). 이러한 입장은 인터넷을 새로운 매체가 아니라 새로운 공간으로 보는 것이다. 그의 논리에서 매체론과 공간론의 대립은 현실세계와 가상세계의 이중화론으로 전환된다(홍성태, 1997; 1999). 이같은 자유주의적 주장은 검열권력에 대항하여 컴퓨터 통신망에서 표현의 자유와 프라이버시를 옹호한다는 점에서 큰 의의를 갖는다. 이에 대해 개량적 보완론에서는 이른바 가상세계가 사실은 현실세계의 변화에 불과하다고 비판한다(IITF, 1995: 21-22). 또한 이러한 가상세계론은 인터넷의 상업화에 사실상 무력할 뿐만 아니라 오히려 그것을 촉진하는 '캘리포니아 이데올로기'로 비판되기도 한다(Barbrook and Cameron, 1996).
15) 앨빈 토플러와 조지 길더의 이론에 기초하여 1993년에 결성되었다. 비당파적인 연구단체를 표방하고 있지만, 사실은 뉴트 깅리치(Newt Gingrich)의 정책개발조직인 것으로 알려져 있다. 깅리치의 신자유주의는 이론적으로 제3물결론에 기반하고 있다(Gingrich, 1995).

대한 새로운 이해가 필요하다고 주장한다(PFF, 1994: 17-21). 이들에 따르면, '저작권과 특허는, 점차 그리고 가차없이, 사이버공간에서 낡은 것으로 될 것'이며, 앞으로는 암호기술이 '개별적인 정보 제공자들로 하여금 자신들의 디지털 재산을 보호할 수 있도록' 할 것이다(Keyworth, 1996: 4). 문제는 미국 정부가 국가 안보를 보호한다는 명분 하에 암호기술의 자유로운 이용과 거래를 통제하고 있다는 것이다. 이 때문에 '진보와 자유재단'은, '우리의 가장 강고한 대항세력은 외국의 경쟁자가 아니라, 사태를 잘못 이해하고 있고 과욕에 사로잡힌 연방 정부'이며, '국가 안보에 대한 진정한 위협'은 바로 이러한 연방 정부라고 주장한다(Keyworth, 1996).

4. 지식경제와 지적재산권

지적재산권의 위기는 단지 빠른 속도로 변하는 기술발달에 기존의 제도가 조응하지 못해서 발생하는 것인가? 자본주의적 지적재산 개념 자체의 모순에서 비롯되는 것은 아닌가? 지식경제는 지적재산권에 기반하여 성립한다. 지식의 생산을 촉진하기 위해 성립된 지적재산권은 이제 지식경제 자체를 지탱하는 제도적 기반으로 변화한다. 그러나 이 과정에서 예컨대 저작권의 경우에 저작자의 권리와 이용자의 권리를 둘러싼 최대주의와 최소주의의 대립(황희철, 1996: 323-330)이 새롭게 부각된다. 현재의 지식경제는 최대주의, 즉 '저작자 권리 옹호론'에 기반하여 성립한다. 이것은 저작자의 권리를 보호함으로써 지식의 사회적 생산을 촉진한다는 지적재산권의 목표와 수단 중에서 후자의 측면이 강화되는 것을 의미한다. 달리 말하자면 자본주의의 구조적 규정 속에서 지적재산권의 경제적 측면이 그 사회적 측면보다 훨씬 더 강화되는 것이다. 지식경제는 단순히 지식의 경제적 역할이 강화되는 것이 아니라, 이처럼 지식의 생산/분배에 관한 제도의 변화를 함의한다.

저작권과 이용권이 사회적 차원에서 지적재산권의 핵심적인 논점을 구성한다면, 독점과 경쟁의 문제는 경제적 차원에서 지적재산권의 핵심적인 논점을 구성한다. 사실 독점의 문제는 지적재산권의 역사 속에서 언제나 제기되던 것이기도 하다. 지적재산권의 본질이 그 소유자에게 정해진 기간 동안 독점적 시장지위를 보장하는 것이기 때문이다. 그러나 정보주의16) 는 사이버공간에 기반한 지식경제의 구조적 특성이 무엇보다 치열한 경쟁으로 특징지어진다고 주장한다(PFF, 1994: 23). 지적재산권의 견지에서 보자면, 이러한 주장은 '독점이 경쟁을 낳는다'는 논리라고 할 수 있다. 그러나 이 모순적으로 보이는 논리가 성립하기 위해서는 '시장의 보이지 않는 손'에 경제를 맡겨야 한다. 즉 지식경제의 진정한 경제적 특성은 지식의 이용 자체가 아니라 그 시장주의적 이용에 있는 것이다. 이같은 주장은 '동적 경쟁'론으로 집약되었다. 그러나 지식경제의 대표적인 사례로 꼽히는 마이크로소프트의 성공은 이러한 시장주의적 동적 경쟁론에 대해 심각한 의문을 제기한다.

오늘날 마이크로소프트는 신경제를 대표하는 기업으로 널리 인식되고 있다. 그러나 이와 동시에 마이크로소프트는 신경제의 문제점을 여실히 드러내는 대표적인 사례로 지목되고 있기도 하다. 1990년대 중반 이후 가열되고 있는 '마이크로소프트 논쟁'은 이같은 모순적 상황의 산물이다. 현재 미국17) 에서는 웹 브라우저를 중심으로(Levy, 1998), 한

---

16) 정보는 무한한 자원이기 때문에 경제적 동기부여를 통해 정보의 생산을 촉진한다면 무한성장을 이룰 수 있다고 주장하는 현대 자본주의의 지배이데올로기를 뜻한다.

17) 이 논쟁은 미국에서는 1990년에 미 정부가 마이크로소프트의 운영체계 시장 독점 여부에 대해 조사하면서 시작되었으며, 1997년에 미 정부가 마이크로소프트를 반독점 위반 혐의로 법원에 제소하면서 논쟁은 본격화되었다. 마이크로소프트는 윈도즈95에 인터넷

국[18]에서는 윈도즈98의 가격을 중심으로(한겨레21, 1999/4/1) 논쟁이 진행중이지만, 그 핵심에는 결국 운영체계 시장에서의 마이크로소프트의 독점이 자리잡고 있다. 마이크로소프트는 전세계 운영체계 시장의 90% 이상을 장악하고 있다. 그러므로 마이크로소프트가 독점기업이라는 것은 명백하다. 그러나 법적으로 문제가 되는 것은 이러한 독점 자체가 아니라 독점의 불법적 이용이다. 이에 대해 마이크로소프트를 옹호하는 측에서는 마이크로소프트가 싼 가격에 좋은 제품을 제공하고 있으며 강력한 경쟁상황에 처해 있기 때문에 아무런 문제가 없다고 주장한다. 반면에 마이크로소프트를 비판하는 측에서는 마이크로소프트가 독점적 지위를 불법적으로 이용하는 것은 명백하다고 주장한다.

마이크로소프트의 성공담은 '고도기술의 독점' 문제를 잘 보여준다. 이른바 기술의 '잠금효과'와 '네트웍 효과'가 작용[19] 하여 마이크로소프트의 운영체계를 중심으로 개인용 컴퓨터 소프트웨어 전체가 변화하는 '정의 되먹임'이 굳건하게 형성[20] 된 것이다(Arthur, 1996; 홍성욱,

---

브라우저를 합체함으로써 관련 시장에서 순식간에 넷스케이프를 앞지르게 되었는데, 이 것을 미 정부는 독점력의 부당한 행사에 의한 결과로 판정하여 법원에 정식으로 제소하기에 이르렀던 것이다.

18) 한국의 경우에는 1998년 6월에 마이크로소프트가 한글과컴퓨터에 대한 투자계획을 발표하면서 논쟁이 시작되었다. 1999년 3월에 시작된 2차 논쟁의 표면적인 논점은 윈도즈98의 가격문제이지만, 그 실질적인 논점은 결국 마이크로소프트의 운영체계 독점이라는 점에서, 2차 논쟁은 마이크로소프트에 대한 본격적인 저항을 향해 한 걸음 더 나아간 것으로 볼 수 있다.

19) 하나의 기술이 일단 널리 사용되고 나면 뒤에 개발된 다른 기술이 기술적으로 우월할지라도 처음의 기술을 대체하기는 대단히 어렵게 된다. 이렇게 해서 하나의 기술이 사실상의 표준으로 고착되는 것을 기술의 역사적 '잠금효과'라고 한다. 이 '잠금효과'는 수많은 관련 기술들이 하나의 사회적 체계를 구성하는 '네트웍 효과'에 의해 강화된다. 이런 효과는 고도기술일수록 더욱 명확하게 나타난다. 이 때문에 자본주의 하에서 고도기술을 둘러싼 경쟁은 승자가 모든 것을 차지하는 카지노의 성격을 지니게 된다.

20) '정의 되먹임'(positive feedback)은 한 방향으로 변화가 지속되는 것을 의미한다. 그 쉬운 예로 '빈익빈 부익부'를 들 수 있다.

1998). 현재의 논쟁은 이렇게 구축된 지배적 지위의 남용을 중심으로 전개되고 있지만, 사회학적으로 더욱 중요한 부분은 소프트웨어의 이해에 대한 함의이다. 소프트웨어는 크게 운영체계와 응용프로그램으로 구분된다. 운영체계는 쉽게 말해서 '컴퓨터의 공용어'이다. 그러나 운영체계들 간에는 기술적 호환성이 없다. 따라서 하나의 운영체계가 지배적 지위를 차지하게 되면, 대다수 응용 프로그램이 그 운영체계에 기반할 수밖에 없게 된다. 정보사회의 기술적 구성요소 중에서 가장 중요한 것은 컴퓨터이다. 그러므로 정보화가 진척될수록 지배적인 위치를 차지한 운영체계의 지배력은 더욱 더 강화된다. 정보사회의 가장 중요한 기술적 기반 자체를 하나의 기업이 장악하게 되는 것이다. 이런 상황이 과연 지적재산권의 이름으로 계속 정당화되어도 좋은 것일까? 이처럼 사회성이 강한 분야에서는 지적재산권이 제한되어야 하지 않을까?[21]

5. '현실 정보사회'의 모순을 넘어서

지식경제에서 독점의 문제는 궁극적으로 지식의 자본주의적 소유와 이용에서 비롯된다. 자본주의 하에서 살아가는 우리는 지적재산권을 어느 정도 당연시하며 살아간다. 그러나 정보/지식은 본래 '이용에 배타성이 없는 재화'로서 '공공재'에 해당하는 것이며, 지적재산권법은 특정한 사회적 목적을 위해 이러한 공공재로서의 정보/지식을 사적인 재화로

---

21) 이와 관련하여 마이크로소프트를 반독점 위반혐의로 고소한 미국의 19개 주가 제시한 타협안에 주목할 필요가 있다. 타협안은 윈도즈의 소스코드를 몇개의 경쟁업체에 경매로 매각하는 것이다(한겨레신문, 1999/3/30). 이것은 독점의 불법적 이용에 대한 규제에서 독점 자체의 해체를 향해 나아가는 방안이다. 컴퓨터의 공용어로서 운영체계는 정보사회의 필수재이다. 따라서 운영체계의 독점에 대한 저항은 앞으로 더욱 더 강화될 것으로 전망된다.

변화시키는 제도적 장치이다(허희성, 1996: 48). 그러나 이같은 변화는 목적과 수단의 괴리라는 대가를 요구한다. 이로부터 지적재산권의 내적 모순이 비롯된다(Boyle, 1996: 156). 요컨대 시장 효율성은 정보의 자유로운 흐름을 요구하는 반면에, 정보의 생산을 위한 인센티브는 정보의 흐름을 지체시키고 제한하는 일시적 독점을 요구한다(Boyle, 1996: 35). 또한 이 일시적 독점은 마이크로소프트의 예에서 잘 드러나듯이 훨씬 심각한 구조적 독점을 유발할 수도 있다.

결국 문제의 본질은 지적재산권에 내재된 공공재와 사유재의 모순에 있다. 여기서 정보/지식의 사유재적 성격을 지속적으로 강화함으로써 자본주의가 도달한 한 귀결점이 현재의 이른바 지식경제이다. 달리 말해서 자본주의는 공공재를 사유화함으로써 성장을 지속하고 있는 것이다. 그리고 지식경제에 이르러 자본주의는 마침내 언어 자체를 상품화하는 '자본주의의 언어학적 전환'(Poster, 1998b)을 달성하며, 그 결과 '이제 저작권법은 '정보권법'으로 탈바꿈을 시작했다. 모든 정보를 재산으로 인식할 때가 왔다'(황희철, 1996: 342)는 주장이 제기된다. 그러나 정보/지식을 단순히 사적 재산으로만 취급하게 되면, 당연히 효율성과 인센티브 간의 모순은 심화될 수밖에 없다. 마이크로소프트와 같은 독점의 폐해를 시정하는 것도 사실상 어렵게 된다. 나아가 이른바 정보부자와 정보빈자의 불평등 문제도 더욱 심화될 수밖에 없다(Schiller, 1996).

그러므로 경제적 반독점의 견지에서, 더 나아가 정보사회의 평등과 정의의 견지에서 정보재의 생산과 분배를 둘러싼 논의를 더욱 활성화할 필요가 있을 것이다. 이와 관련하여 다양한 사회적 이해관계의 공적 조정기구로서 정부의 역할이 새삼스럽게 강조되지 않을 수 없을 것이다. 이것은 '현실 정보사회'와 신자유주의의 연관을 끊는, 적어도 약화시키는 방향으로 정보화 정책이 변화되어야 함을 의미한다. 동시에 그누/리눅스(GNU/LINUX)로 대표되는 '자유소프트웨어 운동'에 주목하지 않을 수 없다. 이 운동은 소프트웨어의 산업화에 저항하기 위해 시작되었지만, 정보와 지식의 공유를 추구하는 새로운 사회운동으로까지 확대되고 있다.[22] 물론 생명특허와 같은 문제에 대해서는 이 운동과 다른 방식의 대응이 필요할 것이다. 이 경우에는 강력한 생명윤리에 기반을 둔 국가정책의 변화가 필수적으로 요구된다.

모든 사회운동이 그러하듯이, 자본주의의 정보적 확장에 저항하는 운동의 성패는 결국 문제를 개선하고 해결하려는 수많은 개인들의 자발적 참여에 달려 있다. '참여해서 개선하라!' 우리가 이 명백한 요청을 거부했을 때, '현실 정보사회'의 모순은 더욱 심화될 것이다. 그 결과는 '세상의 모든 것'을 자본주의의 이윤원리와 경제적 이해관계가 좌지우지하게 되는 것이다. 이런 상황에서는 인간 자체가 하나의 정보재로 전락하여 자본의 사냥감이 되는 것을 피할 수 없다.[23] '참여해서 개선하라!' 작은 참여가 모여서 큰 변화를 가져올 것이다.

참고문헌

권용수(1996), 『지적재산권과 경쟁정책』, 과학기술정책관리연구소
박영관(1996), 『지적재산권 침해에 관한 형사적 제재』, 한국형사정책연구원

---

[22] 현재 이 운동은 '카피레프트' 진영과 '오픈 소스' 진영으로 양분되어 있다. 전자는 소프트웨어의 사적 소유 자체를 거부하며 공동체의 형성을 추구하지만, 후자는 소스코드의 공개만을 요구하며 산업화를 추구한다.
[23] 사실 이것은 이미 우리의 현실이다. 기업들은 이미 특이한 유전자를 가진 사람들의 유전정보를 해독하여 그에 대한 특허권을 확보하고 있는 것이다.

정국환 외(1996), 『정보사회의 개념정립 및 정보화 추진방안에 관한 연구』, 한
　　국전산원,
　　　http://ncalib. nca. or. kr/HTML/1995/95134/95134. htm#summary
　　　　　　　(1997), 『정보사회의 지적재산권 개념 재정립』, 한국전산원
허희성(1996), 「뉴미디어 출현과 저작권 환경변화」, 한국언론연구원 편(1996),
　　『뉴미디어와 저작권』, 한국언론연구원
홍성욱(1998), 「첨단기술 시대의 독점과 경쟁―MS사 소송과 새로운 경제학의
　　패러다임」, 『과학사상』 1998년 여름호
홍성태(1997), 「사이버: 사이버네틱스와 사이버공간」, 『한국사회와 언론』 제8호
　　　　(1999), 「인터넷, 포르노, 검열―자율사회를 위하여」, 서울대학교 사회
　　과학연구원, 『한국사회과학』 제20권 제4호
황희철(1996), 「정보통신망 발전과 저작권」, 한국언론연구원 편(1996), 『뉴미
　　디어와 저작권』, 한국언론연구원

Arthur, B. (1996), 「수확체증과 비즈니스의 신세계」, 김웅철 옮김(1997), 『복
　　잡계 경제학 I』, 평범사
Barbrook, Richard(1996), Hypermedia Freedom,
　　　http://www. ctheory. com/ga1. 1-hyper_freedom. html
　　　　　　　　　& Andy Cameron(1996), 안정옥 역(1996), 「캘리포니아 이
　　데올로기」, 홍성태 엮음(1996), 『사이버공간, 사이버문화』, 문화과학사
Barlow, J. P. (1995), 여국현 역(1996), 「아이디어의 경제」, 홍성태 엮음
　　(1996), 『사이버공간, 사이버문화』, 문화과학사
Besser, H. (1995), From Internet to Information Superhighway, James Brook
　　and Iain Boal eds. (1995), *Resisting the Virtual Life―the Culture and
　　Politics of Information*, City Lights Books
Boyle, J. (1996), *Shamans, Software, and Spleens: Law and the Construction
　　of the Information Society*, Harvard Univ. Press
　　　(1997), A Politics of Intellectual Property; Environmentalism for the Net?,
　　http://www. wcl. american. edu/pub/faculty/boyle/intprop. htm
Gates, W. (1995), 이규행 감역(1997), 『미래로 가는 길』, 도서출판 삼성

Gingrich, N. (1995), *To Renew America*, Harper Collins Publichers

Godwin, M. (1998), *Cyber Rights—Defending Free Speech in the Digital Age*, Times Books

IITF(1995), 임원선 옮김(1996), 『초고속통신망과 저작권』, 한울

Keyworth, G. (1996), People and Society in Cyberspace, http://www. pff. org:80/tsos-1. html

Kim, Yong-Chan(1996), Copyright and Internet, http://pilot. msu. edu/user/kimyong2/copy. htm

Lorimer, R. (1996), Intellectual Property, Moral Rights, and Trading Regimes: A Publishing Perspective, http://hoshi. cic. sfu. ca/calj/cjc/BackIssues/21. 2/lorimer. html

PFF(1994), 안정옥 역(1996), 「사이버스페이스와 미국의 꿈: 지식시대를 위한 헌장」, 홍성태 엮음(1996), 『사이버공간, 사이버문화』, 문화과학사

Poster, M. (1990), 김성기 역(1994), 『뉴미디어의 철학』, 민음사

__________(1998a), 「사이버스페이스의 저작권」, 유네스코 한국위원회(1998), 『사이버스페이스의 법적 틀에 관한 아태지역 전문가 회의』

__________(1998b), Capitalism′s Linguistic Turn, 유네스코 한국위원회(1998), 『사이버스페이스의 법적 틀에 관한 아태지역 전문가 회의』

RIAA(1998), The Digital Millenium Copyright Act, http://208. 240. 92. 66/newtech/dcma. htm

Samuelson, P. (1996), The Copyright Grab, http://www. wired. com/wired/whitepaper. html

Schiller, H. (1996), *Information Inequality—the Deepening Social Crisis in America*, Routledge

Woo, JiSuk(1998), New Balance of Copyright in Cyberspace: An Asia-Pacific Perspective, Or, Is There Such a Thing, 유네스코 한국위원회(1998), 『사이버스페이스의 법적 틀에 관한 아태지역 전문가 회의』

06

주식투자 열풍과 세기말 자본주의

'돈을 신으로 모신 사람들의 삶! 그 '돈의 신'이 아침에 웃으면 기뻐서 춤을 추고, 저녁에 얼굴을 찌프리면 사색이 되어서 침통, 경악, 낙담, 절망, 분노, 통곡하고 심지어는 자살까지 해야 하는 삶!'(리영희, 1997: 113)

1. 세기말의 주식투자 열풍

세기말의 한반도는 주식투자 열풍으로 뜨겁게 달아오른 듯하다. 주식에 투자하는 사람들의 수 자체가 크게 늘었을 뿐만 아니라,[1] '스톡홀릭'(Stockholic, 주식투자중독증)이라는 말이 나올 정도로 주식에 푹 빠져든 사람들도 적지 않은 모양이다. 그러나 자신의 주식투자계좌가 졸지에 '깡통계좌'가 되어 힘들여 모은 재산을 다 날리고, 그 고통을 이기지 못해 자살하는 사람들마저 나타났던 것이 언제였던가?

---

[1] 1999년 7월 현재 대략 200만명 정도의 사람들이 주식에 투자를 하고 있는 것으로 추산된다.

불각시에 들이닥친 외환위기로 깡통을 찬 사람들이 속출했던 것이 겨우 2년 전의 일이다. 그러나 1999년 봄부터 증시는 다시금 투자열풍으로 뜨겁게 달아오르기 시작했다. 그리고 7월 초에는 마침내 종합주가지수 1000을 다시 돌파하였다. 1989년 3월에 처음으로 돌파한 이래 네번째이다. 어떻게 해서 이런 폭등장세가 나타나게 되었을까? 전문가들은, 외환위기를 맞아 저평가되었던 기업들의 주가가 제대로 평가를 받기 시작한 것일 뿐이며, 사실 여전히 저평가 상태이기 때문에 연말까지 더 오를 것이라고 예측하고 있는 모양이다. 요컨대 최근의 증시활황은 폭등장세나 투기장세가 아니라 지극히 정상적인 것이라는 얘기다. 따라서 돈 벌고 싶은 분들은 '어서 투자들 하시라'는 얘기다.

그 성격을 두고는 여러 가지 엇갈리는 평가가 나올 수 있지만, 최근의 증시활황에 직접적으로 가장 큰 영향을 미친 요인으로는 대체로 저금리를 들고 있는 것 같다. 외환위기 이후 천정부지로 치솟았던 시중 금리가 연 8%대에 머물러 있는 반면에, 뮤추얼펀드와 주식형 수익증권 등은 수익률이 50%를 웃도는 상품들을 쏟아내고 있다. 이런 차이 때문에 은행의 정기예금은 4월부터 계속 감소하면서 6월에만 1조 7천억원이 빠져나갔고, 투신사의 장기공사체형 수익증권도 2조 7천억원이 빠져나갔으나, 1999년 상반기중 주식형 수익증권에는 25조원, 은행의 단위형 금전신탁에는 10조원, 증권사 고객예탁금에는 8조 4천억원이 들어갔고, 상반기에 37조원, 6월에만 9조원의 돈이 주식관련 상품으로 쏟아져 들어갔다고 한다(신현만, 1999: 11).

다른 일에서도 흔히 그런 것처럼 시동을 걸기가 어려웠을 뿐, 일단 시동이 걸리자 '정의 되먹임'[2] 이 강하게 작용하여 증시는 놀라운 속도로

---

2) positive feedback. 세상 모든 일은, 그것이 인간의 일이건, 자연의 일이건, 혹은 신의 일이건, 모두 되먹임 현상으로 설명될 수 있다. 이러한 되먹임에는 두 가지 종류가 있다. '부의

가열되었다. 불을 향해 밤벌레들이 날아드는 것처럼, 돈을 좇아 수많은 돈들이 증시로 몰려들었다. 증시가 무엇인가? '돈 시장'(money market) 이 아닌가? 그러니 돈이 돈 시장으로 몰려드는 것은 당연한 일일 것이다. 그러나 만일 그 시장이 '돈 시장'(mad market) 이기도 하다면? 그렇다면 뭔가 큰 일이 일어날지도 모른다. '정의 되먹임'은 파국을 향하는 내적 경향을 가진다. 갈 때까지 가는 것이 '정의 되먹임'의 본성이다. 과연 '전문가'들의 예측대로 최근의 증시활황은 이런 파국을 향한 질주와는 전혀 거리가 먼 것일까?

최근의 증시활황을 가져온 가장 직접적인 요인은 국내의 저금리이지만, 더욱 구조적인 요인으로는 세계경제를 뒷받침하고 있는 미국 경제의 놀라운 성장을 빼놓을 수 없을 것이다. 그러나 이른바 '신경제'의 특성에 대해서는 미국 내에서도 논란이 그치질 않고 있다. 한편에서는 정보기술의 발달을 배경으로 경제원리 자체가 변했다고 주장하지만, 다른 한편에서는 경제원리는 변하지 않았으며 '신경제'는 사실 상당한 거품요소를 안고 있다고 주장한다(Economist, 1996, 1999). 이런 상황에서 국제통화기금은 지난 9월 8일 '국제자본시장에 관한 연례보고서'를 발표하고, 미국의 주가와 달러화 가치의 급락 가능성이 세계경제가 안고 있는 최대의 위험요인이라고 지적했다(한겨레신문, 1999/9/10). 이런 지적은 미국 경제가 상당한 거품을 안고 있다는 주장에 다시금 주의를 기울이게 한다.[3]

되먹임'(negative feedback)은 어떤 운동에 대해 반대의 결과가 일어나는 것이다. 이에 따라 최초의 운동은 반대 방향으로 변하게 된다. 예컨대 온도조절계는 이런 되먹임을 통해 온도를 조절한다. 이와 달리 '정의 되먹임'은 최초의 운동이 취한 방향으로 운동이 지속되도록 한다. 물의 흐름이 둑에 난 작은 구멍을 계속 넓힘으로써 마침내 둑을 무너뜨리는 것이 이런 종류의 운동에 속한다. 이 예에서 알 수 있듯이 '정의 되먹임'은 결국 파국적 변화, 즉 급변(catastrophe)을 낳게 된다.

3) 1999년 초부터 미국 경제의 과열을 계속 경고해온 앨런 그린스펀 미국 연방준비제도이사

'증시여, 어디로 가시나이까?' 그 길과 목적지를 정확하게 아는 사람은 사실 아무도 없다. 증시 자체가 예측불가능한 결정론, 즉 카오스의 원리에 따라 변하기 때문이다(Gleick, 1987). 증시의 변화방향에 관해 무엇인가 알았다고 생각하는 순간, 바로 그 알았다는 사실이 새로운 정보로 증시에 입력되면서 증시는 길을 바꿔 버릴 수도 있다. 경제의 개방성이 높아질수록 이런 상황은 더욱 더 정상적인 것으로 되어간다. 요컨대 면밀한 계획에 입각한 투자조차도 '눈 감고 찍기' 식의 투기가 될 가능성이 커지는 것이다. 활황기에는, '돈 시장'(Money Market)이 '돈 시장'(Mad Market)이기도 하다는 사실은 잊게 마련이리라. 그러나 증시가 실물경제와의 괴리를 정상적인 동학으로 삼고 있는 한, 열풍이 삭풍으로 바뀌는 급변점은 언제라도 나타날 수 있다.

2. 정보화와 새로운 주식거래방식

최근에 들어와 주식투자가 재테크의 가장 유력한 수단으로 급부상한 것은 정보화와도 밀접한 연관을 맺고 있다. 특히 주목할 만한 것은 이른바 '사이버증권거래'라고 불리는 새로운 주식거래방식이다. 이것은 우선 전자상거래[4]의 한 요소로 이해할 수 있는데, 인터넷을 이용한 전자상거래는 현재는 미국이 가장 발전한 나라이지만, 그 비중은 전세계의 각종 상거래와 무역에서 갈수록 빠르게 늘어날 것으로 전망된다(DOC,

---

회 의장은 10월 14일에 은행 등 금융회사에 주가폭락에 대비할 것을 다시 촉구했다. 이 때문에 세계 증시가 동반하락세를 보인 동시에, 한국 증시는 10월 18일에 급락세를 보였다(한겨레신문, 1999/10/16; 10/19).

4) 전자상거래 혹은 사이버거래란 쉽게 말해서 인터넷이나 피시통신과 같은 컴퓨터통신을 이용한 상행위를 뜻한다. 이와 관련하여 경제적으로는 관세제도의 개편이 가장 중요한 문제로 제기되지만, 사회적으로는 이용자의 개인정보보호가 가장 중요한 문제로 부각되고 있다.

1998). 그리고 수많은 상거래 분야들 중에서도 가장 빠른 속도로 전자상거래가 확산되고 있는 분야는 단연 증권업이라고 한다. 주식거래 자체가 사실상 '정보의 거래'라는 형태를 띠고 있기 때문에, 정보화의 진척은 주식거래방식에 직접적인 영향을 미치지 않을 수 없다.

'사이버증권거래'의 빠른 성장은 이미 기존의 증시에 커다란 영향을 미치기 시작했다. 그 경제성과 편리성이 기존의 증시를 위협하는 상황에까지 이른 것이다. 이제 '사이버증권거래'는 예외적이거나 보완적인 것이 아니라, 적어도 미국에서는, 가장 보편적이고 대중적인 주식투자형태로 변모하고 있다. 최근의 외신에 따르면, 전통을 자랑하는 미국의 뉴욕증권거래소와 나스닥시장은 '사이버증권거래'의 강력한 도전에 대응하기 위해, 영리기업으로 변신하며, 증권거래소 자체를 기업공개해 증시에 상장하고, 이를 통해 24시간 온라인 증권거래체계를 구축할 계획을 세웠다고 한다. 거래비용 면에서 전통적인 증권거래소는 '사이버증권거래' 업체들과 경쟁할 수 없는 실정인 데다가, 주식투자를 하려면 증권거래소에 가야 한다는 전통적인 주식투자의 개념이 인터넷의 발달로 흔들리면서 나타난 획기적인 변화의 움직임이다. 이와 함께 '사이버증권거래'를 하는 온라인 회사들은 그들대로 증권 중개영업을 하는 데서 한걸음 더 나아가 아예 새로운 '온라인 증권시장'을 창설하려는 시도까지도 하고 있다고 한다. 지금 미국에서는 이러한 변화를 30년대 대공황과 70년대 수수료 자유화에 이은 '증권시장의 3차 대변혁'으로 보고 있다고 외신은 전한다(한겨레신문, 1999/7/31).

한국의 경우는 1999년에 들어와 '사이버증권거래'의 규모가 폭발적으로 늘어났다. 최근에 발표된 자료에 따르면, 1999년 1월부터 7월까지 현대증권, 대우증권, LG증권, 대신증권, 삼성증권 등 주요 5대 증권사의 '사이버증권거래' 규모는 총 111조 6376억원으로 작년 같은 기간과 비교하여 무려 23.8배가 증가했으며, 작년 한해의 '사이버증권거래' 규모 21조원과 비교해서도 5.3배라는 놀라운 증가세를 기록했다(한겨레신문, 1999/8/5). '사이버증권거래'가 이처럼 폭발적으로 확산된 이유는 우선 거래수수료가 일반주문에 비해 싸기 때문이다. 일반위탁매매의 경우에는 거래대금의 0.5%를 수수료로 내야 하지만, '사이버증권거래'는 1999년 6월에 들어와 거래대금의 0.1%까지 하락했으며, 주문금액이 큰 경우에는 0.06%까지 낮춘 증권사도 있다고 한다. 그리고 '사이버증권거래'의 경우에, 증권사쪽에서는 투자상담이나 거래중개인력이 따로 필요하지 않아 전산망 확충에 드는 비용 이상의 추가부담이 없고, 고객쪽에서는 장소에 구속되지 않고 거의 실시간으로 현황을 확인하면서 편리하게 거래를 할 수 있다(한겨레신문, 1999/7/26).

여기서 더욱 주목할 것은 정보화의 효과로 흔히 지적되는 '시간 및 장소구속성의 약화'이다. 요컨대 정보화에 힘입어 능력과 의욕이 있는 사람이라면 누구나 언제나 어디서나 쉽게 주식투자를 할 수 있는 상황이 조성되는 것이다. 예를 들어 미국의 경우를 보면, 정보기술의 발달로 일반 투자자들이 주식시장의 마감 이후에도 거래를 할 수 있는 전자주식거래시스템이 1999년 8월 말부터 가동되기 시작했다. 이제까지는 펀드매니저나 전문 투자자들만이 전자통신네트워크를 이용해 주식시장이 마감된 뒤에도 거래를 할 수 있는 특권을 가졌다고 한다. 이에 대해 전문가들은, 온라인 저녁장에서는 상대적으로 매매주문량이 적어 가격변동폭도 커지게 되기 때문에, 전문지식이 없는 일반 투자자들이 피해를 보는 사례가 잇따를 것으로 우려하는 것으로 보도되었다(한겨레신문, 1999/8/27). 초기에야 일반 투자자들이 피해를 보는 사례가 늘어날 수 있겠지만, 그러나 시간이 갈수록 일반 투자자의 투자 솜씨가 전문가들 수준으로 향상될 수도 있을 것이다. 그리고 결과적으로 사이버공간에 불야성을 자랑하는 라스베가스가 굳건히 자리잡게 될지도 모른다. 물론 이 새로운 라스베가스는 카지노가 아니라 증시라는 이름을 달고 있을테지만.

3. 주식투자의 대중화와 '카지노 자본주의'

정보화의 효과는 단지 주식거래 방식의 변화에서 그치지 않는다. 그것은 주식투자의 대중화 자체에 영향을 미치고, 나아가 이른바 '카지노 자본주의'[5] 의 일상화에도 크게 이바지한다. 주식투자 열풍은 좀더 정확하게 말하자면 주식투자의 대중화를 의미한다. 오늘날 남녀노소를 불문하고 돈에 관심과 정열이 있는 사람이라면, 누구나 주식에 투자하고 있다고 해도 과언이 아닐 것이다. 물론 이런 현상이 그저 자연스럽게 나타나는 것만은 아니다. 여기에는 업계의 인위적인 '판촉행사'도 적지 않은 영향을 미치고 있다. 심지어 대학생들을 상대로 '투자 챔피언'을 뽑는 경진대회'까지 열리고 있을 정도이다. 이것은 물론 실제 돈을 가지고 하는 것은 아니지만, 주식투자에 대한 대학생들의 관심을 높이는 데 상당한 영향을 미치고 있다. 그리고 사실 이미 강의실보다는 증시에 더 많은 관심을 기울이고 있는 학생들도 적지 않은 듯하다. 새로운 정보기술은 물론 이런 학생들에게 아주 유용할 수 있다. 예를 들어 취미가 주식투자인 학생이라면 강의시간에도 얼마든지 '딴 짓'을 쉽게 할 수 있을 것이다. 그리고 사실 이런 현상은 이미 일반 기업에서는 널

---

5) 이 용어는 '투기적으로 과도하게 발전한 금융시장의 번창을 나타내며, 동시에 사회적 자원을 성장영역으로 조종함에도 불구하고 유가증권의 회전장소들이 점점 더 기능하지 않는다는 것'을 뜻한다. '카지노 자본주의'에서는 '불균형하게 많은 것이 실물적인 부의 생산을 확대시킬 부문에 투자되는 대신' '맑스가 가공자본이라고 부른, 장래에 귀속되는 사회적 부의 부분에 대한 권리들'의 획득에 투자된다(Bischoff, 1993: 155, 171).

리 나타나고 있다고 한다.

정보기술은 주식투자의 시간 및 장소구속성을 크게 약화시킨다. 이것을 뒤집어 보면, 언제 어디서나 '한몫 잡을 기회'가 크게 강화되는 셈이라고 할 수 있다. 이 때문에 회사원들이 근무시간에 주식투자를 하는 사례도 크게 늘고 있다. 인터넷 사이트, 700서비스, 휴대폰, 에어포스트라는 휴대용 무선단말기, 노트북 1/4 크기의 소형 유선 단말기 등의 아주 다양한 기술들을 이용하여 관리자의 눈을 피해 주식투자를 한다는 것이다.[6] 그러나 심지어 관리자들도 같은 방식으로 주식투자를 하는 실정이라는 데에서는 고소를 금치 못하게 된다.[7] 최근에는 감시의 눈을 피해 주식투자를 하기 위한 수단으로 스톡캐스터라는 초소형 주식정보 프로그램이 큰 인기를 얻고 있다고 한다. 이 프로그램을 이용하면 1cm 크기의 작은 창을 컴퓨터 화면에 항상 띄워놓고 이용자가 선택한 종목의 주가를 실시간으로 볼 수 있다는 것이다. 컴퓨터가 근거리통신망에만 연결되어 있으면 웹사이트에 접속하지 않고도 수시로 변하는 주가를 알 수 있는 방식. 재미있는 것은 유료회원에게는 실시간으로 정보를 제공하지만, 무료회원에게는 20분 전의 정보를 제공한다는 점이다(한겨레신문, 1999/9/2). 이 회사는 증시 정보의 경제적 가치가 불과 20분밖에 지속하지 않는 것으로 판단하는 모양이다. 그만큼 증시는 '시간이 돈'이라는 자본주의의 금언을 체현하고 있는 시장이라고 하겠다. 물

---

6) 이것은 본업보다는 부업이 훨씬 더 몫이 큰 돈벌이가 되는 데서 나타난 자연스러운 현상이라고 할 수 있지만, 신자유주의의 강화 속에서 갈수록 불안정해지는 노동의 위상을 반영하는 것이기도 하다. 즉 '몰래투자'는 노동일을 둘러싼 자본과 노동의 투쟁이 정보기술을 매개로 새로운 형태로 전개되는 것이며, 신자유주의의 일방적인 강화에 대한 노동 측의 적극적인 적응의 한 양상으로 파악될 수 있다.

7) 관리자들이라고 눈앞의 기회를 마다하겠는가? 더욱이 신자유주의는 관리자들이라고 봐주는 법이 없질 않는가? 그러므로 '몰래투자'와 기업의 '기강해이'는 상당 부분 정글법칙을 강요한 신자유주의의 자업자득이라고 할 수 있다.

론 정보화는 정보의 순환속도를 빠르게 함으로써 이 금언의 위력을 더욱 더 강화한다.

주식투자의 대중화는 그 등장기부터 많은 논란을 낳은 이른바 '피시방'8)의 확산에도 큰 영향을 미치고 있는 것으로 보인다. 그 최초의 형태는 1994년에 등장한 '인터넷 카페'를 들 수 있지만, 실제 피시방이라는 이름의 새로운 공간이 등장하고 확산된 것은 '스타크래프트'라는 온라인 게임이 큰 인기를 얻은 1998년부터이다. 이 게임 자체가 폭력성을 중심으로 여러 가지 논란을 빚었지만, 그것을 이용하는 공간으로서 피시방도 큰 논란을 빚었다. 피시방은, 청소년은 우선 공부하는 '학생'이어야만 한다는 상식에 맞서서 자신의 유용성과 정당성을 확보해야 했다. 이 논란은 아직까지도 계속되고 있지만, 피시방이 고속 인터넷을 싸고 편리하게 이용할 수 있는 공간으로서 정보화에 크게 기여할 수 있다는 사실이 주식투자의 대중화를 통해 새롭게 부각되었다. 실제 엘지증권은 피시방과 손잡고 피시방을 증권사 객장처럼 활용할 수 있는 길을 열기도 했다(한겨레신문, 1999/8/20). 이를테면 피시방은 청소년들에게 유해할 수 있는 단순 '오락장'에서 '사이버증권거래'를 할 수 있는 정보화의 기수로 화려한 변신을 하게 된 것이다.

이처럼 정보화는 주식투자의 대중화에 크게 이바지하고 있다. 그러나 이것은 이른바 '카지노 자본주의'의 일상화로도 이어지고 있다는 점에 주의해야 한다. 이런 변화는 이미 적지 않은 사회적 문제들을 낳고 있다. 그것은 경제의 기반을 가공자본의 증식과 분배에 둠으로써 거시적

---

8) 새로운 '방 문화'의 확산은 1990년대 한국 대중문화의 경관에서 중요한 부분을 차지한다. 전통적으로 한국에서 '방'은 사적 공간을 의미해 왔다. 1990년대의 소비사회화는 개인 주체의 강화와 함께 '방 문화'의 산업화를 낳았다. 아주 다양한 '방'들을 거리 곳곳에서 쉽게 볼 수 있지만, 이 중에서 1990년대의 새로운 문화경관을 구성하는 것으로는 노래방, 비디오방, 전화방, 그리고 바로 피시방을 들 수 있다.

인 위험성을 증대시켜 간다는 점 외에, 예컨대 '초단기 주식매매'라는 새
로운 거래방식에서 비롯된 미시적인 파괴현상들을 낳고 있기도 하다.
지난 7월 29일 오후 미국에서는 마크 버튼이라는 남자가 두 군데의 단기
증권거래사무소에 들어가 모두 9명을 사살하는 사건이 발생했다. 그는
아내와 두 자녀를 이미 3일전에 사살했으며, 자신은 도주하던 중에 자
살해 버렸다. 그는 '초단기 주식매매'에 실패하고 이런 사건을 저지른 것
으로 추정되었다. 단기 주식투자회사는 컴퓨터를 통해 개인이 직접 증
권투자를 하도록 하는 회사로서, '데이 트레이더'(하루 거래자)라고 불
리는 투자가들은 입장료와 컴퓨터 사용료만 내고 하루에도 여러번 매매
거래를 하는 투기적 증권투자를 한다. 이들은 기업의 투자계획이나 영
업성과 따위에는 관심이 없으며, 매매 프로그램에 의존해 0.12에서
0.25달러 정도로 미세하게 움직이는 주가 동향을 파고들어 순간적인 시
세차익을 노린다. 심지어 1초에도 2-3회의 매매회전이 가능하고 하루에
100회 이상의 매매주문을 내기도 한다.[9] 미국에서는 1988년에 주식매
매 관련 규제가 완화되면서 활성화되었는데, 현재는 개인투자자의 주식
거래 중 1/4을 차지할 정도로 유행하고 있다고 한다. 이들은 자신들을
'투자예술가'라 부르지만 심한 정신적 스트레스에 시달리고 있으며, 단
기 주식투자회사들 중에는 이 때문에 심리치료사를 고용하고 있는 곳도
있다고 한다(한겨레신문, 1999/7/31). 정보화가 주식투자를 '카지노 자
본주의'의 첨병으로 만들고 있음을 보여주는 좋은 예가 바로 이 '초단기
주식투자'라고 하겠다.

　　사실 주식투자의 투기성을 모르는 사람은 아마 없을 것이다. 그러나

---

9) 이런 것을 과연 주식투자라고 부를 수 있을까? 이건 주식투자라기보다는 사실 '슛팅 게임'
　 에 더 가까운 것이다. 아주 빠른 속도로 목표물을 겨냥해서 총탄을 날려야 하는 컴퓨터
　 게임 말이다.

그것은 위험요인일 뿐만 아니라 유인요인이기도 하다. 바로 그 때문에 잘만 하면 한몫 단단히 챙길 수도 있는 것이다. 물론 성공하는 사람들은 드물지만, 아무튼 성공하는 사람들이 있다는 것은 행운이 확실히 있다는 증거로 여겨진다. 사실 그런 기대나 희망없이 이 팍팍한 세상을 어떻게 살아가겠는가? 종류는 달라도 누구나 한 가지 정도의 희망은 안고 살아가는 법이다. 그리고 그 중에는 투기적 희망도 종종 섞여 있을 것이다. 더욱이 외환위기 이후 가속화된 경제의 구조조정은 피고용자의 신분에 있는 사람들의 삶을 더욱 더 불안정하게 만들었으며, 이처럼 평균적인 회사 생활에서 새로운 삶을 꿈꾸기 어렵게 된 현실이 주식투자의 가능성을 더욱 더 매력적인 것으로 만들고 있다. '돈 놓고 돈 먹는 게임'이 일상의 소박한 꿈을 실현하기 위한 가장 현실적인 경로로 부각되는 것이다. 이렇게 해서 주식투자의 대중화는 '카지노 자본주의'의 일상화를 낳게 된다.

4. 주식투자의 대중화와 '재벌지배경제'

경제적으로 보아서 증시의 활황은 전체 경제의 활성화에 크게 이바지하는 것으로서 중요시된다. 기업에게는 필요자금을 원활하게 공급해 주고, 투자자에게는 이익을 분배함으로써 전체 경제가 활력을 얻게 된다는 것이다. 그러나 그것도 경제가 원칙대로 굴러갈 때의 얘기이고, 경제 구조 자체가 크게 왜곡되어 있을 때는 역시 왜곡된 결과가 나올 수밖에 없다.

주식투자 열풍의 결과는 우선 기관 투자자와 개인 투자자 사이에서 확연히 다른 모습을 보인다.[10] 예컨대 증권거래소 분석에 따르면, 올 상반기에 기관들이 많이 매수한 상위 30개 종목의 주가상승률은 평균

72.17%였다. 외국인 선호종목의 상승률은 이보다 훨씬 더 높아서 무려 102.86%를 기록했다. 최근의 증시활황을 통해 가장 득을 본 것은 외국 투자회사들이라는 평가는 전혀 빈말이 아니었다. 이런 반면에 개인 순매수 상위 30개 종목의 주가상승률은 겨우 10.57%에 그쳤다고 한다(정남구, 1999: 16). 상승률의 대조가 너무 참담해서 오히려 믿기 어려울 정도다. 개인 투자자들 중에서 주식투자를 통해 돈을 번 사람은 많지 않고, 그나마도 크게 벌지는 못했던 것이다. 이런 사정은 더 최근에도 계속되고 있다. 9월에 들어와 우선주의 주가가 폭락하는 사태가 발생했다. 9월 7일 증권거래소의 집계 결과를 보면, 9월 2일 종가 기준으로 10조 3,352억원에 이르던 200개 우선주의 시가총액이 9월 7일 종가 기준으로 9조 3,121억원으로 줄어들었다고 한다. 사흘 동안 우선주 시가총액의 11%에 해당하는 1조 231억원이 사라진 셈인데, 우선주의 상승장세가 이어지는 동안 우선주를 매매한 사람들은 주로 개인투자자였다고 한다. 한마디로 '투기열풍에 부화뇌동했던 개미군단'이 우선주의 주가 폭락에 따른 손실의 대부분을 고스란히 떠안았다는 것이다(한겨레신문, 1999/9/8).

개인들에게 주식투자에서의 성공은 아직 드문 일이다. 소액으로 거액을 한번 잡아 보겠다는 꿈을 실현한 사람도 없지는 않겠지만, 대다수 사람들에게 그 꿈은 언제까지나 그저 꿈으로만 남을 뿐이다. 오히려 재산을 탕진하고 인생을 망친 사람들의 사례가 훨씬 흔한 것 같다. 최근에도

---

10) 양자는 우선 정보력에서 너무나 큰 차이를 보인다. 이 때문에 개인 투자자들을 대상으로 한 각종 '사이비 컨설팅'업체들이 현재 난립해 있는 상태이다. 이 업체들은 스스로 투자를 해서 돈을 버는 것이 아니라, 돈을 벌 수 있다는 정보를 제공해서 돈을 번다. 그러나 그 정보는 물론 엉터리 호언장담일 뿐이다. 이런 속이 뻔히 보이는 사기에도 많은 사람들이 속아넘어가는 것은 왜일까? 사람들은 역시 합리적인 방식으로는 완전히 이해할 수 없는 존재인 것 같다.

그런 비참한 사건이 있었다. 지난 8월 하순에 홍아무개씨(67)가 부인 이아무개씨(61)와 함께 피를 흘린 채 죽은 시체로 발견되었는데, 1998년 7월에 주식투자로 평생 모은 4억여원을 날리고 월셋방에서 살다가 불화로 인한 부부싸움 끝에 부인을 죽이고 자살한 것으로 추정되었다(한겨레신문, 1999/8/24). 꿈의 포로가 되면, 결국은 꿈에 잡아먹히게 마련인지도 모르겠다. 증시에서 한몫 잡은 사람들의 이야기는, 성공담이 대체로 그렇듯이, 자본주의를 팔아먹기 위한 '광고'인 경우가 허다하다. 라스베가스에서 '잭 팟'을 터뜨리는 사람은 늘 있다. 그러나 한 사람이 '잭 팟'을 터뜨리는 동안 천명, 만명, 아니 십만명의 사람들이 엄청난 돈을 카지노업자들에게 사실상 상납하고 있다.

재벌이 지배하고 있는 한국 경제의 현실에서 증시는 무엇보다 재벌을 위한 금융장치로 작동하고 있는 것 같다. 증시활황으로 필요자금을 기업에게 원활히 공급한다고? 그러나 돈의 흐름을 실제로 추적한 결과를 보면 그렇기는커녕 자금흐름에서 빈익빈 부익부 현상이 한층 심화되고 있는 것으로 나타났다. 예컨대 지난 봄의 상황을 보자. 4월 12일 현재, 5개 재벌 계열 투신사들의 주식형 수익증권 수탁고는 1998년말의 2조 9,829억원에서 6조 4,164억원으로 115%가 늘었으며, 전체 주식형 수익증권 수탁고의 45% 정도를 이들 5개사가 차지한 것으로 나타났다. 수익증권 판매의 경우에는 현대증권이 바이코리아펀드로 30조원에 육박했으며, 삼성증권이 25조원 정도, 대우와 LG가 18조원대의 판매고를 기록했다. 더욱이 이렇게 몰린 자금을 이용하여 계열사 주식에 많이 투자함으로써 주가를 정상 이상으로 끌어올릴 가능성에 대한 우려[11]가 제기

---

11) 그리고 이 우려는 물론 사실로 밝혀졌다. 현대증권이 대규모 주가조작 사건을 일으켰던 것이다. 재벌은 정보력에서 압도적인 우위에 있는 것으로도 모자라 이렇듯 대규모로 주가를 조작하기도 한다. 개인 투자자들이 이런 재벌들에 의해 '개털'되기는 참으로 쉬운

되기도 하였다(김경애, 1999: 27).

　더더욱 잘못된 것은 총수라는 비정상적 경제주체가 전체 경제를 지배하는 도구로 주식제도가 악용되는 점이다. 지난 봄에 공정거래위원회에서 발표한 '대규모기업집단 주식소유현황'을 보자. 이 보고에 따르면, 1999년 4월 1일 기준으로 5대 재벌 총수의 지분은 평균 1.7%로서 지난해 같은 기간의 2.7%에 비해 오히려 1%가 낮아졌다. 이러한 5대 재벌 총수의 지분은 30대 재벌 총수의 평균치인 2.0%보다 낮다. 구체적으로 보면, 에스케이 최태원(4.2%), 대우 김우중(3.9%), 현대 정주영(1.1%), 삼성 이건희(0.7%), 엘지 구본무(0.3%)의 순서이다. 이렇게 자신들이 실제로 보유하고 있는 지분은 극히 낮으면서도 계열사나 임직원을 동원해 내부지분율을 53.5%로 끌어올리는 방식으로 그룹의 주요한 의사결정을 독차지하는 것이 총수라는 괴물들이다. '순환출자에 의한 가공자본'의 형성을 통해 이런 어처구니없는 일들이 버젓이 합리화[12] 되었다(한겨레신문, 1999/6/18). 그 권력이 종종 황제에 비유되는 총수제 자체를 정상적인 주주지배체제로 전환하지 않는 한, 한국의 대기업은 여전히 재벌이라는 구태를 벗어버리기 어려울 것이다.

　'재벌개혁'에 대해 재계는 '색깔시비'까지 일으키며 저항하고 있다. 그러나 시장질서를 멋대로 어지럽히는 세력을 규제하고 시장을 바로잡자는 것이 사회주의라면, 채 2%도 안되는 자기지분을 가지고 전체 경제를 멋대로 농단하는 세력은 도대체 무엇인가? '재벌개혁'이 자유로운 경제활동을 억압하는 것이며 실물경제를 위축시킬 수 있다(한겨레신문, 1999/9/10)는 전경련 회장단의 공공연한 '협박'은 전경련이 전근대적인

일이 아닐까?

12) 이 때문에 정부는 1998년 2월에 폐지된 '출자총액제한제도'를 재도입하기로 했으며, 이에 따라 재벌 소속기업은 2001년 4월부터 순자산의 25% 이상을 다른 회사에 출자할 수 없게 된다. 그동안 재계는 훨씬 높은 40%를 희망해 왔다고 한다(한겨레신문, 1999/9/10).

재벌체제, 정확히는 총수라는 경제족벌을 위해 존재하는 이익집단이라
는 사실을 보여줄 뿐이다.

5. 삼성 : 이재용의 '증여 쇼'

이 쇼는 1995년에 이건희가 아들인 이재용에게 60억 8천만원을 증여
한 것으로 시작한다. 이재용은 증여세로 16억원을 납부했다. 그리고 남
은 46억 8천만원으로 상장을 앞둔 에스원과 삼성엔지니어링 주식을 구
입하는데, 에스원 주식 12만여주를 삼성에버랜드(당시 중앙개발)로부
터 23억원에 구입(1주당 19,000원)하고, 삼성엔지니어링 주식 47만주를
23억여원에 구입(1주당 5천원) 했다. 그리고 1996-97년 사이에 에스원
주식을 팔아서 투자액의 10배가 넘는 291억원의 차익을 챙기고, 삼성엔
지니어링 주식은 상장 석달 뒤인 1997년 2월에 매각해 256억원의 차익
을 챙긴다. 이렇게 불린 돈으로 이재용은 에버랜드의 최대 주주가 된다.
1996년 12월 이재용과 세명의 누이들은 자신들 명의로 발행된 삼성에버
랜드의 전환사채 96억원 어치를 인수한 뒤 이를 주식으로 전환해 지분
을 60%로 늘렸다. 주식을 전혀 가지고 있지 않던 이재용은 31.9%(62
만 7천여주)를 보유한 최대 주주가 됐고, 맏딸 이부진 등 3명에게도 각
각 10.4%씩 62만여주가 배당되었다. 기존 주식은 70만 7천여주였던 데
비해, 전환된 주식은 125만 4천여주에 이르렀다.

삼성에버랜드의 최대주주가 되기 2주 전 비상장사였던 삼성SDS가 유
상증자를 단행해서 이재용을 대주주로 만들었다. SDS는 당시 400만주
를 액면가로 발행하면서 삼성전기 등이 실권하는 방법으로 이재용 등 3
명에게 177만여주(14.8%)를 몰아줬는데, 대부분이 이재용의 지분이었
다. 1997년 3월 이재용은 삼성전자가 발행한 사모 전환사채를 1주당 5

만원씩 90여만주(450억원 어치)를 인수해 같은 해 9월 주식으로 전환했다. 제일기획의 경우에도 이재용은 삼성전자의 경우와 같은 방법으로 29만 9천여주를 20여억원에 사들였다가 상장 뒤인 1998년 11월 153억여원에 처분해 133억원을 챙겼다. 2000년 상장 예정인 삼성SDS가 다시 사모 방식으로 신주인수권부사채 230여만주(1주당 7,150원)를 발행해 특정주주에게 배정했는데, 인수자를 밝히지 않았으나 이재용일 것으로 추정되었다. 신주를 인수하면 이재용의 SDS 지분은 14.8%에서 28% 정도로 증가하게 된다.

결국 이건희는 증시 제도의 허점을 이용해 전환사채 발행, 주식전환, 상장후 매각 등 온갖 방법을 동원해 이재용에게 실질적인 상속을 해온 것이다. 1998년 제일기획 주식처분(주당 5만원)의 시세차익은 130여억원, 삼성전자(1999년 7월 현재 주당 14만원)의 시세차익은 810여억원, 1998년 현재 에버랜드에서 이재용의 자산은 3조원으로 추산(자본금 100억원, 총자산가치 5조원)되었다(한겨레신문, 1999/7/7). 이재용이라는 젊은이는 달랑 16억원의 증여세를 납부하고 불과 2-3년 사이에 3조원이 넘는 엄청난 재산가가 된 것이다. 참으로 놀라운 '재테크'가 아닐 수 없다.

여기서 에버랜드에 좀더 주목할 필요가 있다. 이건희의 자녀들이 에버랜드의 대주주가 되고 난 뒤인 1997년에 에버랜드는 삼성생명 지분 2.25%(42만 1200주)를 1주당 9천원에 매입했다. 에버랜드는 이어서 1998년에 삼성생명 주식을 역시 1주당 9천원씩에 대량으로 매입해 지분을 20.7%(386만 8800주)로 늘렸으며, 이건희의 지분도 이때 10%에서 25%로 늘었다. 이건희와 에버랜드의 이러한 삼성생명 지분 늘리기는 삼성그룹의 지주회사 구실을 하는 삼성생명의 지배권을 다지려는 포석이자, 상속세를 물지 않고 이재용에게 경영권을 물려주기 위한 작업으로 분석된다. 삼성생명은 자본금이 936억원에 불과하지만 고객들이 맡긴 보험료로 36조원이나 되는 자산을 운용하는 초거대기업으로, 삼성생명은 이 돈을 주요 계열사의 지분을 확보해 그룹 지배구조를 유지하는 데 쓰고 있다.

최근에 삼성생명은 삼성자동차의 부채를 해결하기 위한 방안과 관련하여 다시 한번 세간의 관심사로 급부상했다. 이건희는 거액의 사재를 내놓아 삼성자동차의 부채를 해결하겠다고 했는데, 그 사재라는 것이 바로 삼성생명의 주식이었다. 문제는 그가 삼성생명의 주식을 1주당 70만원으로 평가했다는 점이다. 만일 삼성생명의 주식이 상장 이후 1주당 70만원의 가치가 있다면, 1주당 9천원에 매입한 이건희와 에버랜드는 각각 2조 700여억원과 2조 4천여억원, 모두 4조 4천여억원이라는 엄청난 차익을 얻게 되는 셈이다. 즉 이건희는 자신의 잘못으로 큰 손해를 보기는커녕 엄청난 이익을 얻게 되는 것이다(한겨레신문, 1999/7/5). 그는 참으로 대단한 '사업가'가 아닐 수 없다.[13] 이런 뻔한 장사를 하면서 거액의 사재출연 운운했던 것은 참으로 가소로운 작태가 아닐 수 없다.

6. 현대: '마름'의 비애

중국인들에게 대길일로 여겨지는 1999년 9월 9일 오후, 현대증권의

---

13) 이에 대한 비판의 여론이 높아지면서 삼성생명의 상장은 일단 유보되고, 삼성과 삼성차 채권단 사이에는 새로운 합의가 체결되었다. 그러나 총수 이건희는 자신의 잘못에 대해 여전히 책임을 지려 하지 않고 있다. 삼성전자를 비롯한 삼성그룹의 32개 계열사들이 삼성자동차 처리과정에서 발생하는 손실을 떠안는다는 방침을 확정하려는 움직임이 나타난 것이다. 이에 대해 참여연대는, 법적 지위도 불투명한 구조조정본부가 소액주주들이 절대다수 지분을 보유하고 있는 상장계열사의 이사들에게 삼성차 부채 책임을 강요하고 있으며, 이건희의 개인 재산을 지켜주려고 계열사 소액주주들의 권익을 침해하는 불법 행위로 비판하고 반대투쟁을 전개할 뜻을 밝혔다(한겨레신문, 1999/9/1).

이익치 회장이 구속수감되었다. 혐의 내용은, 1998년 3월에 인수한 현대전자 보증전환사채 2,494억원어치를 높은 가격에 팔기 위해 1998년 5-11월 사이에 현대전자 자금 100억원, 현대중공업 자금 1,882억원, 현대상선 자금 252억원 등을 동원해 현대전자 주식의 주가를 끌어올리도록 지시했다는 것이다.14) 현대전자 주식은 이 과정을 통해 주당 1만 4,800원에서 3만 2,000원까지 올랐고(한겨레신문, 1999/9/2), 이 기간 동안에 정씨 일가와 현대증권이 현대전자 주식 등을 팔아 얻은 이익은 전체적으로 1,440억여원이 넘는 것으로 집계되었다(한겨레신문, 1999/9/6).

현대전자는 1997년과 1998년 상반기에 대규모 적자에 부채비율이 600%를 넘어 채권단에 의해 퇴출당할 위기였다. 이 때문에 현대전자는 대규모 유상증자를 해 주식시장으로부터 새 자금을 수혈해야 했으나, 주가가 낮으면 증자의 실익이 적고 실권이 날 우려도 있기 때문에 주가

---

14) 지난 4월의 금융감독원 조사에서는 현재중공업과 현대상선이 주도하고 현대증권은 단지 매매창구 구실만을 했다고 했으나, 이번의 검찰 조사에서는 현대증권이 주도한 것으로 밝혀졌다. 현대전자에서 직접 끌어들인 100억원을 비롯해 중공업, 상선의 자금 2,200여억원을 동원하여 작전을 펼쳤으며, 바이코리아를 통해 확보한 2금융권에 대한 지배력을 한껏 이용하여 창투사, 종금사, 외국계 증권사까지 끌어들였다. 구체적인 수법은 크게 세 가지였다. ㄱ) 종가 형성 시각대인 오후 2시 50분대에 집중적으로 대량의 고가 매수주문. 매수세력을 현대전자 주식 쪽으로 끌어오기 위해 매수세가 활황인 것처럼 보이게 하는 수법. 예컨대 1998년 6월 5일, 무려 1,118회에 걸쳐 285만여주의 매수주문을 내면서 상대 호가보다 2,300원이나 낮은 가격을 불러 거래는 성사되지 않으면서도 마치 현대전자 주식에 '사자' 세력이 대거 몰리는 것처럼 보이게 위장. 증시 객장의 컴퓨터에 매수 대기 물량의 잔량만 공개하고 실제 호가가 얼마인지는 나타나는 않는 허점을 이용. ㄴ) ㄷ) 같은 현대 계열 또는 가·차명계좌끼리 가장·통정매매를 하는 수법. 통정매매는 예컨대 현대중공업 명의 계좌로 1만 6천원에 2만주 가량의 매도주문을 내면 사전에 약속을 한 다른 계열사 명의 계좌로 같은 가격을 불러 사들이는 것. 가장매매는 현대 계열사와 현대가 관리하는 외국 증권사 차명계좌 사이에 실제로는 주식거래를 통한 권리 이전은 하지 않으면서 서로 매도·매수주문만 내 거래가 성사된 것처럼 보이게만 하는 방법. 검찰은 현대증권이 가장·통정매매를 통해 거래한 물량만도 500만주에 달하는 것으로 파악. 현대증권은 6개월간 최소한 3,600회 이상 이런 수법들을 동원해 총 1,500여만주의 주식을 거래(한겨레신문, 1999/9/2).

를 끌어올려야 할 필요성이 있었다. 또한 엘지반도체와 빅딜협상을 시작한 1998년 6월 이후에는 합병비율이 현대전자 측에 유리하게 산정되도록 주가를 끌어올려야 할 이유가 있었다(한겨레신문, 1999/9/4). 다른 한편 현대증권의 경우에는 1998년의 당기순익이 1,263억원으로 나타났지만, 만일 주가조작을 하지 않았으면 적자가 났을 것이라고 한다(한겨레신문, 1999/9/6). 이런 정황들이 맞아 떨어져 이익치가 독자적으로 주가조작을 계획하고 실행했다는 것이다.

그러나 이익치가 독자적으로 다른 계열사의 자금 수천억원을 움직인다는 것이 과연 가능할 일일까? 이에 대해 정몽헌이 최소한 주가조작 사실을 몰랐을 리는 없을 것이라는 분석이 제기된다.[15] 특히 현대상선 박세용 회장과 이익치는 그룹 안에서 서로 라이벌 관계라고 한다. 또한 현대그룹 계열사들은 형제간에 암묵적으로 분배되어 있는 상태라고 한다. 현대그룹 공동회장을 겸하고 있는 정몽헌 현대전자 회장이 현대건설, 현대상선, 그리고 현대증권을 지배한다면, 현대중공업은 고문인 정몽준 의원의 몫으로 분류된다는 것이다. 따라서 현대전자, 현대상선 등의 자금이 동원된 것은 정몽헌 선에서 가능하지만, 현대중공업에서 1,882억원이 동원된 것은 정몽헌의 '지시'를 정몽준이 동생으로서 거절하기 어려웠던 것이 아니냐는 분석이 세기되있다(한겨레신문, 1999/9/6, 9/8)

이 사건은 이익치라는 인물의 극적인 몰락이라는 점에서 검토될 필요가 있다. '이익치 주가'의 폭등과 폭락은 한국 증시와 재벌경제의 문제점을 적나라하게 보여준다. 그는 『한겨레신문』과 가진 인터뷰에서 자기가 고소득계층에게 부를 몰아주는 것 같아 고민하고 있으며, 이 때문에

---

15) 애초 9월 5일 일본에서 귀국할 예정이던 정몽헌이 조사를 받고 나온 이계안을 일본에서 만나고 갑자기 일정을 바꿔 미국으로 출국했으며, 이 무렵 언론에서 정몽헌에 대한 소환방침이 보도되었다는 사실 등이 이에 대한 방증으로 거론되었다.

소액투자자들만을 상대로 돈을 모아 투자하는 펀드를 구상중이라고 했다(한겨레신문, 1999/7/31). 죄책감의 발로였는지도 모르겠으나, 오히려 이런 '착한 말' 때문에 더욱 가증스러운 느낌을 가지게 된다. 그는 올봄에 『한겨레21』과 가진 인터뷰에서, '바이코리아'가 현대그룹의 유상증자를 원활하게 할 의도를 가지고 있지 않냐는 질문에 대해, "우리는 그렇게 쩨쩨한 생각 갖고 태극기 못 붙인다. …현대만 좋은 게 아니라 전 상장기업이 좋아진다. 우리도 미국이 걸어왔던 길을 갈 것이다. 미국을 쫓아가면 된다. 또 우리 근로자들이나 주부들도 여기에 투자를 함으로써 부자가 될 수 있다. 세상의 변화를 알아야 한다"(한겨레21, 1999/4/29: 27)고 기염을 토하기도 했다. 정말이다. 제발 '미국이 걸어왔던 길'을 가자. 미국에서라면 시세조종을 한 투자자는 영원히 추방당한다. 증권거래법상 시세조종 행위는 형법의 사기죄와 똑같은 벌칙을 적용받는다(한겨레신문, 1999/9/4). 그리고 무엇보다 미국엔 총수나 재벌 따위의 전근대적 경제주체가 없다.

구속을 앞두고 이익치는 주가'조작'이 아니라 '관리'였을 뿐이며, 한국경제에 대한 자기의 기여를 고려해서 제발 선처해 달라고 눈물로 호소했다고 한다. 재계와 정계에서도 그에 대한 선처의 주장이 높았다. 그가 혼자 주가조작을 실행했다면, 아마 '마름'이어서 그랬을 것이다. 그에겐 주인에게 잘 보여야만 하는 이유가 있었다. 그가 혼자 죄를 뒤집어쓰는 것이라면, 그 또한 '마름'이어서 그럴 것이다. 그에겐 여전히 주인에게 잘 보여야 하는 이유가 있는 것이다. 총수제를 완전히 없애지 않는 한, 이런 '마름'들은 계속 나타날 것이다.

7. 세기말 자본주의의 두 얼굴

오늘날 세계적으로 빈부격차는 더욱 더 커지고 있다. 미국을 비롯한

5개 선진국 국민의 평균소득은 5개 최빈국 국민의 평균소득에 비해 74
배에 이르고 있다. 빌 게이츠, 워런 버펫, 폴 앨런 등 세계 3대 부호의
총자산은 187조 2천억원으로 43개 최빈국 국가의 국민총생산을 합친 것
보다 많고, 세계 부호 200명의 자산은 1998년 현재 약 1204조원으로 4년
전에 비해 두배가 불어났다(한겨레신문, 1999/7/13). 증시의 활황은 이
런 상황에 큰 영향을 미친다. 이 부자들이 부를 증식하는 가장 유효한
방법이 바로 주가상승이기 때문이다.

외환위기 이후 한국에서는 저임금노동자의 비중이 1980년의 조사 이
후 처음으로 증가세로 반전했다. 지니계수도 전년도에 비해 늘어났다.
임금소득의 불평등도가 커진 것이다(한겨레신문, 1999/7/24). 경기가
회복되었다는 1999년에 들어와서도 빈곤선에도 못미치는 노동자 가구의
수가 1998년 말보다 늘어난 것으로 나타났다. 보고서를 작성한 한국개
발연구원의 문형표·유경준 연구위원에 따르면, 이것은 경기회복 혜택
이 계층별로 비대칭적으로 작용해 부익부 빈익빈 현상이 발생하고 있기
때문인 것으로 분석되었다(한겨레신문, 1999/7/24). 한국에서도 증시
의 활황은 이런 상황에 역시 큰 영향을 미치는 것 같다. 오죽하면 현대
증권의 이익치가 저소득계층을 위한 펀드를 구상했겠는가?

주식투자 열풍은 세기말 자본주의의 유혹적인 얼굴을 보여준다. '카
지노 자본주의'가 그것이다. '카지노 자본주의'는 사람들에게, 약간의 운
만 따라 준다면, 투자하고 노력한만큼 '대박'을 터뜨릴 수 있다고 장담한
다. 그러나 사람들이 이 유혹에 넘어가는 큰 이유는 다른 방식으로는 미
래를 꿈꿀 수 없기 때문인지 모른다. 임금삭감과 고용불안정의 추세가
계속 강화되는 상황에서 '카지노 자본주의'의 유혹보다 더 현실적인 투
자책은 없는 것 같다. 그렇다면 이 유혹은 '사시미 자본주의'의 칼날에서
드러나는 살벌하고 위협적인 현실과 동전의 양면을 이루는 셈이다. 주

식투자 열풍의 이면에는 재벌경제와 총수체제로 상징되는 한국 경제의 구조적 취약성과 '사시미 자본주의'에 내몰리는 '보통 사람들'의 안정된 미래의 꿈이 자리잡고 있는 것이다.

　현재의 주식투자 열풍을 정상적인 경제활동의 소산으로만 볼 수도 없고, 헛된 일확천금의 꿈으로 가득찬 헛바람으로만 볼 수도 없는 이유가 여기에 있다. 주식은 흔히 자본주의 소유제의 민주성을 보여주는 문화적 코드로 일반화된다. 그러나 총수제에서 볼 수 있듯이, 그것은 전근대적 지배와 상속의 도구로 사용되기도 한다. 한편 최근에 들어와 주식투자는 갈수록 투기성을 강화하고 있다. 그러나 신자유주의의 유연화 요구에 내몰린 사람들이 미래를 준비할 수 있는 참신한 방법은 쉽게 눈에 띄지 않는다. 이를테면 주식투자 열풍은 신자유주의의 유혹과 협박이 동시에 작용한 결과이다. 어떻게 해야 이 세기말 자본주의의 아수라 백작같은 면모를 진정 인간적인 것으로 바꿀 수 있을까? 아니 어떻게 해야 이 세기말 자본주의라는 아수라 백작을 인간으로 대체할 수 있을까?

참고문헌

김경애(1999), 「뜨는 펀드 신나는 재벌」, 『한겨레21』, 1999/4/29

리영희(1997), 「돈도 만들고 전쟁도 만드는 꽃」, 리영희(1998), 『스핑크스의 코』, 까치

신현만(1999), 「주식, 지금 살 때인가」, 『한겨레21』, 1999/7/22

정남구(1999), 「개미군단 왜 재미 못 봤나」, 『한겨레21』, 1999/7/22

Bischoff, J. (1993), 김성구 역(1995), 「카지노 자본주의—금융자본의 발전경향들」, 『이론』 12호, 새길

DOC(1998), 박창헌 외 옮김(1998), 『디지털이 경제다—새로운 세계 경제를 위
    한 미국 상무부 보고서』, 커뮤니케이션북스
Economist, the(1996), The Hitchhiker's Guide to Cybernomics, *The Economist*
    May 25th
_______________(1999), When the bubble burst,
    http://www.economist.com/editorial/freeforall/current/sf1217.html
Gleick, J.(1987), 박배식·성하운 옮김(1993), 『카오스—현대 과학의 대혁
    명』, 동문사

07

지식사회와 벤처 이데올로기

1. 1990년대의 변화

한국에서 산업사회는 오랫동안 최상의 국가목표였다. 그것은 선진사회이자 풍요사회를 뜻했다. 그러나 1990년대에 접어들면서 산업사회는 빠르게 낡은 것으로 변해갔다. 대신에 그 자리를 차지한 것은 정보사회였다. 1980년대에 그것은 정당성을 결여한 국가권력이 국민을 호도하기 위해 제창하는 일종의 '국가 동원 이데올로기'로 비판되었다(김환석, 1991). 그러나 '문민정부'가 들어서면서 그것은 이데올로기로 기능하는 막연한 미래의 사회상이 아니라 당장 실현해야 할 현실의 구체적인 과제가 되었다.

이런 변화에 가장 큰 영향을 미친 것은 무엇보다 1993년 가을에 미국 행정부가 발표한 '국가정보하부구조(NII) 구축계획'이었다(IITF, 1993; 박태견, 1995). 이 계획은 세계적인 정보화 경쟁을 유발하였는데, 그

목표는 이른바 '정보고속도로'의 구축을 기반으로 정보통신산업을 집중적으로 육성하며 사회 전반의 정보화를 이룩하는 것으로 제시되었다(홍성태, 1999ㄱ). 한국에서는 '초고속 정보통신기반 구축계획'이 발표되고 정보통신산업의 발전을 위한 각종 보고서들이 제출되었다. 그 주요 내용은 소프트웨어산업을 중심으로 한 전자·정보산업 혹은 정보통신산업의 육성을 촉구하는 것이었다(김정유, 1993; 오정택 외, 1995; 이정원, 1995; 박성택 외, 1996; 정보통신부, 1996ㄱ; 정보통신부, 1996ㄴ).

현실 사회주의의 몰락과 함께 찾아온 '무한경쟁'으로 말미암아 몹시 소란스럽게 전개되기는 했지만, 정보기술의 급격한 발달에 기반을 두고 전개된 이 변화는 사실 그다지 새로운 것은 아니었다. 한국의 경우를 예로 들더라도 1990년대의 변화는 1980년대 후반부터 본격적으로 전개되기 시작한 산업구조조정과 연장선에 있는 것이었다. 당시의 산업구조조정은 사양산업을 정리하고 성장산업과 첨단산업을 집중적으로 육성하는 것으로 요약된다(한국산업사회연구 편, 1993). 여기서 첨단산업이 이후에 정보통신산업으로 바뀌어 갔던 것이다.[1]

'국민의 정부'가 들어서면서 다시 약간의 변화가 생겨났다. 이 정부도

---

1) 필자를 포함한 한국산업사회연구회의 정책연구팀은 산업구조조정에 관한 1993년의 연구에서 첨단산업을 반도체, 이동통신, 광섬유, 수치제어공작기계, 로봇, 정밀화학, 세라믹스 등으로 파악하였으며, '첨단산업은 장래가 유망하지만 반도체를 제외하고는 아직까지 그 비중이 미미하고, 주로 성장산업의 경쟁력을 강화해주는 보완적 의미를 지닌다'고 보았다(한국산업사회연구회 편, 1993: 13-14). 되돌아보자면 격세지감을 느끼지 않을 수 없다. 우리는 그 범주에 소프트웨어산업이나 멀티미디어 컨텐츠산업을 포함시키지 못했으며, 이러한 첨단산업이 성장산업과 다른 유형의 신산업이라는 것을 제대로 파악하지 못했다. 여기에는 우리의 게으름이나 무지도 물론 영향을 미쳤겠지만, 그보다는 1990년대 중반을 지나며 기술과 산업의 양면에서 대단히 급격한 변화가 일어났다는 점이 더 중요하다고 생각한다. 그러나 필자는 이 급격한 변화를 시대의 유행이 되어 버린 '문명의 전환' 같은 것이 아니라, 우리가 수행했던 '산업구조조정'의 틀로 파악하는 것이 훨씬 실제적인 연구방법이라고 생각한다.

초기에는 '정보화사회'를 국정의 핵심목표로 제기했지만(대통령직 인수위원회, 1998), 얼마 지나지 않아 '지식사회'가 그것을 대체하여 이 정부의 국정방향을 대표하는 용어로 자리잡게 되었다. 정보화 경쟁 자체가 그렇듯이, 여기에도 서구 선진자본주의국의 변화가 직접적인 영향을 미쳤다. 이 무렵 지식의 경제적 구실을 강조하는 OECD와 세계은행의 보고서가 잇달아 발표되었던 것이다(OECD, 1996; World Bank, 1998). 이로부터 핵심육성산업은 정보통신산업에서 다시 지식기반산업으로 바뀌어 갔다(오상봉 외, 1998).

1990년대의 10년은 참으로 소란스러웠다. 무려 30년 간에 걸친 군사 파시즘이 마침내 종식되고 '문민정부'가 들어섰으며, 해방 이후 처음으로 정권교체가 이루어져 '국민의 정부'가 들어섰다. 2000년 6월에는 역사적인 남북정상회담이 성사되어 반세기나 계속되어온 '전쟁체제'가 종식될 가능성이 짙어졌다. 그러나 이런 정치적 변화보다 더 일상적으로 세상을 소란스럽게 만든 것은 정보기술의 발달과 산업구조의 변화일 것이다. 산업구조조정은 기업구조조정과 노동구조조정으로 이어지게 마련인데, 지난 10년간 이러한 변화의 과정이 대단히 빠르게 진행되었다.

그러나 변화의 속도나 범위보다 더 세상을 소란스럽게 한 것은 변화를 가리키기 위한 용어들의 변화였는지 모른다. '문민정부'에서 '국민의 정부'로, '정보사회'에서 '지식사회'로, '정보통신산업'에서 '지식기반산업'으로. 이와 함께 멀티, 사이버, 디지털, 인터넷과 같은 낯선 용어들이 너무도 빠르게 일상적인 용어로 변모해 갔다. 뜻도 분명하지 않은 각종 기술용어들이 난삽한 수사학적 경관을 이루는 시대가 찾아온 것이다. 이 과정에서 모든 변화를 아우르는 하나의 핵심 용어가 나타났다. '문민정부'에서 사용되어 '국민의 정부'에서도 여전히 지배적 지위를 차지하고 있는 '벤처'(Venture)가 바로 그것이다.

2. 벤처이데올로기의 형성

'벤처'라는 용어는 '문민정부' 말기부터 널리 사용되기 시작했다. '벤처기업'이라는 낯선 경제주체가 한국 경제의 미래를 짊어진 존재로 갑작스레 부각되면서 이 용어가 널리 사용되어진 것이다. 얼마 지나지 않아 '벤처기업'은 아예 시대사적 전환을 완수할 역사적 주체로까지 여겨지게 되었다. '벤처이데올로기'는 사실상 '벤처기업 이데올로기'인 것이다. 그 형성과정과 특징에 대해 살펴보도록 하자.

1) 벤처: 경제정책에서 이데올로기로

'문민정부'는 여러모로 불행한 정부였다. 군사파시즘을 종식시킨 정부라는 자부심은 드높았지만, 급변하는 국내외 상황에 빠르게 적응할 수 있는 능력은 태부족이었다.[2] '문민정부'가 맞은 첫 번째 과제는 이른바 '무한경쟁'에 대응하는 것이었다. 1993년에 '문민정부'는 '신한국 신경제'를 표방했으나, 그것은 '무한경쟁'이라는 변화된 상황을 제대로 반영하지 못하였다. 시대를 잘못 읽고 있었던 것이다. 1994년에 '문민정부'는 '국가경쟁력 강화'를 전면에 내걸었다. 미국의 시장개방 압력을 통해 '무한경쟁'의 실상이 드러나면서 비로소 이같은 정책의 변화가 나타났던 것이다(서경석·임재홍, 1994: 227-229).

그러나 '국가경쟁력 강화'는 사실상 재벌 중심의 경제구조를 그대로 유지하는 것이었다.[3] 물론 이런 식으로는 '무한경쟁'에 대응할 수 없었

---

2) 물론 이 문제를 '문민정부'의 책임으로만 돌리는 것은 잘못일 것이다. 해방 이후 지속되어 온 파시즘체제가 한국을 '무체계의 사회'로 만들어 버렸기 때문이다. 이런 상황에서 급변하는 국내외 상황에 적절히 대응한다는 것 자체가 사실상 불가능한 과제였다.

3) '국가경쟁력'이란 개념 자체가 '경제우선주의를 앞세워 다른 제반 원리들 예컨대 민주주의, 법치주의, 인권보호 등을 폐기시킬 수 있는' 이데올로기로서 '지난 반년 동안 한국 사

다. 이후에 '국가경쟁력 강화'는 세 가지 방향으로 추진되어 갔다. 첫째는 산업구조조정으로 정보통신산업에 바탕을 둔 전체 산업구조의 고도화이다. 둘째는 기업구조조정으로 군사파시즘 시절에 확립된 재벌지배구조를 혁파하고 대기업과 중소기업의 상호적 분업을 도모하는 것이다. 셋째는 강화된 노동자의 조직력을 적절히 통제하며 산업구조의 고도화에 적합한 새로운 노동력을 생산하는 것이다. 물론 재벌 중심의 경제구조를 유지하면서 이런 과제를 달성한다는 것은 어불성설이었다. 재벌의 문어발은 잘리지 않고 노동자는 탄압을 받는 '국가경쟁력 강화'였던 것이다(홍성태, 1994).

이러한 상황에서 '벤처기업'은 한국 경제를 구원할 구세주로 등장하게 되었다. 이 이야기는 1995년 1월에 정보통신부가 발족하는 것으로 시작된다. 이것은 1990년대 중반을 지나며 정보통신기술을 중심으로 급변하게 된 세계경제의 상황에 적응하기 위해 취해진 조처였다. 그뒤 1996년 9월 3일의 '경제활성화대책'에서는 정보통신산업의 발전을 경제구조의 혁신을 위한 핵심전략과제로 설정하고, 이에 따라 같은 해 12월에 정보통신부는 '정보통신산업발전 종합대책'을 정부계획으로 확정하여 발표하였다. 이 계획에서는 아직 '벤처기업'이라는 용어는 사용되지 않았다. 대신에 '창업중소기업'이라는 용어를 사용하여 정보통신산업에서 중소기업의 중요성을 강조하였다. 정보통신산업은 '영상, 게임, 출판 등의 내용물(Contents) 산업, 이를 정보매체로 가공하는 정보처리산업, 이를 전달하는 네트워크산업, 서비스제공을 위한 시스템통합(SI) 산업 및 이를 지원하는 하드웨어·소프트웨어산업을 포함'하는 것으로 정의되었다(정보통신부, 1996ㄱ: 6).

회를 흔들어 모든 기본적 권리들을 후퇴시켜' 버린 것으로 비판(서경석·임재홍, 1994: 234)된 데는 충분한 이유가 있었던 것이다.

　‘벤처기업’이라는 용어가 ‘창업중소기업’을 대신하여 모든 매체에서 소란스럽게 다루어지기 시작한 것은 1997년부터였다. 이 해 6월 20일에 ‘열린 시장경제로 가기 위한 국가과제’의 추진에 관한 보고회의가 열렸다. 이 자리에서 통상산업부와 정보통신부가 함께 제출한 과제의 명칭은 ‘벤처·중소기업 중심의 발전여건 조성’이었다. 그 내용은 ‘정보통신산업발전 종합대책’에서 제시된 것과 사실 같은 것인데, ‘개방화·정보화의 시대환경 하에서는…창의적이고 기술집약적·지식집약적인 중소기업들이 끊임없이 생성되고 발전될 수 있는 발전여건의 조성이 필요’하다는 것이다. 이를 위해 이미 1997년 3월 31일에 ‘중소기업 창업과 구조조정을 통한 우리경제의 활성화 방안’이 확정되었고, 『신기술·지식집약형기업 육성에 관한 특별조치법(안)』의 제정이 추진되었다(통상산업부·정보통신부, 1997). 이 법은 같은 해 7월에 『벤처기업 육성에 관한 특별조치법』으로 이름을 바꿔 제정되었다.

　이렇게 1997년에 들어와 ‘문민정부’의 경제정책은 ‘벤처기업’의 집중적인 육성정책으로 바뀌어 갔다. 그것은 새로운 유형의 기업을 육성하는 데 그치지 않고, 산업구조와 기업구조와 노동구조의 전면적인 변화를 상징하는 핵심어가 되었다. 그러나 ‘문민정부’는 같은 해 11월에 외환위기기 닥치면서 이 야심친 계획을 제대로 실행에 옮기지 못한 채 비침한 종말을 맞아야 했다. 그럼에도 불구하고 이 용어는 커다란 상품성을 가지고 있었다. 예컨대 디지털이나 사이버는 낯선 기술적 용어이기 때문에 오히려 커다란 상품성을 가진다. 이와 비슷하게 ‘벤처기업’이라는 모호한 용어는, 바로 그 모호함 때문에, 경제위기를 해결할 수 있는 새롭고도 유일한 경제주체를 뜻하는 것으로 널리 받아들여졌다. 외환위기는 ‘문민정부’를 공개처형시켰지만, 이 때문에 ‘벤처기업’은 오히려 굳건히 살아남을 수 있었다. 나아가 그것은 외환위기를 계기로 경제정책에서 이데올로기로 변모하게 되었다.

2) 벤처이데올로기

1997년에 가장 유행한 용어로 '벤처'를 꼽는 것은 무리일지도 모른다. 그러나 가장 큰 영향을 미친 용어로 '벤처'를 꼽는 데는 별 무리가 없을 것이다. 물론 이것은 그냥 '벤처'가 아니라 '벤처기업'을 가리킨다. 벤처 이데올로기의 핵심은 '벤처기업'의 집중적인 육성이야말로 위기에 처한 한국 경제의 유일한 탈출구라는 주장에 있다. '문민정부'가 '국민의 정부' 로 변했을지라도 '벤처기업'에 대한 이러한 과장된 주장은 전혀 변하지 않았다.

사실 '문민정부'가 '벤처기업'을 한국 경제의 구세주로 제시했을 때, 염 두에 두었던 산업은 소프트웨어산업과 컨텐츠산업이었다. 그리고 그 대 표적인 예는 빌 게이츠의 마이크로소프트와 스필버그의 〈쥬라기공원〉[4] 이었다. '국민의 정부'가 맞은 상황은 상당히 다른 것이었다. 무엇보다 인터넷의 상업화가 본격화하고 있었다. 지식사회와 디지털경제가 새로 운 화두로 급부상하고, 새로운 인터넷산업과 전자상거래가 빠르게 확산 되고 있었으며, 야후와 아마존이 새로운 성공신화를 작성하고 있었다 (DOC, 1998). 이런 변화를 배경으로 '국민의 정부'는 '사이버코리아 21' 이라는 새로운 정보화계획과 '신지식인'이라는 새로운 주체모형을 제시 하였다.

그러나 이러한 모든 변화는 여전히 '벤처기업'이라는 단 한마디로 요 약되고 있다. 한국에서 '벤처기업'은 기술과 경제와 사회의 모든 복잡다 기한 변화를 아우르는 상징어가 되었다. '벤처기업'은 힘이 세다. 도대

---

4) 스필버그가 〈쥬라기공원〉에 6,500만 달러를 투자하여 1994년 한 해에 8억 5,000만 달러를 벌어들였다는 사실이 얼마나 요란스럽게 선전되었던가?

체 '벤처기업'이란 어떤 것이길래 이렇게 강력한 힘을 가지고 있는가?

'벤처기업'에 대한 정의는 크게 두 가지로 나누어 볼 수 있다. 하나는 법적 정의이다. 실제로 법을 제정하고 집행하기 위해서는 모호성을 최대한 줄여야 한다. 그 결과 『벤처기업 육성에 관한 특별조치법』에서는 뚜렷한 기준이 제시되었다.5) 그러나 법률적 정의로는 대중에게 다가갈 수 없다. 훨씬 더 간단하고 상식적인 정의가 필요하다. 예컨대 벤처기업협회6)에서는, '개인 또는 소수의 창업인이 위험성은 높으나 성공할 경우 높은 기대수익이 예상되는 신기술의 개발 아이디어를 독자적인 독립기반 위에서 사업화하는 신생 기술집약적 중소기업'(www. kova. or. kr)으로 정의한다.

벤처기업협회의 정의에 따르자면 벤처기업은 적어도 세 가지 특성을 가지는 것으로 파악된다. 첫째, 고수익을 기대해서 고위험을 감수하는 기업이다. 둘째, 독자적으로 개발한 기술에 기반을 두고 창업된 신생기업이다. 셋째, 대기업이 아니라 중소기업이다.7) 세계경제가 갈수록 기술경쟁에 의해 지배되고 있는 현실을 감안하면 이런 종류의 기업들이 많이 나타나는 현상은 필요하고 바람직한 것이라고 할 수 있다. 그리고

---

5) 예컨대, '중소기업창업투자회사 · 중소기업창업투자조합 · 신기술사업금융업자 및 신기술사업투자조합의 투자총액이 당해 기업 자본금의 100분의 20 이상이거나 주식인수총액이 당해 기업자본금의 100분의 10이상인 기업, 총 매출액에 대한 연구개발비의 비율이 100분의 5 이상인 기업, 특허권 · 실용신안권 또는 의장권을 주된 부분으로 하여 사업화하거나 특허등록출원 · 실용신안등록출원 또는 의장등록출원중인 기술로서 특허청장이 인정하는 기술을 주된 부분으로 하여 사업화하는 기업'으로 정의된다. 이 외에도 단서조항에 대한 설명과 다른 법에 따른 정의가 덧붙여 있다.
6) 벤처기업들의 이익단체로 1997년에 결성되었다. 2000년 현재는 인터넷멀티문화협회, 인터넷쇼핑몰협회, 통신판매협회, 인터넷기업협회, 한국바이오벤처협회 등의 좀더 전문적인 이익단체들도 결성되어 있다.
7) 흔히 '벤처기업'의 예로 마이크로소프트를 들곤 한다. 그러나 세계의 컴퓨터업계를 좌지우지하는 이 공룡을 '벤처기업'이라고 할 수 있을까?

이런 기업들이 한국 경제의 구조적 문제를 해결할 수 있다면, 사실 그보다 더 좋을 수는 없지 않을까? 그러나 현실은 다르다.

'벤처기업'이라는 용어는 '창업중소기업'이나 '신기술·지식집약형기업'에 비해 그 의미가 대단히 모호하다. 그럼에도 불구하고 이 용어가 새로운 경제주체를 가리키는 공식적인 용어로 채택된 데는, 그것이 새로운 용어로서 각종 매체를 통해 빠르게 대중화되었다는 사정이 영향을 미쳤던 것 같다. 새 술은 새 부대에 담듯이, 새로운 주체는 새로운 용어로 불려야 했던 것이다. 그러나 '벤처기업'이라는 모호한 용어가 공식적인 용어로 채택되면서, 그것은 단순히 새로운 용어의 차원을 넘어서게 된다. 그것은 변화에 대한 특정한 관심과 대응을 일방적으로 정당화하는 이데올로기의 성격을 지니게 된다.[8]

'벤처기업'의 이름으로 모든 변화를 대단히 효율적으로 정당화하는 벤처이데올로기의 형성과 확산에는 세 가지 요소가 서로 뒤섞이면서 영향을 미친 것으로 보인다. 첫째, 정부의 강력한 정책적 지원이다. 이 점에서 '국민의 정부'는 '문민정부'의 정책을 성실히 이어받았다. 아니 세계적인 '인터넷 거품'을 배경으로 '벤처기업'에 대한 지원은 더욱 강화되었다. 나아가 '신경제론'[9]이 확산되면서 '벤처기업'은 아예 '민족중흥'의 소명을 타고난 역사적 주체로까지 격상되었다. 둘째, 언론의 소나기 보도이다. 하루도 빠지지 않고 모든 언론에서 '벤처기업'을 보도하였다. 물론 그 내용과 방식은 '벤처기업'의 역사적 중요성을 천편일률적으로 강조하고 부각시키는 것이었다. 그러므로 아예 언론에 귀 막고 눈 감은 사람이

---

8) 이데올로기는 대중의 의식을 장악하여 주체가 의도한 목적을 따르도록 하는 실천적 효과를 갖는다. 어떤 용어가 공식적인 용어로 채택되는 배경에는 이러한 효과에 대한 고려가 놓여 있다.

9) 성장이 지속되는데도 인플레이션이 발생하지 않는 1990년대 아메리카합중국의 경제를 두고 이렇게 부른다. 이에 대한 비판으로는 Economist(1996)과 Perkins & Perkins(1999)를 참조

아니고서는 '벤처기업'의 구실과 의의를 부정하기 어려운 상황이 조성되었다. 셋째, '벤처기업'의 놀라운 성공신화이다. 잠에서 깨어보니 억만장자가 되어 있었다는 식의 성공담이 끊임없이 보도되었다. 어떤 방식으로 돈을 벌었는가에 대한 세밀한 분석은 제대로 이루어지지 않은 채, 다만 많은 돈을 아주 빠른 시간에 벌었다는 성공신화가 급속도로 확산되었다.

그렇다면 벤처이데올로기의 실제 효과는 어떤 것일까? 가장 분명하게 나타난 것은 말할 것도 없이 일확천금을 노린 창업붐이다. 이른바 '벤처열풍'이 불어닥친 것이다. 물론 초기의 창업은 성실하게 신기술의 개발로 승부하려는 경우가 많았을 것이다. 그러나 코스닥이 개설되고 투기자본이 몰려들면서 상황은 삽시간에 돌변하고 말았다. 어떠한 신기술이나 수익모델도 없이 단지 '벤처기업'이라는 간판만으로 돈을 벌려는 사기성 창업이 크게 늘어난 것이다. 많은 사람들이 진정한 '벤처열풍'이 불기를 간절히 바랐으나, 투기성 자본과 사기성 창업이 결합되면서 그것은 아쉽게도 '벤처허풍'으로 변하고 말았다.

그럼에도 불구하고 '벤처기업'을 향한 과잉기대는 여전하다. 그것은 오히려 더욱 강화된 형태로 나타나고 있다. 경제적 필요에 의해 고안되고 '신경제론'으로 지지되었던 '벤처기업'이 이제는 국민성 혹은 민족성이라는 모호한 문화적 논리로 신화화된다. 모호한 것을 더 모호한 것으로 설명하려는 셈이다. 물론 이런 논리는 설명이 아니라 그저 잡담일 뿐이다. 그러나 이 잡담은 한국인에게는 거의 태생적 이데올로기나 다름없는 민족주의를 이용함으로써 강력한 설득력을 획득하려고 한다. 더욱이 그 주체가 성공한 벤처기업가의 상징과 다름없는 사람[10] 이라는 점에

---

10) (주)메디슨의 사장이자 벤처기업협회의 회장인 이민화씨가 그 주인공이다. 그는 2000년 3월에 한국과학기술원 전산학과 교수인 이광형씨와 함께 『21세기 벤처대국을 향하여』라는 책을 펴냈다. (그러나 이처럼 '벤처의 전도사'로 활발한 활동을 벌이던 이민화씨는 곧

서 이런 허황된 논리가 끼칠 폐해에 대해 우려하지 않을 수 없다.

그의 주장에서 가장 흥미로운 것은 '벤처대국론'과 '벤처민족론'이다. '벤처형 민족'은 따로 있는데 한국인이 바로 그런 민족이므로, 이것을 잘 활용하면 '벤처대국'을 이룰 수 있다는 것이다.[11] '벤처형 민족은 따로 있다'는 주장도 우습지만, 많은 사람들이 문제로 지적하는 것을 '뒤집어 보면 사실 장점'이라고 주장하는 과감성은 더욱 우습다. 어쩌면 이런 식의 과감성이야말로 '벤처정신'의 핵심인지도 모르겠다. 이러한 민족성론에 의거하여 그는 전국에 산재해 있는 '개척교회'들조차 한국인의 내면에 잠재되어 있는 '벤처정신'을 잘 보여주는 예로 제시한다. 교회산업의 과잉경쟁체제와 그런 상태를 유발하는 사회상황은 전혀 그의 관심사가 아니다. 밤 하늘에 둥실 떠 있는 음산한 붉은 빛 십자가들에서 '벤처정신'을 보다니, 그야말로 놀라운 '벤처정신'의 소유자임에 틀림없다는 생각이 든다.

3. 벤처이데올로기의 이중성

'벤처민족론'은 타락한 벤처이데올로기이다. 본래부터 '벤처기업'에 적

몰락하고 말았다. 새로운 벤처기업을 내세운 그의 경영방식이 낡은 재벌의 그것과 다르지 않았기 때문이었다. "한국과학기술원[KAIST] 연구원 시절 후배 3명과 메디슨을 창업하고 세계 3차원 초음파 진단기 시장에서 독보적인 기술력을 과시했다. 그는 '메디슨연방'을 표방하며 1998년부터 불어닥친 코스닥열풍에 편승해 문어발식 사업확장에 나섰다. 메디다스, 메리디안, 한글과컴퓨터 등 50여개의 계열사와 관계사를 거느리며 몸집을 키웠다. 그러나 2000년부터 벤처거품이 빠지며 과도한 투자금을 회수하지 못한 그는 메디슨을 법정관리에 빠트리고 벤처업계 대부에서 '실패한 경영인'으로 전락했다." 경향신문, 2005/2/16).

11) 이민화씨와 이광형씨는 한국인만의 '벤처정신'을, 사사로운 이익보다도 높은 개념의 '가치'를 추구하는 가치관, 금방 불이 붙는 높은 '활성화 에너지'와 '열풍', '빨리빨리' 처리하는 '순발력', 미래를 희망으로 보는 '긍정적인 사고방식', '근면성'과 투철한 '소유욕', 변화를 두려워하지 않는 '도전정신' 등의 여섯 가지로 제시한다(이광형·이민화, 2000: 52).

합한 민족이 어떻게 있을 수 있겠는가? 이런 얼치기 우생학적 잡담은 혼신의 힘을 다한 노력으로 성공을 거둔다는 '벤처기업'의 기본 특성과 전혀 어울리지 않는다. 벤처이데올로기는 부패하고 무능력한 현실의 철저한 개혁을 표방하는 개혁의 이데올로기로 제시되었다. 그것은 철저한 능력주의의 실현이 그 유일한 방도라고 선전한다. 이 점에서 벤처이데올로기는 이중성을 지니게 된다. 재벌지배의 경제구조와 관련해서 그것은 일단 개혁적인 성격을 갖는다. 그러나 물론 그 개혁성은 현실의 실제적인 변화를 통해 판단되어야 할 문제이다. 다른 한편 그것은 신자유주의를 일방적으로 정당화한다는 점에서 극히 보수적인 성격을 갖는다. 타락한 벤처이데올로기는 말할 것도 없고 벤처이데올로기 자체가 문제시되는 것은 바로 이 때문이다.

1) 무한경쟁 시대의 구세주

'무한경쟁'에서 살아남기 위해서는 제조업 중심의 산업구조를 고도화하고 재벌지배의 경제구조를 혁파해야 한다는 주장은 이미 상식이 되었다. 사실 이러한 주장은 '무한경쟁'이 도래하기 전부터 제시되었던 것이다. '무한경쟁'의 도래 이후에 달라진 것이라면 그 전략으로 '벤처기업 집중육성론'이 채택되었다는 점이다. 다시 말해서 1980년대 후반부터 제기되어온 산업구조조정론이 1990년대 중반을 지나며 '벤처기업 집중육성론'으로 정리된 것이다.

벤처이데올로기의 핵심은 '벤처기업'이 현실 사회주의의 몰락과 함께 찾아온 '무한경쟁 시대의 구세주'라는 것이다. 이것은 재벌지배 경제구조의 개혁과 관련하여 벤처이데올로기의 개혁성을 구성하게 된다. '벤처기업'은 급변하는 기술-경제환경에 빠르게 대처할 능력을 상실한 재벌지배 경제구조를 혁파할 새롭고 유일한 경제주체라는 것이다. 예컨대

앞에서 본 '벤처대국론'은 '벤처기업'의 첫 번째 구실로 경제구조의 개혁
을 들고 있다.

> 신생 벤처기업을 통하여 우리나라의 경제 체질을 바꿀 수 있다. 우리나라가 IMF
> 경제위기에 빠졌던 이유 중에 하나가 경제구조의 경직성이다. 대기업들이 선단식
> 경영을 하다 보니 의사결정체계가 느리고 경제환경의 변화에 적절히 대응하지 못
> 했다. 그러나 소규모의 중소기업인 벤처기업들이 많이 일어나면 경제구조가 바뀌
> 면서, 대기업과 중소기업의 균형잡힌 역할분담이 이루어질 것이다(이광형·이민
> 화, 2000: 35).

이미 상식화된 이러한 주장에는 크게 두 가지 문제가 있다. 첫째, '벤
처기업'의 관점에서 경제 변화를 낭만화한다. 그러나 '벤처기업'의 증가
가 경제구조의 균형적 발전으로 이어지리라는 보장은 어디에도 없다.
둘째, 경제를 오직 효율의 관점에서만 파악한다. 그러나 좋은 경제는
효율뿐만 아니라 정의에 기반을 두어야 한다. 재벌의 문제는 단지 효율
만이 아니라 정의의 견지에서도 평가되어야 한다.

최근의 변화를 보면 '벤처기업'의 집중육성을 통한 재벌지배구조의 혁
파는 확실히 실패한 것 같다. '벤처기업' 측은 자신들만이 한국 경제의
미래라고 목소리를 높이지만, 새로운 산업의 시장규모가 커지면서 재벌
의 진출이 빠르게 진행되고 있고, 여기서 더 나아가 미국의 포브스지는
'전통 대기업들'이 새로운 산업분야도 결국 주도하게 될 것으로 예측하
면서 이러한 변화에 '인터넷혁명의 제2막'이라는 이름을 붙였다[12] (한겨
레신문, 2000/7/12).

[12) 그러므로 대기업의 직원들이 '벤처기업'으로 떼를 지어 옮겨가는 '벤처 엑소더스'나 대량
의 투기자본들이 '벤처기업'으로 무작정 몰려드는 현상은 이제 곧 과거의 일이 되고 말
것이다.

국내에서도 이미 이런 식의 변화가 본격적으로 진행되고 있다. 삼성그룹의 변화가 그 좋은 예이다. 불법적인 변칙증여를 통해 그룹의 '부자세습'[13]을 마친 삼성그룹은 최근에 '오픈타이드'라는 이름의 인터넷회사를 차렸다. 본사를 미국에 두고 한국, 중국, 일본, 싱가포르에 4개의 지사를 둔 이 회사는 '국내 벤처사업의 발굴과 육성뿐만 아니라, 국내 인터넷기업의 해외진출과 해외 인터넷기업의 국내 진출을 연결하는 구실을 할 것'이라고 한다(한겨레신문, 2000/6/30). 이처럼 재벌이 새로운 산업에 대처할 능력을 갖춰가면서 '벤처기업'들이 오히려 재벌에 대해 추파를 던지는 일이 늘어나고 있다. 인수·합병을 쉽게 해야 한다는 '벤처기업'들의 주장은 그 단적인 예이다. 진정으로 필요한 구조개혁, 즉 재벌지배의 경제구조는 전혀 이루어지지 않았다. 이런 상태에서 인수·합병을 쉽게 해서 재벌에게는 시장을 주고 '벤처기업'에게는 돈을 주는 것이 '대기업과 중소기업의 균형잡힌 역할분담'인가?

재벌과 '벤처기업'의 대립을 문명론적으로 설명하는 토플러 류의 주장은 잘못된 것이다(홍성태, 2000). 그것의 본질은 기술발달과 함께 나타나는 새로운 산업을 둘러싸고 여러 경제주체들이 벌이는 치열한 '밥그릇싸움'이다. 재벌지배 경제구조의 혁파가 이루어지지 않는다면, '벤처기업 집중육성론'은 단지 '벤처기업'에게 특혜를 주자는 주장밖에 될 수 없다. 물론 그 특혜는 세금을 쏟아붓는 것이다.

'벤처기업'이 재벌지배의 경제구조를 혁파하고 '무한경쟁 시대의 구세주'로 부상하리라는 주장의 주요한 근거는, 갈수록 격화되는 기술경쟁

---

13) 한국의 재벌지배 경제구조가 안고 있는 여러 가지 문제점들 중에서 가장 봉건적이고 낙후한 것이 바로 '부자세습'이다. 재벌은 사실상 현대의 '봉건왕조'이다. '벤처기업'은 이 '봉건왕조'를 끝장낼 것으로 기대되었으며 그 때문에 막대한 세금을 쏟아 부어 집중적으로 육성하고 있다. 그러나 '벤처기업'은 그러한 기대에 제대로 부응하지 못하고 있다.

에 재벌은 빠르게 대처하기가 어려운 데 반해 '벤처기업'은 그러한 능력과 의지를 모두 갖추고 있다는 것이다. '벤처대국론'은 이것을 '벤처기업'의 두 번째 구실로 제시한다.

> 벤처기업은 본질적으로 기술을 생명으로 사는 회사다. 따라서 기술개발에 밤을 세우며 연구비를 쏟아 붓는다. 그래서 결국 국가적인 기술수준이 올라간다(이광형·이민화, 2000: 35).

> 벤처기업의 경쟁력이란 기본적으로 '연구개발력'과 '기업가정신'이라 할 수 있다. 벤처기업은 일반적으로 돈이 없는 사람들이 시작하기 때문에 의존할 것은 기술력밖에 없다. 그래서 연구진들은 밤낮을 가리지 않고 기술개발에 매달린다(이광형·이민화, 2000: 38).

이것은 물론 어디까지나 '본질적인' 주장이다. 현실에서는, 특히 인터넷의 상업화가 본격적으로 전개되면서 사기성 창업이 너무나 많이 늘어났다. 기술이 아니라 투기가 상당수 '벤처기업'의 가장 큰 수익원이 되어버렸다. 이른바 '무늬만 벤처' 현상이 나타난 것이다.

한편에서는 이러한 현상은 국부적인 것일 뿐이라고 주장한다. 그러나 '닷컴'이 '닷곤'으로 졸지에 몰락한 것[14]은 결코 우연이 아니다. '벤처기업'에 대한 '본질적인' 주장은 사기성 창업의 창궐을 막을 수 없다. 오히려 그러한 주장이야말로 '무늬만 벤처' 현상의 근원지라고 할 수 있다. 그것은 '벤처기업'을 구세주로 신화화함으로써 엄청난 투기를 조장하는 것이기 때문이다. 최근에 '벤처기업'이 맞은 위기는 '벤처기업 집중육성

---

14) '닷컴'(.com)은 인터넷기업을 뜻하며 인터넷의 상업화와 함께 '벤처기업'의 상징어가 되었다. '닷곤'(.gon)이란 대다수 인터넷기업이 별다른 수익모델을 가지고 있지 못한 사실상의 '종이기업'이라는 데서 만들어진 용어이다. 인터넷기업 붐이 몰려온다(com=come)고 생각했지만, 오기도 전에 사라져 버렸다(gon=gone)는 뜻이다.

론'의 위기이며 벤처이데올로기 자체의 위기인 것이다.

2) 신자유주의 유토피아

벤처이데올로기의 보수성은 그 개혁성보다 훨씬 더 유혹적이다. 그것은 골치아픈 노동문제가 사라진 기업과 한 건만 잘 하면 삼대가 먹고 살수 있을 엄청난 성공을 약속하는 것이기 때문이다. 요컨대 '신자유주의 유토피아'를 실현하는 것이다. '벤처기업'에 관한 '본질적인' 주장은 재벌지배 경제구조의 개혁이나 적극적인 기술개발을 '벤처기업'의 장점이자 구실로 꼽는다. 그러나 정작 '벤처기업'이 끊임없이 창업되고 투기자본이 사실상의 '종이기업'들로 몰려들었던 까닭은 바로 이 '신자유주의 유토피아' 때문이다.

'벤처기업'에서는 어떻게 해서 노동문제가 사라진다는 것일까? 이에 대해서는 흔히 가장 성공한 1세대 '벤처기업가'로 꼽히는 비트컴퓨터의 조현정 사장이 시원하게 설명해 주었다. 길기는 하지만 그의 설명에 잠시 귀를 기울여 보자.

벤처 경제는 시장기회에 대한 즉각적 파악과 신속한 자원의 투입이 큰 특징이며 지식과 아이디어, 꿈과 비전을 가장 중요한 생산요소로 삼는다. 따라서 노동과 자본은 꿈과 이상의 실현이라는 목표를 위해 긴밀하고 동반자적 관계를 맺게 된다. 벤처 경제에서 인간은 '와이-이론'에 바탕을 두고 자아실현의 열정을 가진 능동적 존재이며 일은 그 열정의 표현이다. 따라서 여가시간은 자신의 열정과 꿈이 멈춰 있는 시간이며 시장의 기회는 사라지고 경쟁기업은 자신을 추월하고 있는 시간으로 간주한다.

벤처기업 가치는 투입된 자원을 기준으로 평가되지 않는다. 기업 가치는 시장이 기업의 아이디어와 비전에 가격을 매김으로써 결정되고 그 가치의 분배는 스톡옵션을 통해 이루어진다. 또한 성과의 분배는 철저하게 위험부담과 능력에 따라 결정된다. 다시 말해 벤처기업에는 보수적이고 봉건적인 사용자는 없고 위험을 즐기는 사람과 꿈과 실력을 가진 동반자들만 있을 뿐이다. 테헤란로의 벤처인들이 심야에도 시간외 근무를 즐기고 전국 6,000개를 넘어서는 벤처기업들에 노동조합이 없다는 사실 그리고 전통 굴뚝산업이 고질적으로 경험하는 집단간 대결이 없다는 사실에서 벤처 문화는 노동과 노사관계에 관련된 기초적 개념과 사고의 틀에 일대 변혁을 가져오고 있음을 알 수 있다.

…

지식정보화 사회를 맞이하고 있는 기업문화의 새로운 패러다임은 분명 노동관계까지 변화시킬 수밖에 없다. 건강한 자본시장과 유연하고 효율적인 노동시장은 벤처 경제 진흥의 주춧돌이며 벤처적 사고와 문화는 자본시장과 노동시장 개혁의 열쇠가 될 것이다(조현정, 2000).

이 긴 설명을 한마디로 요약하자면, 대립적인 노사관에 바탕을 둔 기존의 노사관계법을 '벤처기업'에 적용해서는 안된다는 것이다. 그렇게 한다면, '모든 벤처기업의 대표자들은 위법자가 될 수밖에 없'기 때문이다. 법이 잘못된 것인가, 벤처기업의 대표자들이 잘못된 것인가? 우리는 판단해야만 한다.

올바른 판단을 위해서 우리는 물론 한쪽의 주장만 들어서는 안된다.[15) '대표자'의 주장뿐만 아니라 그 '동반자'의 주장도 들어야만 하는 것이다. 최근에 이와 관련된 중요한 사건이 발생했다. 응용소프트웨어 개발업체인 ㈜멀티데이타시스템이라는 회사의 노동조합이 2000년 4월에 노동쟁의 조정을 신청하고 5월 1일에 부당노동행위 구제신청을 제기한 것이다. 이 노조는 최초의 '벤처기업' 노조로서 지난 2월 14일에 결성되어 노조 인정, 고용안정, 임금인상, 근로조건 개선 등을 요구하며 2월 21일부터 4월 24일까지 10차례에 걸쳐 회사와 교섭을 진행했다. 그

---

15) 더욱이 그 한쪽의 주장이 신화와 비슷한 '문명전환론'에 기대고 있다는 점에서 반드시 다른 한쪽의 주장에 귀를 기울여야 한다. 다른 한쪽의 주장은 '문명전환론'의 허구성을 보여주기 때문이다.

러나 회사가 8차 교섭까지의 합의안을 백지화함으로써 교섭은 결국 결렬되고 말았다. 그 며칠 뒤인 4월 28일에 이 회사는 병무청에 '병역특례업체 철회신청'을 했다. 이것은 전체 조합원 15명 가운데 9명이 병역특례자로 구성된 노조를 무력화하기 위해 취한 조치였다. 이 신청이 수리되면 9명의 병역특례자는 자동적으로 해고되어 입대해야 하고 노조는 무력화되는 것이다. 이에 맞서서 노조는 노동부에 부당노동행위 구제신청을 하고 5월 3일에는 병무청에 행정처리 중지를 요청하는 탄원서를 제출했다(한겨레신문, 2000/5/4).

이 회사에서 노동조합이 결성되고 쟁의로까지 치달았던 까닭은 '저임금 장시간 노동' 때문이다. 고액연봉과 스톡옵션으로 온통 화려하게 치장되어 있던 '벤처기업'의 이미지와는 전혀 어울리지 않는 극히 한국적인 현실16) 이 아닐 수 없다. 이 회사에서는 입사 1년차 사원이 55만원, 2년차 사원이 65만원 선의 월급을 받았고, 연장 근무와 토요 근무에 대한 시간외수당과 휴일수당 등의 법정수당은 받지 못했으며, 연월차 휴가도 없었다고 한다. 이 회사의 경우는 다행히 5월 6일에 합의가 이루어졌다. 쟁의를 불사하고 노조가 투쟁한 결과로, 대졸군필에 대해 연봉 1,500만원 보장, 근로기준법에 보장된 연월차 및 야근 수당 지급, 회사의 병역득례업체 취소신청 철회, 노조위원장 등 2명의 유급 조합활동 보장, 휴직자 중 병가 사용자에 대해 임금 지급, 회사의 경영 변동 때 조합과 합의, 유급 교육휴가 실시, 휴게실과 숙직실 등 복지후생시설 개선, 교육비 보장 등에 사측이 합의하게 되었던 것이다(한겨레신문, 2000/5/4, 5/8).

---

16) 사실 이러한 어두운 면은 한국에만 국한되지 않는다. '신경제'의 본산지인 미국의 실리콘밸리에도 어두운 그늘이 짙게 드리워져 있기는 마찬가지이다. 컴퓨터 관련 제조업은 주로 아시아계 이민 노동자들로 이루어진 저임금 계약직 노동자에 의해 유지되고 있다. 이들은 유독성 화학약품에 노출되어 있고 사회보장제도의 혜택노 거의 받시 못한다(진보네트워크센터, 2000).

㈜멀티데이타시스템의 사례가 물론 일반적인 것은 아닐 수 있다. 그러나 그렇다고 해서 이 사례가 유일하거나 희귀한 것도 아니다.17) 더욱이 병역특례제도가 '벤처기업'에서 합법적인 '저임금 장시간 노동'의 수단으로 악용될 수 있다는 것을 이 사례에서 잘 알 수 있다. 이에 대해 조현정 사장은 어떻게 대답할까? 아마도 '여가시간은 자신의 열정과 꿈이 멈춰 있는 시간이며 시장의 기회는 사라지고 경쟁기업은 자신을 추월하고 있는 시간'이기 때문에 장시간 노동을 하는 것은 당연하다고 할 것이다. 또한 저임금에 대해서는 '벤처기업'에서 '분배는 스톡옵션을 통해 이루어진다'고 대답할 것이다. 그러나 이렇게 말한다고 해서 저임금 장시간 노동의 현실이 사라질까?

많은 '벤처기업'에서 저임금 장시간 노동을 당연한 것으로 만든 것은 코스닥과 스톡옵션으로 상징되는 '대박의 꿈'이다. 그러나 사실상 '대박의 꿈은 소수 경영진들만의 잔치'에 가깝다. 몇몇 대성공을 거둔 기업에서조차 일반 직원과 경영자에 대한 보상의 차이는 너무도 크다. 직원들이 몇억원 혹은 몇십억원을 받을 때, 경영자는 수백억원 혹은 수천억원을 챙기고 있다. 이런 차이가 과연 정당한 것인가? 스톡옵션은 혹시 '벤처기업'의 대다수 노동자들을 옭아매는 족쇄는 아닌가?

성공한 기업이라고 해서 일반 직원들이 언제나 성공을 거둘 수 있는 것도 아니다. 최근에 소프트웨어업체로 유명한 핸디소프트의 전직 직원 20명은 안영경 사장을 근로기준법 위반과 업무상 횡령·배임의 혐의로

---

17) 밤 열시 전에는 퇴근하지 않는다는 '열시불퇴'라는 용어조차 널리 사용되고 있다. 밤샘근무도 흔하고 휴가를 반납하는 것도 예사다. 이런 식의 과도한 노동이 '능력'으로 여겨지고 있기도 하다. 과장의 연봉이 2,000만원이 안되는 회사도 있다. 경력 3년인 어떤 '벤처기업'의 사원은 1999년에 1,000만원 정도의 연봉을 받았고, 2000년에는 1,700만원을 받기로 했다. 결코 많지 않은 임금이다. 이런 식으로 많은 벤처기업들이 일확천금의 꿈을 이용하여 '인건비 따먹기 경쟁'을 하고 있다(2000/5/6). 이런 현실에 비추어 보자면, 오히려 희귀한 것은 성공 사례이다.

서울지검에 고발했다(한겨레신문, 2000/6/30). 이 고발사건은 스톱옵션과 연관된 것으로 보인다. 안영경 사장은 1999년 1월에 경영난을 이유로 30여명의 직원을 해고하면서 이들에게 제공했던 주식을 회수했다. 이에 대해 해고된 직원들은 안 사장을 고발하기 전에 회수된 주식을 처분하지 못하게 해달라는 가처분신청을 서울지방법원에 제출했으며 이 신청은 법원에 의해 받아들여졌다. 이 가처분신청서에 따르면, '안 사장은 당시 해고회피 노력은커녕 해고절차마저 무시한 채 직원들을 정리했고, 주식포기각서를 쓰지 않으면 퇴직처리를 해 주지 않겠다고 협박했다'고 한다. 또한 '안 사장은 장외시장에서 6만여원에 거래되던 주식을 유상으로 받은 것은 5,000원, 무상으로 받은 것은 그냥 내놓'도록 했는데, '이번 가처분신청에 참여한 20명 것만 해도 18만주(지금 시가로 환산하면 65억원)에 이른다'고 한다(한겨레신문, 2000/6/13).

이에 대해 핸디소프트 측은, '정리해고를 한 적이 없'으며 '당시 회사가 어려워지니까 주식까지 포기하고 나간 것'이라고 주장한다. 그러나 상식적으로 이런 일이 가능할까? 회사가 어려워졌다고 주식까지 포기하고 나간다는 것이 말이 될까? 그 최종판결은 물론 법원의 몫이겠지만, 적어도 스톱옵션이 성공한 기업에서조차 일반 직원들의 성공을 완전히 보장해 주지 않는다는 것을 이 사건은 잘 보여준다.

스톱옵션을 둘러싼 기대와 논란에서 알 수 있듯이, '신자유주의 유토피아'의 물질적 기초는 주식시장이다. 어느날 갑자기 주식 가격이 급등하여 휴지조각이 고가의 유가증권으로 변하게 되는 희한한 현상이 벤처 이데올로기를 떠받치게 된 것이다. 이 희한한 현상을 합리화하는 것이 이른바 '미래가치론'이다. 적자를 보고 있는 '벤처기업'으로까지 돈이 몰리는 것은 바로 '미래가치' 때문이라는 것이다. 그러나 손 마사요시에 대한 최근의 비판이나 아마존마저 위태롭다는 최근의 보도에서는 이러한

'미래가치론'의 문제점이 분명히 드러난다[18] (한국일보, 2000/5/23). 현명한 투자자들이 '미래가치'를 보고 합리적인 투자를 하는 것이 아니라, 돈이 돈을 부르는 일종의 '피라미드 사기'와 같은 것이 이른바 '첨단기술주'를 둘러싼 투자의 실체일 수 있다고 폴 크루그만은 지적한다(한겨레신문, 2000/3/14). 재화를 팔거나 서비스를 제공해서 수익을 거두고 그 수익에 근거해서 투자가 이루어져야 하는데, 그러한 과정이 생략된 채 무턱대고 주가가 올라가는 현상은 분명히 이상한 현상이다.

물론 이러한 현상이 현재의 '카지노 자본주의'의 본질일 수도 있겠지만, 그러므로 지극히 정상적인 현상이라고 주장할 수도 있겠지만, 그러나 카지노에서는 한 사람의 '대박'을 위해 수십만의 사람들이 돈을 잃어야 한다는 것을 명심해야 한다. '카지노 자본주의' 자체가 극히 비정상적인 경제인 것이다.

4. 효율과 정의의 경제를 위하여

벤처이데올로기는 '벤처기업'이 재벌지배의 경제구조를 혁파하고 누구에게나 평등한 '대박'의 기회를 제공한다고 주장한다. 그러나 현실은 어떠한가? 재벌지배의 경제구조는 전혀 개선되지 않고 있다. '대기업과 중소기업의 역할분담'에 관한 기대는 기대에 그치고 있을 뿐이다. 그리고 극소수의 사람들이 '대박의 꿈'을 실현하는 이면에서 더욱 많은 사람들이 정리해고와 고용불안에 시달리고 있다. 언제나 그러했듯이, '성공

---

18) 좀더 극단적인 예로는 '벤처기업'에 의한 주가조작을 들 수 있다. 언론사 및 펀드사와 공모하여 이루어지는 이러한 주가조작은 물론 명백한 불법이다. 그러나 이러한 불법은 이미 다양한 방식으로 행해지고 있다. 마침내 최근에 검찰에서도 이에 대한 내사에 나섰다(한겨레신문, 2000/7/14).

기회의 평등'은 '성공확률의 평등'을 보장해주지 않는다.

벤처이데올로기는 다음과 같은 세 가지 요소들을 포함한다. 첫째, 정보주의이다. 이것은 정보기술의 발달을 통해 인류가 더욱 더 편리하고 풍요로운 사회에서 살 수 있게 된다는 기술결정론적이고 기술낙관론적인 믿음이다. 둘째, 지식/돈 패러다임이다. 이것은 지식의 가치를 무엇보다 환금성의 견지에서 평가하고 지식의 사적 소유를 당연시하는 사고방식이다(홍성태, 1999ㄴ). 셋째, 아메리카주의이다. 일찍이 그람시는 다음과 같이 주장했다.

> 아메리카화를 위해서는 특정한 환경, 특정한 사회구조(혹은 적어도 그러한 국가를 만들어 내겠다는 의지), 그리고 특정한 유형의 국가가 요구된다. 이 국가는 자유주의적인 국가이어야 한다. 이것은…자유로운 기업활동과 경제적 개인주의라는 의미에서의 자유주의 국가이다(Gramsci, 319).

이러한 의미의 '자유주의 국가'가 한국의 재벌을 포함하여 전근대적 경제구조에 대해 진보적일 수 있다는 것을 부정할 수는 없다. 그러나 벤처이데올로기가 구현하고자 하는 새로운 아메리카는 '신자유주의 유토피아'이다. 이것이 과연 우리의 목표로 올바른 것인가?

'신자유주의 유토피아'는 정글법칙이 지배하는 기업가의 사회이다. 그것은 모든 사람들에게 기업가가 되어 치열한 생존경쟁을 벌일 것을 요구한다. 예컨대 현재의 지식사회는 이런 식의 '신자유주의 유토피아'일 뿐이다. 이제 지식은 그저 경제적 성공을 위한 도구의 수준으로 전락해 버리고 있다. 이제 지식인은 온갖 사회문제와 씨름하며 정의를 실현하기 위해 고뇌하는 존재가 아니라 '지식을 제품으로 발전시켜 상품화'하는 '지식전쟁의 전사'로 변모해야 한다(이광형 · 이민화, 2000: 45).

벤처이데올로기가 제시하는 '신자유주의 유토피아'는 경제적 효율의 요구가 사회적 정의의 요구를 압도해 버리는 사회이다. 경제적 효율의 요구는 사람들 사이의 능력과 취향과 여건의 차이를 무시한다. 중요한 것은 경제적 결과, 그것도 GNP[19]로 확인되는 생산성 향상일 뿐이다. 그러나 이런 사회는 필경 극심한 불평등을 낳지 않을 수 없다. 경제적 효율을 강화하기 위해서는, 지금의 신자유주의가 그러하듯이, 승자가 모든 것을 갖는 형태로 경쟁을 강화해야 하기 때문이다.

사회적 정의는 경제적 효율보다 상위의 사회구성 원리이다. 경제적 효율은 사회적 정의를 실현하기 위한 수단이다.[20] 시장경제에서 기업이란 본래 '벤처'하는 존재이다. 그러므로 '벤처기업'이란 공연한 동어반복일 뿐이다. 한국에서 '벤처기업'이 각별한 의미를 가지게 된 근본적인 이유는 시장경제가 제대로 기능하지 못하고, 따라서 기업이 '벤처'하는 존재가 아니었기 때문이다. 이런 상황은 반드시 개선되어야 한다. 그러나 그것은 원칙에 입각해서 이루어져야 한다.

경제적 효율을 사회적 정의보다 우선시해서는 시장경제의 회복조차 이룰 수 없다. 이 경우에 벤처이데올로기는 보수적 정책을 정당화하는 또 하나의 지배이데올로기가 되지 않을 수 없다. 투기를 조장하기 때문만이 아니라 효율의 이름으로 경쟁을 극단화한다는 점에서 이런 식의 벤처이데올로기는 비판되고 해체되어야 한다.

---

19) 성수대교와 삼풍백화점이 무너져도 **GNP**는 늘어난다. 그런 붕괴사고는 새로운 건설을 요구하며, 따라서 새로운 비용 지출과 생산 증가가 이루어지기 때문이다. 이런 지표로 사회의 변화를 측정한다는 것은 우스운 일이 아닐 수 없다. **GNP**는 극히 제한적인 부차적인 지표로 활용되어야 마땅하다.

20) 그러므로 벤처이데올로기를 국가가 나서서 확산시키는 것은 자가당착에 해당한다. 그것이 목표로 하는 '신자유주의 유토피아'는 필경 국가의 '정당성 위기'를 낳을 것이기 때문이다. 국가는 경제적 효율의 요구를 사회적 정의의 요구에 비추어 조절해야 한다. 이것이 '공권력'으로서 국가의 핵심적 구실이다.

참고문헌

김정유(1993), 『제조업의 정보화』, 통신개발연구원

김환석(1991), 「과학기술의 이데올로기와 한국사회—과학주의와 기술결정론」, 한국산업사회연구회 편(1991), 『한국사회와 지배이데올로기—지식사회학적 이해』, 녹두

대통령직 인수위원회(1998), '21세기 정보화사회의 준비', 토론회 자료(1998년 1월 12일)

박성택 외(1996), 『21세기 전자·정보산업의 발전패러다임과 우리의 대응』, 산업연구원

박태견(1995), 『앨 고어 정보초고속도로—21세기를 여는 비밀열쇠』, 길벗

서경석·임재홍(1994), 「국제화와 민주주의」, 한국학술단체협의회 편(1994), 『국제화와 한국사회—진보적 대안』, 나남출판

오상봉 외(1998), 『지식기반산업의 육성방안』, 산업연구원

오정택 외(1995), 『멀티미디어산업육성방안 연구』, 통신개발연구원

이광형·이민화(2000), 『21세기 벤처대국을 향하여』, 김영사

이정원(1995), 『소프트웨어산업의 장기발전을 위한 기술혁신전략』, 과학기술정책관리연구원

정보통신부(1996ㄱ), 『정보통신산업발전 종합대책』

__________(1996ㄴ), 『소프트웨어산업 육성 실천계획(안)』

조현정(2000), 「노동법과 벤처」, 『한겨레신문』 2000/4/25

진보네트워크센터(2000), '실리콘밸리의 감춰신 진실을 말한다', 『한거레신문』, 1999/11/10

천조운(1995), 「한국의 초고속 정보통신 기반구축과 정책방향」, 『계간 사상』 1995년 가을호

통상산업부·정보통신부(1997), '벤처·중소기업 중심의 발전여건 조성', http://www.mofe.go.kr/p_e_d/p062401.html (1997년 9월 5일에 내려받음)

한국산업사회연구회 편(1993), 『한국경제의 산업구조조정과 노동자계급』, 녹두

홍성태(1994), 「회사란 무엇인가」, 조봉진·홍성태 편저(1994), 『회사 가면 죽는다』, 현실문화연구

______(1999ㄱ), 「정보화 경쟁의 이데올로기에 관한 연구―정보주의와 정보공
　　유론을 중심으로」, 서울대학교 사회학과 박사학위논문
______(1999ㄴ), 「지구화와 지식의 위상 변화―지식/돈 패러다임의 발흥」, 학
　　술단체협의회 ′99 학술토론회, 1999년 10월
______(2000), 「지식사회와 탈근대―주류 정보사회론 비판」, 『문화과학』 22
　　호, 2000년 여름호

IITF(1993), *National Information Infrastructure: Progress Report*
DOC(1998), 신동기 옮김(2000), 『디지털 이코노미』, 씨앗을 뿌리는 사람
Economist(1996), The Hitchhiker′s Guide To Cybernomics, *The Economist*
　　Sep. 28th
Gramsci, A., 이상훈 옮김(1986), 『옥중수고 I―정치편』, 거름
OECD(1996), *The Knowledge-Based Economy*
Perkins, A. & M. Perkins(1999), 형선호 옮김(2000), 『인터넷거품』, 김영사
World Bank(1998), *Knowledge for Development*

『경향신문』, 2005/2/16
『한겨레신문』, 1999/11/17
　2000/4/25, 5/4, 5/6, 5/8, 7/12, 7/14
『한국일보』, 2000/5/23

08

지식사회와 정보제국주의

1. 정보화와 정보제국주의

정보화는 정보기술이 발달하고, 그것을 사회적으로 널리 이용하게 되며, 그 결과 여러 가지 사회적 변화들이 나타나는 것을 가리킨다. 그것은 단순히 정보기술을 중심으로 한 기술적 변화가 아니라, 정보기술에 바탕을 둔 기술-사회적 변화를 아우르는 것이다.

정보화를 상징하는 기계는 바로 컴퓨터이다. 1980년대 초에 이른바 '컴퓨터 혁명'이 일어난 뒤, 지난 20년 사이에 이 기계는 크게 두 가지 변화를 겪었다. 하나는 기술적 변화이다. 컴퓨터는 그 이름이 말해주듯이 본래 '계산기'이다. 이 기계는 복잡한 수식 계산을 빠르게 하기 위해 만들어졌던 것이다. 그러나 오늘날 컴퓨터는 더 이상 단순한 계산기가 아니다. 그 계산기능이 놀랄만치 향상되어 모든 형태의 정보를 처리하고 조작할 수 있는 수준에 이른 것이다. 이제 그것은 '복합매체'

(multimedia)가 되었다. 이렇게 성능이 향상되면서 컴퓨터의 쓰임새도 훨씬 넓어져서 이제는 웬만한 전자기계에는 어떤 형태로든 컴퓨터가 내장되어 있기 십상이다. 이제 그것은 '보편적 기계'가 되었다.

다른 하나는 사회적 변화이다. 그것은 보편적 기계가 되었다는 것의 다른 면이기도 한데, 누구나 컴퓨터를 사용하는 '컴퓨터의 대중화'가 이루어졌다는 것이다. 물론 실제로는 모든 사람이 컴퓨터를 사용하지는 않는다. 정보화가 가장 잘 이루어졌다는 아메리카합중국에서도 아직 컴퓨터를 쓰지 못하는 사람들이 있다. 그리고 이 세상에는 아메리카합중국보다 못 사는 나라들이 많기만 하다. 그만큼 아직 컴퓨터를 쓰지 못하는 사람들이 이 세상에는 많이 있다. 그렇지만 갈수록 컴퓨터를 사용하는 사람들이 늘어나고 있고, 이미 컴퓨터는 정보의 처리와 흐름을 주도하고 있다. 누구나 컴퓨터를 쓰고 있지는 않더라도, 누구라도 컴퓨터를 써야 하는 세상은 이미 우리 앞에 다가와 있는 것이다.

1990년대에 들어와 컴퓨터 혁명은 다시 '인터넷 혁명'으로 이어졌다. 기술적으로 인터넷은 TCP/IP라는 통신프로토콜을 사용하는 컴퓨터 통신망을 가리킨다. 그러나 세계의 모든 컴퓨터 통신망들이 이 통신프로토콜을 사용하여 연결되었으며, 오늘날의 인터넷은 이런 점에서 '네트워크들의 네트워크'로 불린다. 사실 인터넷이라는 이름 자체가 이런 뜻을 담고 있다. 인터넷에서 더 중요한 것은 그 사회적 영향과 전망이다. 이것은 컴퓨터가 처리하는 모든 정보를 실어 나를 수 있고, 국경을 넘어 지구적 범위에서 사람들을 연결해 주며, 누구나 세계를 대상으로 이야기할 수 있는 혁명적 매체이다. 이 때문에 인터넷은 '사이버공간'이라는 다소 신비화된 별명을 얻기도 했다(홍성태, 2000ㄱ).

컴퓨터와 인터넷의 발달과 이용에서 볼 수 있는 변화는 여러모로 놀라운 것이다. 그러나 이런 변화가 모든 나라, 모든 사람에게 똑같은 모습으로 나타나는 것은 아니다. 사회적 불평등은 사라지지 않았으며, 다만 변했을 뿐이다. 100년 전처럼 무지막지한 형태는 아니지만, 나라 간의 불평등도 그렇다고 할 수 있다. 정보제국주의는 이런 사실을 보여주는 하나의, 그러나 대단히 중요한 예이다.

이것은 무엇보다 '자본주의의 정보적 확장'이라는 것과 연관된다. 자본주의의 발달사는 물질재뿐만 아니라 정보재에 대한 자본의 지배력을 지속적으로 확장해가는 과정이었다(홍성태, 2000ㄴ). 최근의 정보화는 이러한 과정의 한 정점이라고 할 수 있다. 이런 점에서 정보제국주의는 컴퓨터와 인터넷의 발달로 대표되는 정보통신기술과 밀접하게 연관된 현상이다. 그러나 정보재의 다양성과 포괄성이라는 점에서 보자면, 정보제국주의는 정보통신기술의 영역을 훌쩍 뛰어넘는 현상이라고 할 수 있다. 그것은 세상의 모든 정보재에 대한 '인위적 독점'을 허용하는 지적 재산권이라는 제도(Perelman, 1998)을 통해 불평등하고 비윤리적인 사회관계를 강요하는 현상을 가리킨다.

정보제국주의의 주체는 대체로 미국을 중심으로 한 선진자본주의국들과 이 나라들에 바탕을 두고 있는 초국적 독점자본들이다. 반면에 그 대상은 흔히 제3세계라고 불리는 아시아·아프리카·라틴아메리카(AALA)의 민중들이다. 2차대전 이후로 공식적으로는 더 이상 제국주의와 식민지라는 용어를 사용하지 않고, 개발이라는 용어를 통해 나라들 간의 차이를 구분하게 되었지만, 그러나 말을 바꿨다고 해서 불평등한 현실이 사라지지는 않았다.

물론 아무 것도 변하지 않은 것은 아니다. 이제 제국주의가 가장 즐겨 쓰는 무기는 직접적인 물리력이 아니다. 아직도 그것은 선진자본주의국들이 지배하는 세계질서의 근원적 바탕을 이루고 있지만, 그럼에도 불구하고 이제 그것은 대체로 마지막에 사용하는 무기가 되었다. 대신에 정보제국주의는 지적재산권이라는 제도를 이용해서 독점이윤의 합법적인 수탈을 꾀한다. 또한 그것은 물리적 영토가 아니라 정신적 영토를 손에 넣으려 한다. 정보재의 형태로 나타나는 이 정신적 영토를 지배함으로써 정보제국주의는 갈수록 정보재의 구실이 커지는 이 세상을 지배하게 되는 것이다. 오늘날의 정보자본주의는 이러한 정보제국주의를 떠나서 올바로 이해될 수 없다. 독점을 향한 자본의 본능적 욕망이 정보제국주의의 근원적 동력이기 때문이다.

이 글은 크게 세 가지 내용으로 이루어진다. 우선 자본주의의 정보적 확장이 1990년대에 들어와 어떻게 진행되었는가를 세계무역기구의 무역관련지적재산권협정(WTO/TRIPs)를 중심으로 살펴본다.[1] 여기서 무엇보다 주의할 것은 이러한 변화가 '자본주의의 정보적 확장의 완성'이라는 의미를 지닌다는 점이다.[2]

다음에 우리가 현재 겪고 있는 실제적인 문제들을 통해 정보제국주의의 문제를 구체적으로 이해하도록 한다. 여기서는 이것의 하위 유형을 정보제국주의, 의료제국주의, 종자제국주의, 문화제국주의로 나누어 살펴볼 것이다. 서로 크게 다른 것으로 보이는 이 예들을 꿰뚫는 한줄기 붉은 실은 지적재산권을 통한 정보재의 독점, 곧 자본주의의 정보적 확장이다.

마지막으로 이 문제들에 대한 시민사회의 대응에 대해 살펴보도록 한다. 세계무역기구에 대한 광범위한 반대투쟁을 넘어서 각각의 문제별로 시민사회는 정보제국주의의 문제에 대해 활발히 대응하고 있다. 이에 대한 이해에서 정보제국주의 문제를 극복하기 위해 우리 각자가 무엇을

---

1) 이 부분은 홍성태(2000ㄴ)의 일부를 옮긴 것이다.
2) 이른바 정보자본주의는 단지 정보기술을 써서 효율적으로 운영되는 자본주의가 아니라 정보적 확장을 통해 정보재를 이윤의 원천으로 바꿔놓은 자본주의를 뜻한다. '현실 정보사회'는 이러한 정보자본주의가 지배하는 사회이다(홍성태, 2000ㄷ).

해야 하는지에 관한 실천적 실마리를 찾을 수 있을 것이다.

2. 자본주의의 정보적 확장

1999년 11월 말, 세계 135개국의 경제각료들이 미국의 북서부 해안에 자리잡고 있는 세계적 도시인 시애틀에 모여들었다. 앞으로 3년에 걸쳐 진행될 세계무역기구(WTO)의 새로운 다자간 무역협상을 시작하기 위해서였다. 그러나 개막식 날이었던 11월 30일, 시애틀은 영화 제목 그대로 '잠 못 이루는 밤'이 되고 말았다. 시애틀에 모여든 것은 각료들만이 아니었다. WTO에 반대하는 세계의 NGO들도 그곳으로 모여들었던 것이다. 그들은 온힘을 다해 개막식을 막았으며, 시애틀에는 통금령이 내려지고 말았다. '뉴라운드'를 위한 각료회의는 결국 폐막식도 못하고 끝나고 말았다.3)

잘 알다시피 WTO는 2차대전 이후 자본주의세계체계를 지탱해온 '관세 및 무역에 관한 일반협정'(GATT)을 대신하여 설립되었다. 이로써 세계는 이른바 '무한경쟁'의 시대로 돌입하게 되었다. 그 이마에는 '자유무역과 개방경제'라는 이름을 내걸고 있지만, 그것이 실제로 추구하는 것은 오직 '더 많은 이윤'일 뿐이다. WTO가 세계의 많은 NGO들과 노동조합에 의해 신자유주의의 수괴조직으로 비난을 받고 격렬한 비판의 대상이 된 것은 이 때문이다. 그것은 이미 '오직 더 많은 이윤만을 추구하

---

3) NGO들이 '뉴라운드' 협상에 대해 이처럼 격렬하게 반대한 이유는, 그것이 세계를 투기자본의 손아귀에 넘김으로써 경제적 불평등의 골을 더욱 깊게 만들고, 유전자조작식품에 대한 미국의 수입규제 해제 요구에서 보이듯이 사람들의 안전을 크게 침해할 것이기 때문이었다. 이러한 문제는 이미 1996년에 한 사회운동가에 의해 폭로된 OECD의 다자간 투자협정 (MAI)계획에서 잘 드러난 바 있다. '뉴라운드'는 사실상 MAI를 관철시키려는 것으로 비판받아 왔다(http://www.jinbo.net/~aseedkr/invest.html; 국제연대행동네트워크, 1998).

는 자본주의의 상징'이 되었다.

'밀레니엄 라운드'라고도 불리는 WTO 뉴라운드[4]는 사회주의 세계체계의 몰락과 정보기술 등의 발달을 배경으로 전개되는 자본주의의 지구화를 제도적으로 안정화하기 위한 시도이다. 그것은 GATT를 대신하여 들어선 WTO가 추구하는 가장 중요한 과제이기도 하다. '밀레니엄 라운드'에서 다루기로 했던 주요 내용은 우루과이라운드 협정상의 기설정의제(BIA), 공산품 관세인하, 그리고 신통상이슈들[5]이다. 전자상거래와 유전자 조작식품 등 최근에 급속히 발달되고 있는 기술 분야가 새로운 협상의 중요한 내용을 이루고 있다.

자본주의의 정보적 확장과 직접적으로 연관된 지적재산권 관련 분야는 이미 우루과이라운드(UR) 체결 당시에 '무역관련 지적재산권'(TRIPs) 협정의 형태로 일단 정리되었다. 이 협정은 WTO의 일반협정에 포함되어 있으므로 이것에 조인하는 회원국들은 당연히 이 협정을 받아들이도록 되어 있다(권용수, 1996: 54). 또한 '뉴라운드' 계획에 따르면 이 협정은 1998년부터 추가협상을 시작하도록 되어 있다. TRIPs 협정을 둘러싼 협상은 UR/TRIPs로 시작되었으나 종결되지 않고 WTO/TRIPs로 이어져 여전히 진행되고 있는 것이다.

TRIPs 협정은 선진 자본주의 국가들의 처지를 중심으로 지적재산권의 보호를 강화하기 위해 마련된 것이다. 그것은 기존의 국제협약들을 최저 보호수준으로 해서 강화시키는 '기존 협정 플러스' 방식을 채택했다. 준용된 기존 협정들은 산업재산권의 보호를 위한 파리협약, 문학 및 예술 저작물의 보호에 관한 베른협약, 실연자·음반 제작자·방송

---

4) 이것은 GATT의 연장선에서 보자면 제9차 협상에 해당된다. 케네디라운드는 6차, 도쿄라운드는 7차, 우루과이라운드는 8차였다.

5) 그 내역은 무역과 투자, 무역과 경쟁정책, 정부조달의 투명성, 무역과 환경, 무역과 노동, 전자상거래 등이다(채욱·서창배, 1999: 38-42; 한겨레신문, 1999/11/27).

사업자의 보호에 관한 로마협약, 집적회로에 관한 지적재산권 협정 등이다. 지적재산권의 남용을 방지하기 위한 장치6)가 없는 것은 아니지만, 강도를 강화하고 범주를 확대하는 것이 TRIPs 협정의 기본 방향이다. 특허권 존속기간의 연장이나 신지적재산권의 보호가 그 좋은 예라고 하겠다(권용수, 1996: 57).

TRIPs 협정과 관련해서 우리가 무엇보다 주목할 것은 이전의 어떤 다자간협상에서도 이처럼 지적재산권 문제를 독자적인 의제로 다룬 적이 없다는 사실이다(박동현, 1995: 19). 본래 지적재산권과 관련된 사항은 국제연합의 산하기관인 세계지적재산권기구(WIPO)의 고유영역이었으나, WTO는 자신의 업무영역 내로 지적재산권을 끌어들인 것이다. 이것은 1980년대 초반부터 지적재산권의 경제적 구실에 대한 관심이 이전과 비교할 수 없이 커졌으며, 더욱이 이런 변화를 세계 최대의 지적재산권 보유국인 미국이 주도했다는 사정과 결코 무관할 수 없는 변화이다. WTO의 일반협정이 WIPO의 일반협정보다 훨씬 큰 구속력을 가지고 있다(박동현, 1995: 22)는 점을 염두에 두면, TRIPs 협정이 지적재산권을, 변화한 자본주의의 핵심에 위치시키는 것이라는 사실을 잘 알 수 있다.

TRIPs 협정은 이른바 정보자본주의 혹은 지식자본주의의 형성7)을 보여주는 핵심적 지표이다. 그 구실은 단순히 지적재산권을 일반적인 무

---

6) 공중보건 및 영양을 위한 제한, 공공이익을 증진하기 위한 제한, 지적재산권의 남용을 방지하기 위한 제한 등이 있다(권용수, 1996: 57-58).
7) 이에 관한 논의들이 1990년대 중반 이후에 갑자기 쏟아져 나온 것에 주목할 필요가 있다. 예컨대 '지식기반경제'에 관한 OECD의 1996년 보고서는 TRIPs 협정이 체결된 상황을 배경으로 가장 잘 이해될 수 있다. '지식기반경제'의 출현을 마치 역사발전의 필연적 결과인 것처럼 제시하는 주장들은 선진 자본주의 국가들의 이익을 보편적인 담론을 통해 합리화하는 이데올로기의 성격을 강하게 지닌다. 이에 대한 비판적 검토로는 홍성태(1999ㄱ; 1999ㄴ)를 참조

역거래의 핵심분야로 탈바꿈시키는 데 그치지 않는다. 그것은 여기서 한걸음 나아가 19세기 말부터 본격적으로 전개되어온 자본주의의 정보적 확장을 지구적 차원에서 제도적으로 완성하는 것이다.

지적재산권은 정신적 산물의 질과 양의 변화에 따라 지속적으로 변화해왔다. 정보기술의 발달은 산업재산권과 저작권으로 크게 구분되던 지적재산권의 구성 자체를 바꾸는 결과를 가져왔다. 예컨대 컴퓨터 프로그램은 특허권의 대상으로도, 저작권의 보호대상으로도 볼 수 있다. 이로부터 산업저작권이라는 새로운 개념이 형성되었다. 이후 데이터 베이스, 생명공학기술 등의 새로운 정보기술자산이 등장하면서 신지적재산권이 형성되었다. TRIPs 협정은 이에 대한 보호도 더욱 명확하게 하거나 강화하였다. 특히 그 중의 정보재산권은 TRIPs 협정에서 교섭항목으로 채택되면서 중요하게 부각되었다(박동현, 1995: 25-27, 33).

신지적재산권 중에서 첨단 산업재산권은 첨단 정보통신기술 분야와 첨단 생명공학기술 분야로 크게 나뉜다. 이 중에서 후자는 선진 자본주의 국가들과 제3세계 사이에서 특히 첨예한 논란을 빚고 있는 분야이다. 선진국들은 이 분야에서 특허권이 크게 강화되어야 할 것을 주장하는 반면에, 제3세계는 모든 생명특허를 부정하는 입장까지 보이고 있다. 풍부한 생물자원을 가진 제3세계와 발달된 생명공학기술을 가지고 있는 선진국 사이의 이해관계의 차이가 이런 식으로 나타나는 것이다(오병일, 2000: 87). 이 문제는 선진국들이 생명공학기술을 개발하고 이용하는 방식과 밀접하게 연관되어 있기도 하다. 선진국들은 제3세계의 풍부한 생물자원을 이용해서 생명공학기술을 개발하고, 특허를 통해 그에 대한 독점적 소유권을 확보해 왔다. 제3세계는 이런 식으로 확보된 특허권에 대해서도 선진국들이 원하는 대로 대가를 지불해야 한다(정관혜, 1999: 87-89). 이것이 과연 정당한 일인가?[8]

3. 정보제국주의

이 절에서 살펴볼 정보제국주의[9]는 정보통신기술의 생산 및 이용과 관련된 것으로서 지적재산권을 통해 정보재의 독점을 추구하는 정보제국주의의 하위 유형을 가리킨다. 여기서 특히 두드러지는 것은 '마이크로소프트 문제'이다. 그 놀라운 성공으로 말미암아 '벤처이데올로기'(홍성태, 2000ㄹ)의 상징이 된 이 회사는 사실은 넓은 의미에서나 좁은 의미에서나 '정보제국주의'의 상징이기도 하다. 이런 점에서 마이크로소프트를 '세계를 터는 강도'로 보는 사람들도 있다(Cosmo and Nora, 1998).

이처럼 마이크로소프트는 극단적으로 대비되는 평가를 받고 있는 기업이다. 그 평가가 이렇듯 극단적으로 대비되는 까닭은 이 회사가 엄청난 독점기업이라는 데서 비롯된다. 전체 개인용 컴퓨터의 운영체계 시장에서 마이크로소프트가 차지하는 점유율은 무려 90-95%에 이르는 것으로 추산된다. 전세계의 개인용 컴퓨터는 IBM PC 호환형 기종으로 거의 통일되어 있다시피하고, 다시 이 기종은 모두 마이크로소프트에서 생산하는 운영체계를 이용해서 작동된다. IBM PC 호환형 개인용 컴퓨터의 운영체계는 마이크로소프트가 사실상 완전히 독점하고 있는 것이다.

이러한 독점은 역사적으로는 우연의 결과이지만, 제도적으로는 필연

---

8) 그렇지 않다고 믿는 제3세계의 지식인들은 이러한 행위를 '생물 해적질'(Biopiracy)이라고 부른다. 이런 행위를 자행하는 선진 자본주의 국가들과 초국적 기업들은 그야말로 '자연과 지식의 약탈자들'이라고 할 만하지 않은가? 이에 대해서는 Shiva(1997)를 참조

9) 본래 정보제국주의는 서구 선진자본주의국들이 국제적인 정보의 흐름을 완전히 통제하고 지배하는 현상을 가리킨다. 이것은 국력의 차이에 따른 당연한 결과로 볼 수도 있지만, 정보의 흐름을 지배하는 측이 정보의 조작과 왜곡을 통해 국력의 차이를 강화하고 국제적 불평등을 유지하는 데 이바지한다는 큰 문제를 안고 있다.

적 결과라고 할 수 있다. 먼저 역사적 우연은 IBM이 개인용 컴퓨터를 우습게 여기고 그 운영체계의 개발을 마이크로소프트에 맡겼던 데서 비롯된다. IBM PC 호환형 개인용 컴퓨터를 많이 쓸수록 마이크로소프트의 운영체계를 많이 쓰게 되었던 것이다. 그런데 운영체계는 하드웨어와 소프트웨어를 연결해 주며, 수많은 응용소프트웨어들이 작동할 수 있도록 해 주는 프로그램이다. 이런 점에서 그것은 정보사회의 기술적 기반이며 기반적 기술이다. 이처럼 중요한 것을 한 회사가 좌지우지할 수 있다는 것은 '현실 정보사회'의 커다란 문제가 아닐 수 없다(홍성태, 2001).

이러한 역사적 우연은 제도적 필연을 통해 나타난 것이다. 지적재산권이 바로 그 제도이다. 마이크로소프트의 독점은 지적재산권으로 보호된다. 운영체계는 정보사회의 기술적 기반으로서 고도의 사회성을 가지는 것임에도 불구하고 지적재산권은 그 독점을 보호하는 수단으로 사용되고 있는 것이다. 정보재의 생산을 촉진시켜 사회 전체의 지적 부를 늘리도록 한다는 지적재산권의 본래 목적에 따르자면, 운영체계와 같이 고도로 사회적인 정보재의 독점을 강력하게 보호하기 위해 지적재산권을 사용하는 것은 잘못이다. 그러므로 마이크로소프트의 대성공은 지적재산권의 문제점을 잘 보여주는 좋은 예이다.

마이크로소프트는 운영체계의 독점을 통해 전세계의 개인용 컴퓨터 이용자들에게 큰 영향을 미치고 있다. 미국에서조차 마이크로소프트는 많은 관련 기업들로부터 '공적'으로 여겨지고 있기도 하다. 또한 경쟁상대를 가만히 내버려두지 않는 '정복전략'으로 말미암아 미국 법무부로부터 '독점력의 부당한 행사'라는 혐의로 제소되어 오랫동안 소송을 벌이고 있다. 그 대표적인 예가 1997년부터 시작된 '브라우저 전쟁'이다. 이것은 넷스케이프가 장악하고 있던 브라우저 시장을 빼앗기 위해 운영체계에 브라우저인 인터넷 익스플로러를 끼워판 데서 비롯된 사건이다. 이 사건은 세계의 수많은 사람들이 '마이크로소프트 문제'를 깨닫는 계기가 되었다.

우리 나라에서 '마이크로소프트 문제'는 1998년부터 널리 알려지기 시작했다. 1997년에 미국에서 '브라우저 전쟁'을 벌였던 데 바로 뒤이어 마이크로소프트는 1998년에 국내에서는 '워드프로세서 전쟁'을 벌였다. 잘 알려져 있다시피 이 전쟁은 두 가지 방식으로 진행되었다. 먼저 마이크로소프트는 한글과컴퓨터를 인수하여 '혼글'을 아예 없애고자 시도했다. 이 시도가 '국민적 저항'에 부딪혀 실패하자 마이크로소프트는 무려 100만본에 달하는 MS워드를 무료 배포하였다. 기증의 형태를 취하기는 했지만 누가 보더라도 이것은 '혼글'의 시장점유율을 약화시키기 위한 대규모 물량공세임에 틀림없는 것이었다. 이를테면 마이크로소프트는 미국에서 '브라우저 전쟁'을 전개했던 것과 마찬가지 방식으로 한국에서 '워드프로세서 전쟁'을 전개했던 것이다. 이에 대응해서 '혼글'과 호환되며 대단히 싼 가격으로 누구나 자유롭게 이용하고 개발할 수 있는 새로운 '혼글'을 만들기 위한 '열린혼글운동'이 전개되기도 했다.

1999년에 들어서 우리 나라에서의 '마이크로소프트 논쟁'은 제2라운드에 접어들었다. 이 논쟁은 우선 두 가지 점에서 1998년의 '워드프로세서 논쟁'과 구분된다. 첫째, 논쟁의 상대자가 바뀌었다. 한컴에서 용산전자상가 상인조합으로 바뀐 것이다. 둘째, 논쟁의 쟁점이 바뀌었다. 1998년에는 워드프로세서라는 응용소프트웨어가 문제였으나, 1999년에는 윈도즈라는 운영체계가 문제가 되었던 것이다. 물론 문제가 된 것은 운영체계 자체나 그 독점이 아니다. 논쟁에서 표면으로 드러난 핵심 논점은 윈도즈의 판매가격 및 판매방식에 관한 것이다. 용산전자상가 상인조합 측의 문제제기에 따르면, 문제는 마이크로소프트가 용산전자상가 상인조합을 정당한 컴퓨터 제조사로 대우하지 않고 차별대우한다는 데서 비롯되었다.

먼저 가격 문제는 마이크로소프트가 용산전자상가 상인조합 측에 대해서 국내외 회사들을 상대로 했을 때보다 비싼 가격으로 윈도즈를 판매한다는 것이다. 미국의 '워드프로세서 전쟁'에서는 사실상 '약탈가격'과 같은 효과를 갖는 무료배포 전술을 구사했으나, 한국의 '윈도즈 전쟁'에서는 운영체계의 독점에 기반을 두고 고가격정책을 구사했던 것이다. 한편 여기서 문제가 단순히 가격에 그치는 것이 아니라 판매방식과 연관을 맺고 있다는 점에도 주의할 필요가 있다. 마이크로소프트가 용산전자상가의 상인들에게 윈도즈를 비싸게 파는 이유는 그들이 브랜드 컴퓨터 제조사들과 달리 소규모 컴퓨터 조립상들이기 때문이다. 이에 대해 용산전자상가의 상인들은 조합을 결성하여 마이크로소프트에게서 윈도즈를 집단구매하고자 했지만, 마이크로소프트는 이같은 방식을 신뢰할 수 없는 것으로 여겨 거부했다.10)

마이크로소프트와 밀접하게 연관되어 있는 또 다른 중요한 정보제국주의의 문제로 '불법복제 단속'을 들 수 있다. 이미 오래 전부터 우리 나

---

10) 여기서 다른 문제가 파생할 수 있다. 국내의 조립시장은 세계적으로 드문 예에 속한다. 마이크로소프트가 이러한 특수성을 고려하지 않고 윈도즈의 차별적 가격정책을 고수하는 것은 결국 국내 조립시장의 약화와 브랜드 제조시장의 강화를 가져올 수 있다. 마이크로소프트가 고집한 운영체계 판매방식이 국내 컴퓨터 제조시장의 변화에도 영향을 미칠 것으로 전망할 수 있는 것이다. 이것은 국내의 브랜드 컴퓨터 제조사들에게 유리한 변화일 것이다. 브랜드 컴퓨터 제조사들로서는 용산전자상가가 단순한 컴퓨터 및 부품 판매장으로 바뀐다면, 컴퓨터 제조 및 판매의 일관된 경로가 형성될 뿐만 아니라 상당한 매출상의 이익을 볼 수 있을 것이기 때문이다. 또한 이것은 마이크로소프트로서도 유리한 변화일 것이다. 이런 식의 시장변화는 결국 '불법복제'를 둘러싼 시비를 크게 줄일 것이기 때문이다. 이런 점에서 미국의 소프트웨어 대기업과 한국의 하드웨어 대기업들 간의 연계가 강화되는 맥락에서 한국에서 마이크로소프트의 윈도즈 판매전략을 살펴볼 필요도 있다.

라는 이 문제로 크게 시달려왔다. 2000년 봄에는 대대적인 단속이 이루어져 기업은 물론이고 학교를 비롯한 공공기관에서도 큰 소동을 빚기도 했다. 이런 과정을 통해 우리 나라의 소프트웨어 불법복제 문제는 상당히 약화된 것으로 국내의 단속기관은 보고 있다. 그러나 마이크로소프트가 주도하는 미국의 '사무용소프트웨어협회'(BSA)는 2002년 1월에도 우리 나라의 소프트웨어 불법복제율이 56%에 이른다는 조사결과를 발표하고 다시금 대대적이고 지속적인 단속을 요구했다. 이런 조사결과는 다소 놀라운 것이었기에 발표 자리에서 기자들은 그 근거를 밝히라고 요구했다. 그러나 BSA는 아무런 근거도 내놓지 못했다. 더 많은 이윤을 위해 무조건 도둑이라고 우기고 단속만을 요구하고 있는 셈이다.

4. 의료제국주의

정보재의 종류는 셀 수 없이 다양하다. 그런만큼 정보제국주의는 헤아릴 수 없이 다양한 영역에 영향을 미친다. 그 중에서도 의료제국주의는 우리의 건강과 생명을 다루는 의료 정보재의 독점을 통해 최대 이윤을 추구하는 것을 가리킨다. 이 때문에 의료제국주의는 정보제국주의는 물론이고 비슷한 문제를 가지고 있는 종자제국주의보다도 훨씬 더 심각한 윤리적 문제를 안고 있다.

전세계의 의료시장은 선진자본주의국들에 그 본사를 둔 몇몇 의료 초국적 독점자본들에 의해 지배되고 있다. 오늘날에도 의료행위는 여전히 '인술'이어야 한다. 아픈 사람이 치료를 받아야 하는 것은 배고픈 사람이 먹어야 하는 것과 마찬가지로 기본적인 인권에 속하는 것이다. 의사가 이런 명백한 사실을 잊는다면, 이미 의사로서 해야 할 책임을 저버리는 것이라고 할 수 있다. 그러나 오늘날에는 어떤 의사도 자기 마음대로

'인술'을 펼 수 없는 상황에 놓여 있다. 그 중요한 이유로 의료 초국적 독점자본들의 이윤욕이 '인술'의 구조적 조건으로 작용하고 있다는 것을 들 수 있다.

좋은 일을 하려고 해도 능력이 있어야 한다. '인술'은 마음만으로 펼 수 있는 것이 아니다. 아픈 사람을 낫게 하기 위해서는 여러 가지 장비가 있어야 하고 무엇보다 약이 있어야 한다. 그러나 장비도 약도 모두 우리가 살아가는 이 자본주의 사회에서는 아픈 사람을 낫게 하기 위해 필요한 것이기에 앞서서 돈을 주고 사야 하는 하나의 '상품'이다. 이 문제가 특히 두드러지는 것은 약의 경우이다. 새로운 약을 개발하는 데는 오랜 시간과 많은 돈이 들지만, 일단 개발되고 나면 손쉽게 복제약을 생산할 수 있다. 그러나 지적재산권은 이러한 복제를 불법으로 규정하고 가로막는다. 이 명백히 반윤리적인 상황은 선진자본주의국들의 강력한 힘에 그 바탕을 두고 있다.

의료제국주의의 문제를 보여주는 세계적으로 가장 널리 알려진 예는 에이즈 치료제와 관련된 것이다. 세계적으로 에이즈 환자는 계속해서 늘어나고 있고, 특히 가난한 나라들에서 많이 늘어나고 있다. 그러나 에이즈 치료제는 아주 비싸서 가난한 나라의 환자들은 옳게 이용하기가 어렵다. 이와 관련해서 발생한 가장 유명한 예는 1999년에 남아프리카 공화국에서 일어난 것이다. 당시에 이 나라의 에이즈 환자는 300만명이 넘었다. 그리고 그 대부분은 가난한 흑인들이었다. 이 때문에 남아프리카공화국 정부는 '강제실시권'[11]을 발동해서 에이즈 치료제를 생산하려고 했다. 이에 대해 그 특허권을 가지고 있는 초국적 제약회사들은 거세게 반발했고, 이 때문에 국제적인 논란이 빚어졌다. 초국적 제약회사들

---

11) 국가적 비상사태와 같은 경우에 지적재산권의 보호를 유보하고 공익을 위해 국가가 지적재산을 강제로 이용할 수 있는 권리.

은 뒤에 강제실시권의 철회를 조건으로 아주 싼 가격에 치료제를 공급하겠다고 제안했다. 그러나 이 제안은 초국적 제약회사들이 특허권으로 벌어들이는 막대한 독점이윤의 규모를 백일하에 드러내는 계기가 되었다.

에이즈 치료제를 둘러싼 의료 초국적 독점자본과 가난한 나라 사이의 갈등은 2001년에 브라질에서도 일어났다. 우리 나라의 경우는 아직까지 이와 관련된 문제는 일어나지 않고 있다. 그러나 우리 나라에서도 심각한 의료제국주의의 문제가 이미 일어나서 많은 사람들이 고통받고 있는 상태이다. 그것은 '글리벡'(Glivec)이라는 이름의 백혈병 치료제를 둘러싸고 일어난 문제이다.

이 약의 특허권은 스위스의 노바티스(Novartis)라는 회사가 가지고 있다. 문제는 이 회사가 치명적인 병을 앓고 있는 사람들을 대상으로 더 많은 이윤을 뜯어내려고 약값을 너무 비싸게 매긴 데서 비롯되었다. 이 회사는, 많은 연구개발비를 썼고 약값은 그것을 포함해서 산정된 합리적인 것이라고 주장한다. 그러나 생산단가의 30배를 넘는 약값은 아무리 연구개발비를 고려한다고 해도 놀랄만치 높은 폭리를 얻기 위한 독점가격이라고 하지 않을 수 없다. 죽음의 병을 앓고 있는 환자들을 대상으로 매긴 약값이라는 사실을 알고는 더욱 더 놀라지 않을 수 없다.

단지 윤리적인 차원에서만이 아니라 사실의 차원에서도 이 회사의 주장은 옳지 않다. 노바티스는 1993년에 미국 국립암센터의 지원을 받는 오레곤암센터 과학자들과 공동으로 암발현단백질의 활동을 억제하는 화학물질에 대한 연구를 시작해서 8년 후인 2001년부터 글리벡을 생산하게 되었다. 그러나 새로운 약을 개발하기 위해서는 질병의 원인을 밝혀내고 치료하기 위한 많은 정보들이 필요하다. 노바티스의 특허권은 이미 이루어진 과학자들의 업적과 그것에 들어간 연구개발비용은 모두 무시하고 있다. 도대체 글리벡이라는 약이 어떻게 노바티스의 노력만으로 만들어질 수 있었겠는가?

실제로 1960년에 한 과학자가 만성골수성백혈병환자에게서 특이한 염색체의 이상을 발견하고, 그 뒤 30년간이나 염색체의 이상이 어떻게 암을 일으키는지에 대해 계속 연구한 끝에 암의 발현을 차단하는 신물질인 ST1571을 개발할 수 있었다. 또한 비용의 부담을 이유로 해서 노바티스가 개발을 포기하려 했을 때, 2,000명이 넘는 백혈병환자들이 미국의 식의약품안전청(FDA)에 탄원해서 글리벡은 희귀의약품으로 지정받게 되었다. 이를 통해 노바티스는 연구비를 지원받았으며 개발비용 전체에 대한 세금혜택을 받았다.

그러므로 지식의 면에서나, 비용의 면에서나, 글리벡의 생산과 이용에 대해 노바티스가 전권을 행사하는 것은 잘못이다. 노바티스가 글리벡의 특허권을 가지고 있기는 하지만, 그것은 다른 연구성과들과 연관되어 있으며, 그 개발에는 공익을 위한 많은 세금이 사용되었다. 그러므로 구태여 생명의 고귀함에 관한 종교적 가르침을 떠올리지 않더라도, 노바티스의 행태는 지적재산권이 얼마나 심각하게 악용될 수 있는가를 잘 보여주는 예이다.

그러나 노바티스는 시민사회의 강력한 저항을 불러일으킨 반윤리적 행태를 고치려 하기보다는 에델만 코리아라는 전문홍보업체를 고용해서 글리벡에 관한 기존의 정책을 관철시키려 하고 있다. 일부 환자들에게 글리벡을 무상공급해서 강제실시권을 청구하기 어렵게 만드는 동시에 자신들에게 유리한 여론을 조성해서 비싼 약값을 그대로 유지하려 하고 있는 것이다. 이 과정에서 환자들 사이에서도 갈등이 빚어지고, 이 때문에 강제실시권을 통해 의료제국주의에 대응하려는 움직임에도 차질이 빚어지고 있다. 여러 가지 내적인 이해관계의 차이가 의료제국주의라는

'공적'에 대응하는 데서도 작동하고 있는 것이다. [12]

그러나 이 사건은 의료제국주의의 문제를 널리 알리는 데 크게 이바지하기도 했다. 민중을 위한 의료를 이루고자 하는 의료운동단체들과 지적재산권의 문제를 고치기 위한 활동을 벌이는 정보공유운동단체들과 같은 전문가단체들뿐만 아니라 직접적인 피해자들을 비롯한 일반 시민들의 의료제국주의에 대한 관심도 이 사건을 계기로 더욱 커지고 있는 것이다.

5. 종자제국주의

의료제국주의만큼이나 근본적인 문제를 안고 있는 것이 종자제국주의이다. 하나의 생물로서 우리는 먹어야 산다. 먹는 것은 살기 위해 필요한 첫 번째 요건이다. 종자제국주의는 바로 이 먹는 것을 손에 넣고 자기 마음대로 쥐락펴락하며 최대 이윤을 추구하는 것을 가리킨다. 정보제국주의의 다른 하위 유형들과 마찬가지로 종자제국주의도 지적재산권을 통해 합리화되고 있으며 선진자본주의국들에 바탕을 두고 있는 몇몇 초국적 독점자본들이 그 주인공들이다.

종자제국주의의 뿌리는 1970년대에 널리 퍼져나간 이른바 '녹색혁명'에서 찾을 수 있다. 인구증가에 따른 식량부족의 문제를 기술적으로 해결한다는 목표를 내걸고 세계 전역에서 강력하게 추진된 '녹색혁명'은 농업의 공업화와 자본화를 가져오는 데에는 크게 성공했지만 정작 식량

---

12) 이 부분은 '평등사회를 위한 민중의료연합'이 '글리벡 문제 해결을 위한 지원대책위'(가칭) 구성을 제안하며 2001년 12월 7일자로 여러 시민단체들에게 보낸 제안서의 내용을 주로 참고하였다. 2002년 1월 현재, 글리벡 문제를 다루는 사이트(http://glivec.jinbo.net/)가 운영 중이다.

부족의 문제를 해결하는 데에는 그다지 성공하지 못했다. 지금도 7억명을 넘는 세계 인구가 굶주림에 시달리고 있기 때문이다. 사실 식량문제의 해결에서 중요한 것은 기술의 혁신이 아니라 사회의 개혁이라는 것이 '녹색혁명'에서 우리가 배워야 할 가장 중요한 교훈이다(Foster, 1999).

한편에서 제3세계의 '녹색혁명'이 실패로 돌아간 반면에, 바로 이 때문에 다른 한편에서 세계 식량시장에 대한 선진자본주의국들의 식량 초국적 독점자본은 큰 성공을 거두게 되었다. 농업이 망하더라도 아무튼 사람들은 먹어야 하기 때문이다. 제3세계의 많은 나라들에서 농업이 더 이상 사람들을 먹여 살리는 본원적 구실을 하기 어렵게 되자, 식량 초국적 독점자본이 대신해서 식량의 공급자로 나섰다. 그 결과 카길(Kagil) 같은 미국의 곡물수출기업들이 세계의 식량생산과 유통을 지배하게 되었으며, 이로부터 식량을 최대 이윤은 물론이고 정치적 목적으로 이용하기도 하는 식량제국주의가 나타나게 되었다.

식량제국주의는 생명공학 및 농화학과 밀접한 연관을 맺고 있다. 생명공학을 통해 생산된 다수확품종과 농화학을 통해 생산한 강력한 살충제[13]로 창고에 가득 식량을 마련하는 데서 식량제국주의는 비롯되는 것이다. 최근에 전세계에서 큰 저항을 불러일으킨 식량제국주의의 문제로는 이른바 '유전자조작식품'(GMO)의 생산을 들 수 있다. 이것은 유전공학을 정밀하게 이용하여 유전자를 변형해서 수확량을 늘릴 수 있고 병·해충에 견디는 힘이 센 농축수산물을 생산하는 것이다. 따라서 재래종에 비해 GMO는 생물적으로 월등히 뛰어나며 경제적으로 훨씬 더

---

13) 살충제는 사실 '살생제'로 불러야 옳다. 그것이 '벌레'만 죽이는 것은 아니며, '해로운 벌레'만 죽이는 것은 더더욱 아니기 때문이다. 살충제는 모든 벌레를 죽이며, 결과적으로 생태계 전체에 크나큰 악영향을 미칠 수 있다. DDT가 가장 좋은 예이다(Carson, 1962).

많은 이익을 얻을 수 있다.

그러나 GMO의 안전성은 아직까지 증명되지 않은 상태이다. 수십억 년의 세월을 통해 만들어진 생물의 유전자를 인위적으로 변형한 것이 GMO이기 때문에 그것을 먹었을 때 우리의 몸에 어떤 일이 일어날지 아무도 모른다. 또한 그것을 기르는 과정에서도 우리가 아직 모르고 있는 심각한 문제가 일어날 수도 있다. 자연계에서 생물체들 사이에서는 유전자를 주고받는 일이 쉽게 일어난다. GMO와 잡초의 자연적인 유전자 교환이 일어난다면, 이른바 '수퍼잡초'가 나타나서 농업에 커다란 악영향을 미칠 수도 있다. 요컨대 생태계의 교란을 가져와서 자연을 크게 망칠 수도 있는 것이다.

GMO를 널리 기르게 될 경우에 나타날 또 다른 문제는 종자제국주의가 크게 강화되는 것이다. GMO는 공업적으로 생산된 농축수산물이다. GMO를 생산하기 위해서는 그것을 만들어낸 초국적 독점자본에 의존하지 않을 수 없다. GMO는 식량제국주의와 종자제국주의가 접합된 지점, 혹은 식량제국주의가 종자제국주의로 나아가는 지점이다. GMO의 공업적 성격은 더 많은 이윤을 얻기 위한 다른 기술과 결합될 수 있다. 농산물의 경우에 이미 두 가지 기술이 사용되고 있다. 하나는 '터미네이터 기술'로 불리는 것으로 한번 심은 종자에서 거둔 종자로는 농사를 지을 수 없도록 하는 것이다. 농부들은 매년 열매를 거두고, 또 매년 회사에서 종자를 사야만 한다. 터미네이터 종자에서 거둔 열매는 열매이기는 하되 종자는 아니기 때문이다. 다른 하나는 특정 농약에 견딜 수 있는 종자를 만들어내는 것이다. 미국의 몬산토(Monsanto)는 종자산업과 농화학산업을 아우르는 거대한 농업 초국적 독점자본이다. 이 회사는 '라운드 업'이라는 제초제를 생산하는데, 이것에 견딜 수 있는 '라운드 업 레디'라는 이름의 유전자조작 콩을 만들어서 한몫으로 팔고 있다. 뽕도 따고 임도 보는 게 아니라, 농약도 팔고 종자도 파는 것이다.

GMO는 이미 우리의 일상 속으로 깊숙이 들어와 있다. 가장 심각한 것은 옥수수와 콩이다. 두 농산물에 대한 우리 나라의 자급율은 각각 1%와 9%밖에 되지 않는다. 부족한 물량의 대부분은 미국에서 수입하고 있는데, 불행하게도 두 농산물이 세계적으로 가장 많이 생산되는 GMO 농산물이다. 2000년 11월에 사료용으로만 사용하도록 허용된 유전자조작 옥수수가 미국의 미션푸드사가 제조하고 국내의 수입기업이 수입·판매한 멕시코풍의 옥수수 과자인 또띠아에서 발견되었다. 노바티스, 몬산토와 함께 세계 3대 농업생명공학기업의 하나인 아벤티스(Aventis)사가 제조한 스타링크(StarLink) 상표의 이 유전자조작 옥수수는 식용으로 사용될 경우 심한 알레르기 반응을 일으킨다고 알려져 있다. 그러나 이 사건은 빙산의 일각일 뿐이다. 훨씬 더 많은 유전자조작 옥수수가 수입되어 널리 사용되었기 때문이다.

옥수수가 여러 가지 가공식품에 널리 사용된다면, 콩은 우리가 일상적으로 가장 많이 먹는 부식이다. 된장, 간장, 두부, 비지, 콩나물, 콩기름 등 우리는 아주 여러 가지 방식으로 매일 많은 양의 콩을 먹는다. 그리고 이 콩으로 만든 음식들은 갈수록 안전한 음식이 귀해지는 세상에서 귀한 자연식으로 널리 사랑받고 있기도 하다. 그런데 만일 그 콩들이 대부분 유전자조작 콩이라면 어떻게 될까? 아무리 깨끗하고 맛있게 만든 두부라고 해도 유전자조작 콩으로 만든 두부는 유전자조작 콩으로 만든 두부일 뿐이다. 아무리 가공을 잘 해도 원료의 문제는 고칠 수 없는 것이다.

우리 나라에서도 이처럼 GMO에 대한 시민의 저항이 커지자, 2001년 3월 1일부터 유전자조작농산물에 대한 표시제를, 다시 7월 13일부터는 유전자조작식품에 대한 표시제를 실시하시 시작했다. 그러나 종자제국주의를 주도하는 농업 초국적 독점자본들은 바로 우리 옆에서 GMO의 생산을 늘리기 위해 많은 노력을 기울이고 있다. 우리 나라에도 종자제국주의의 주도세력인 몬산토, 노바티스, 아벤티스가 모두 진출해서 이미 종자 시장을 좌지우지하고 있는 상태이다. 몬산토는 금호 그룹과 합작해서 '금호생명 환경과학 연구소'를 세워서 GMO 개발에 나서고 있고, 노바티스는 '노바티스 종묘'(옛 '서울 종묘')와 '노바티스 아그로 코리아'(농화학 부문), 아벤티스는 '아벤티스크롭사이언스코리아'라는 이름으로 진출해서 활동하고 있다.

이러한 농업 초국적 독점자본의 지배력이 커지는 것은, 우리의 건강과 생태계에 큰 악영향을 미칠 수 있는 GMO의 생산이 늘어나는 것을 뜻하는 동시에 종자 자체의 독점적 소유를 통해 최대 이윤을 추구하는 종자제국주의의 강화를 뜻한다.[14] 그것에 저항하는 것은 건강을 지키고 자연을 지키고 세상을 더 안전하고 살만한 곳으로 바꾸는 것이다.

6. 문화제국주의

문화는 아주 복잡한 개념이다. 그것은 특정한 형태의 사고방식이나 생활방식을 뜻하기도 하지만, 반대로 모든 형태의 사고방식이나 생활방식을 뜻하기도 한다. 전자의 경우는 예컨대 '교양'이나 '예술' 같은 것을 문화로 여기는 것이고, 후자의 경우는 인간이 만들어내는 모든 것을 문화로 보는 것이다. 어느 경우나 우리는 문화제국주의에 대해 말할 수 있

---

14) '유전자조작식품 반대 생명운동연대'(http://my.dreamwiz.com/antigmo/intro.htm)은 GMO 문제에 대응하기 위해 만들어진 연대단체이다. GMO와 종자제국주의에 관한 가장 포괄적인 자료는 http://www.agri-korea.or.kr/gmo/gmo.htm에서 찾아볼 수 있다.

다. 여기서는 이것으로 강대국의 문화가 널리 퍼져나가 다른 약소국의 문화를 압도하게 되는 현상을 가리키고자 한다.

문화적 변화는 강제적인 수단을 통해서 일어나기보다는 자발적으로 일어나는 경우가 훨씬 더 많다. 그리고 강제적으로 일어나는 경우보다는 자발적으로 일어나는 경우가 훨씬 더 깊고 넓은 문화적 변화를 가져온다. 단발령이나 창씨개명처럼 강제적으로 추구된 문화적 변화는 엄청난 대중의 저항을 불러일으켰지만, 장발이나 청바지처럼 자발적으로 일어난 1970년대의 청년문화는 열렬한 대중의 호응을 불러일으켰다. 그러므로 문화제국주의는 이러한 자발적 변화를 이끌어내서 부드럽게 세상을 지배하고자 한다.

그러나 자발적 변화가 말 그대로 자발적으로만 일어나는 것은 아니다. 만일 그렇다면 그러한 변화를 문화제국주의라고 할 수는 없을 것이다. 문화는 정체성과 연관되는 것이기 때문에 변화를 강요할수록 오히려 큰 저항을 불러일으키기 일쑤다. 문화적 변화는 노골적으로 강요되기보다는 은근히 강요되어야 한다. 그러므로 문화제국주의는 스스로 선택한 변화라는 형식을 즐겨 이용한다.

이렇게 '스스로 선택한 변화'를 강요하기 위해서 과학적 논리가 흔히 이용된다. 가장 대표적인 예가 바로 1960년대의 '근대화 이론'이다. 사회공학에 바탕을 두고 1960년대 미국에서 널리 활용된 이 이론에 따르면, 역사는 전통사회에서 근대사회로 '발전'해 간다. 발전이란 안에 담겨 있던 어떤 능력이나 속성이, 마치 씨앗에서 싹이 나고 열매가 맺히듯이, 스스로 자라나서 더 나은 상태에 이르게 되는 것을 뜻한다. 이런 논리에서 비롯되는 '근대화 이론'의 첫 번째 주장은 전통사회보다는 근대사회가 더 나은 사회라는 것이다. 그 두 번째 주장은 이 세상에는 더 발전한 나라와 그렇지 않은 나라가 있다는 것이다. '근대화 이론'은 이런 식으로 세상의 모든 나라들에게 등급을 매기고 줄을 서도록 한다 (Lumis, 2000).

그러나 인간의 모든 생각과 활동은 그 자체로 하나의 문화이며, 또한 모든 문화는 서로 동등한 가치를 지닌다는 문화적 상대주의에 따르면, ‘근대화 이론’은 문화제국주의에 바탕을 두고 있는 것임에 틀림없다. 문화제국주의는, 자발적 변화를 이끌어내려고 하기는 하지만, 결국 다른 문화를 압도하고 지배하고 제거하기 때문이다. 물론 그 출발점은 여러 문화들에게 등급을 매기고 줄을 세우는 것이다. 이런 점에서 ‘근대화 이론’은 과학적 논리의 틀을 빌어 문화제국주의를 합리화하고 정당화하는 이론이라고 할 수 있다.

실로 ‘근대화 이론’에 따른 제3세계의 근대화 과정은 문화제국주의를 널리 퍼뜨리고 그 지배를 단단하게 굳혀가는 과정이었다. 문화제국주의는 경제적으로 군사적으로 우월한 것일 뿐만 아니라 과학적으로 올바른 것으로 여겨졌다. 약간의 저항이 있기는 했지만 세계의 곳곳에서 문화적 서구화 혹은 미국화가 빠르게 이루어졌으며, 이것이야말로 ‘근대화 이론’이 거둔 최대의 정치적 성과였다. 오늘날 ‘근대화 이론’의 과학적 성격을 그대로 받아들이는 사람은 드물지만, 그렇다고 해서 그것이 이루어놓은 문화적 변화는 되돌리기 어렵기 때문이다. 이렇게 해서 지난 30년 사이에 혹은 40년 사이에 문화제국주의는 세계를 지배하게 되었다.

문화제국주의는 서구 선진자본주의국들의 근대적 문화가 세계를 지배하게 된 현상을 가리킨다. 이것은 크게 일상문화와 문화산업으로 나누어 살펴볼 수 있다. 일상문화에서 문화제국주의는 쉽게 확인할 수 있다. 오늘날 우리는 서구화된 의식주 생활을 당연한 것으로, 나아가 전통적인 것이나 민족적인 것보다 나은 것으로 여기고 살아간다. 물론 문화제국주의의 지배가 완전하게 이루어진 것은 아니다. 문화제국주의는 민족적인 것을 완전히 없애기보다는 그것의 종속적 통합이라는 방식으로 민족적인 것을 지배한다.

일상문화의 면에서 문화제국주의의 지배는 인류의 문화적 다양성을 크게 훼손한다. 그 사회적 결과는 인류의 진보일 수도 있지만 퇴보일 수도 있다. 신분제나 남녀차별의 문화가 만민평등의 문화로 바뀐 것은 진보이지만, 자연을 존중하는 생태적 순환의 문화가 생태적 파괴의 문화로 바뀐 것은 분명한 퇴보이다. 이 점에서도 '근대화 이론'은 잘못된 이론이며, 문화제국주의의 지배는 인류의 미래를 위해 위험한 변화이다.

오늘날 일상문화의 면에서 문화제국주의의 지배는 너무도 확고해서 우리는 그것을 전혀 문제로 생각하지 않고 살아간다. 그것은 단순히 발전된 근대적 문화로 여겨지기 십상이다. 이런 상황에서 문화제국주의에 관한 논의는 일상문화보다는 주로 문화산업의 영역에서 이루어지고 있다. 그 중에서도 가장 많이 다루어진 주제는 대중매체, 특히 텔레비전의 프로그램에 관한 것이다. 제3세계에서 텔레비전의 보급이 늘어나면서 서구 선진자본주의국들, 그 중에서도 미국의 프로그램들이 제3세계의 텔레비전을 휩쓸게 되었다. 이것은 문화산업의 변화였을 뿐만 아니라 그 자체로 중요한 문화적 변화이기도 했다.

문화제국주의는 문화적 변화를 통해 경제적 이익을 추구한다. 그 초기 국면에서 문화제국주의는 자신의 문화를 제3세계에 널리 퍼뜨리기 위해 '근대화 이론'을 널리 활용했다. 이에 따른 근대화의 과정은 문화적 변화의 과정이었을 뿐만 아니라 문화제국주의를 위한 새로운 시장을 만드는 경제적 변화의 과정이기도 했다. 요컨대 그것은 자신의 문화를 좋아하며 기꺼이 비용을 치를 수 있는 수요자들을 만드는 과정이기도 했다. 이 국면에 이르러 지적재산권은 문화제국주의의 가장 강력한 무기가 된다. 그러므로 세계지적재산권체계의 강화는 문화제국주의가 지구적 차원에서 본격적으로 새로운 국면으로 들어갔음을 보여주는 지표라고 할 수 있다.

문화제국주의는 지적재산권을 통해 자신의 재산권을 보호하는 데 그치지 않고 더욱 직접적이고 폭력적인 방식으로 자신의 지배력을 강화하고자 한다. 오늘날 일상문화와 문화산업을 막론하고 문화제국주의는 사실 미국의 문화적 지배를 뜻한다.[15] 미국은 고유한 문화를 가지고 있지 않은 반면에, 세계에서 가장 커다란 문화산업을 가지고 있는 나라이다. 이 나라는 세계의 모든 문화를 빨아들이고 그렇게 해서 만들어진 혼합문화를 세계로 내쏟는다. 이 엄청난 힘으로부터 고유문화와 문화산업을 지키기 위해 각국은 여러 가지 보호장치들을 활용하고 있다.

이러한 보호장치들은 인류의 문화적 다양성을 지킨다는 명분으로 옹호되어 왔다. 그러나 미국은 문화의 영역에도 자유무역의 논리를 관철시키려 하고 있다. 그 대표적인 예가 자국 영화의 기본상영일수 할당제(스크린쿼터제)를 폐지하려는 움직임이다. 스크린쿼터제는 자본과 기술 면에서 월등히 앞선 할리우드 영화의 힘에 맞서기 위한 중요한 수단이다. 만일 자유무역의 이름으로 스크린쿼터제를 폐지한다면, 모든 영화관을 할리우드의 영화사들이 장악해서 한국 영화를 상영하기는 대단히 어려워지게 된다. 한국의 경제사정이 극히 좋지 않았던 1998년 봄에 미국은 한국에 대한 투자를 무기로 삼아 스크린쿼터의 축소를 요구했다(원용진 외, 1999). 이러한 요구는 영화인들을 중심으로 ‘국민적 저항’에 부딪혀 일단 수그러들었지만, 그렇다고 해서 미국의 문화제국주의가

---

15) 유럽에서 미국의 ‘패스트푸드’(빠른 음식) 문화에 맞서서 ‘슬로우푸드’(느린 음식) 문화가 선개되고 있는 것이나, 스크린쿼터의 축소를 요구하는 미국에 맞서서 프랑스가 ‘문화 예외론’을 주장하는 것이 그 좋은 예이다.

더 많은 이윤이라는 목표를 철회한 것은 아니다. 문화제국주의는 힘이 셀뿐만 아니라 집요하며, 그런만큼 위기는 재삼재사 거듭해서 나타날 것이다.

7. 정보공유운동의 중요성

정보제국주의는 우리 모두의 일상 속에 스며들어와 있으며, 우리의 일상 속에서 작동하고 있다는 사실을 잊어서는 안 될 것이다. 이것에 대항하기 위해서는 여러 가지 일상적 실천과 함께 사회의 기본구조를 개혁하려는 구조적 실천이 함께 전개되어야 한다. 예컨대 유전자 조작식품을 먹지 않는 것이 일상적 실천이라면, 그런 식품을 생산하지 못하도록 하는 것은 구조적 실천에 해당한다.

이런 실천들이 정보제국주의의 문제에 정면으로 도전하는 것이 되려면, 단순히 민족주의의 기치를 높이 드는 것보다는, 사회적 약자의 편에서 더욱 공정한 사회를 만들기 위한 변화를 추구하는 것이 훨씬 더 중요하다. 정보제국주의에 맞서기 위해서는 정보재의 사유와 독점을 옹호하는 수단으로 전락해 버린 지적재산권의 문제에 대해 정면으로 도전하는 것이 무엇보다 중요하다. 이런 목표를 추구하는 사회운동을 '정보공유운동'이라고 부른다(홍성태, 2001ㄴ). 이 운동은 소프트웨어 분야에서 시작되고 발전해 왔지만, 이제는 지적재산권과 관련된 모든 분야로 퍼져가고 있다. 16)

---

16) '자본주의적 정보화'가 생명정보 및 일반 컨텐츠의 사유화를 강화하는 방향으로 전개되면서, 지난 몇년 사이에 이 운동은 이러한 분야로까지 점차 확대되어 가고 있다. 따라서 현재 '정보공유운동'의 폭은 훨씬 넓어진 상태이다. 그러나 여전히 가장 중요한 분야는 소프트웨어, 특히 운영체계 분야이다.

정보사회의 지배적인 모델이 결국 '자본주의 정보사회'라면, 그 대항적인 모델은 '탈자본주의 정보사회'이다. 여기서 관건은 탈자본주의의 전망이 과연 어떤 형태로 구현될 수 있느냐는 것이다. 미국의 컴퓨터 공학자인 리차드 스톨만(Richard Stallman)이 주도하는 '자유소프트웨어운동'(Free Software)은 '탈자본주의 정보사회'를 향한 '정보공유운동'의 원형이라고 할 수 있다. 그것은 자본주의 시장경제가 아닌 방식으로 더 좋은 기술을 개발하고 자유롭게 이용할 수 있는 가능성을 보여주고 있다. 이 운동이 더욱 발전한다면, 확실히 지금의 정보산업 자체가 크게 변하지 않을 수 없을 것이다. 그리고 그런 변화가 전개되어 가면서 '탈자본주의 정보사회'가 차츰 구체화되어 갈 수 있을 것이다.

1984년에 시작된 리차드 스톨만의 '자유소프트웨어운동'은 오랫동안 정보공유운동의 상징이었다. 그러나 1998년에 또 다른 미국인 프로그래머인 에릭 레이몬드(Eric Raymond)를 중심으로 '열린소스운동'(Open Source)이 새롭게 전개되기 시작하면서 정보공유운동은 두 흐름으로 나뉘게 되었다.[17] 먼저 자유소프트웨어운동의 이념적 핵심은 바로 '자유'이다. 이것은 누구나 어떤 제약도 없이 정보를 마음대로 이용하고 변형할 수 있어야 한다는 것을 뜻한다. 여기에는 누구나 소프트웨어를 공유할 수 있어야 하며, 누구나 적극적으로 그 개발에 참여할 수 있어야 한다는 두 가지 원칙이 전제되어 있다. 정보재의 독점과 무임승차를 동시에 막을 수 있을 때, 자유소프트웨어운동은 비로소 이 목표인 '자유'를

---

17) 물론 여기에 전통적인 해커운동을 덧붙여서 정보공유운동을 세 흐름으로 구분할 수도 있다. 이것은 정보재의 사유화를 막고 의식적으로 공유화를 추구하는 '카피 레프트'도, 기술의 소유나 이용방식에는 눈을 감고 자유로운 기술 개발의 가능성에만 초점을 맞추는 '열린 소스'도 거부한다. 해커는 그저 더 나은 기술의 개발을 위해 최선을 다할 뿐이고, 이를 위해 사유화도 공유화도 열린소스도 모두 초월한다는 것이다. 근본적인 의미에서 이 입장이야말로 '무정부주의'를 추구한다고 할 수 있다.

이룰 수 있는 것이다.

'열린소스운동'은 자유소프트웨어운동에서 파생된 운동이다. 기존의 자유소프트웨어운동을 '원칙주의'로 비판하며 '실용주의'를 표방하고 나선 이 운동의 핵심은 소프트웨어의 소스코드를 공개하도록 하는 것이다. 곧 '열린 소스'란 소스코드의 공개를 뜻한다. 이것은 어떤 소프트웨어의 특징이나 문제가 드러나서 쉽게 고쳐질 수 있도록 하고 더 나은 소프트웨어를 만들 수 있도록 하기 위한 전제적 조건이다. 자유소프트웨어운동과 비교해서 열린소스운동이 갖는 가장 큰 특징은 소프트웨어의 소유 자체는 문제로 여기지 않는다는 것이다. 소스코드의 공개만으로도 소프트웨어를 자유롭게 개발할 수 있는 길은 열릴 수 있다고 보기 때문이다(DiBona et al., 1999).

정보제국주의라고 해도 그 구체적인 문제들은 여러 가지 유형으로 나누어 살펴볼 수 있으며, 따라서 이에 대항하는 사회운동들도 여러 가지 영역으로 나누어 살펴볼 수 있다. 그러나 이처럼 다양한 모습들 뒤에는 역사적으로 만들어진 나라들 사이의 차이에 바탕을 둔 구조적 불평등이 자리잡고 있으며, 또한 이러한 불평등을 제도적으로 정당화하고 유지하기 위한 사회적 장치로서 지적재산권이 자리잡고 있다. 소프트웨어 분야의 정보공유운동에서 볼 수 있듯이, 정보제국주의에 대해 더욱 힘있게 대항하기 위해서는 정치적 실천과 기술적 실천이 모두 필요하다.

참고문헌

국제연대행동네트워크(1998), 『20/80, 제4차대전!: IMF, MAI, 신자유주의 공세에 맞선 투쟁을 위한 토론 자료집』

권용수(1996), 『지적재산권과 경쟁정책』, 과학기술정책관리연구소

박동현(1995), 『신지적재산권보호의 동향과 대응』, 과학기술정책관리연구소

오병일(2000), 「사이버 군주의 세계체계—지적재산권을 둘러싼 국제적 동향」,
　　공유저작권연구모임(2000), 『디지털은 자유다』, 이후

원용진 외(1999), 『스크린쿼터와 문화주권』, 문화과학사

정관혜(1999), 「생명공학의 특허와 제3세계의 유전자 자원」, 『다른과학』 6호,
　　1999년 봄·여름

채욱·서창배(1999), 『WTO 뉴라운드의 전망과 대책』, 대외경제정책연구원

홍성태(1999ㄱ), 「자본주의 지식사회와 신지식인론 비판」, 『문화과학』 19호,
　　1999년 가을

______(1999ㄴ), 「지구화와 지식의 위상 변화—지식/돈 패러다임의 발흥」, 『문
　　학마을』 창간호, 1999년 겨울

______(2000ㄱ), 『사이버사회의 문화와 정치』, 문화과학사

______(2000ㄴ), 「디지털혁명과 자본주의의 정보적 확장」, 경상대학교 사회과
　　학연구소 편(2000), 『디지털혁명과 자본주의의 전망』, 한울

______(2000ㄷ), 「지적재산권과 현실정보사회의 모순」, 공유지적재산권모임 엮
　　음(2000), 『디지털은 자유다』, 이후

______(2000ㄹ), 「지식사회와 벤처이데올로기」, 『경제와 사회』, 2000년 가을

______(2001ㄱ), 「정보공유운동과 운영체계의 사회화」, IPLeft 등 주최 마이크
　　로소프트 토론회, 2001년 12월 5일

______(2001ㄴ), 「정보공유운동을 위하여」, 『2001 싸이버스페이스 오디쎄이』,
　　창작과비평사, 2001

Carson, Rachel(1962), 이길상 역(1990), 『침묵의 봄』, 탐구당

Cosmo and Nora(1998), 조성애 옮김(1999), 『세계를 터는 강도』, 영림카디널

DiBona et al.(1999), 송창훈 외 역(2000), 『오픈 소스』, 한빛미디어

Foster, John(1999), 김현구 옮김(2001), 『환경과 경제의 작은 역사』, 현실문화
　　연구

Lumis, Douglas(2000), 최성현 옮김(2002), 「자연이 남아 있다면 더 발전할 수
　　있는가」, 『녹색평론』 제62호, 2002년 1-2월

Perelman, Michael(1998), *Class Warfare in the Information Age*, St. Martin's
    Press

Shiva, Vandana(1997), 한재각 외 옮김(2000), 『자연과 지식의 약탈자들』, 당대

3부

지식사회와 문화

지식사회와 문화

09

지식사회에서 문화와 산업
—문화사회를 향하여

1. 적과의 동침

21세기로 접어들면서 지식사회와 문화산업은 가히 '시대의 화두'로 떠오르게 되었다. 전자가 시대적 변화를 상징한다면, 후자는 그 변화를 헤쳐나갈 방도를 상징한다. 이 두 가지 용어의 규정력은 너무나 강해서 일체의 반론을 허용하지 않을 정도이다. 우리는 이에 대해 다만 어떻게 하면 지식사회를 구축할 수 있을 것인가, 어떻게 하면 문화산업을 발전시킬 수 있을 것인가를 따질 수 있을 뿐인 것으로 보인다. 그러나 정말 지식사회와 문화산업을 위해서도 우리는 반드시 다음과 같은 두 가지 질문을 던져야 한다. 첫째, 지식사회는 과연 어떤 사회인가? 그것과 자본주의는 어떤 관계를 맺고 있는가? 둘째, 문화산업은 과연 어떤 산업인가? 문화와 산업은 어떤 관계를 맺고 있는가?

먼저 첫째 질문에 대해 살펴보도록 하자. 이것은 크게 구조적 논점과 전략적 논점으로 구분해볼 수 있다. 먼저 구조적 논점은 피터 드러커에게서 비롯된 최근의 '지식사회'론이 기대고 있는 '역사적 전환론'에서 비롯된다. 드러커 식으로 말하자면, '탈자본주의' 사회가 도래하고 있으니 그에 적극적으로 대응해야 한다는 것이다(피터 드러커, 1993). 그러나 자본-노동관계가 사라지지 않는 한, 자본주의는 모습을 바꿀지언정 결코 사라지지 않는다. 지식사회는 지식 '자본주의' 사회일 뿐이다. 다음에 전략적 논점은 모든 사람이 지식노동자가 되어야 살아남을 수 있다는 주장에서 비롯된다. 우리의 예로 말하자면, 모름지기 '신지식인'이 되어야 살아 남을 수 있다는 것이다. 그러나 여기서 진정한 문제는 과연 어떤 지식이냐는 것이다. 지식의 가치는 이제 '진리성'이 아니라 '환금성'으로 규정된다. 이른바 '지식/돈 패러다임'이 새로운 지배적 지식패러다임으로 등장하고 있는 것이다(홍성태, 1999ㄱ).

현재의 지식사회는 탈자본주의 사회가 아니라 '극(hyper) 자본주의' 사회이다. 그것은 인간의 정신세계에 대해서까지 자본의 논리를 강요하는 사회이다. 그것은 인간의 정신세계까지 이윤축적의 대상으로 삼는 사회이다.[1] 이 점에서 현재의 지식사회는 인류가 오랜 동안 쌓아 온 방대한 지식생태계를 근간에서부터 위협하는 '반(anti) 지식사회'라고 할 수 있다. 돈이 지식의 가치를 규정하는 한, 돈이 되지 않으며 될 수 없는 지식들은 '퇴출'의 위협에 시달리지 않을 수 없다. 물론 반대의 경우도 있다. 종래에는 지식으로 여겨지지 않았던 것들이 돈이 된다는 이유로 새

---

[1] 이와 관련하여 현재 진행중인 가장 중요한 제도적 변화는 지적재산권의 강화이다. 현재 지적재산권은 정보·지식의 생산을 촉진하기 위한 동기부여책이라는 원래의 취지를 훨씬 넘어서서 정신노동의 산물을 일반 물질재와 똑같은 사유재로 전환시키는 구실을 하고 있다. 이것은 기존의 사회적 불평등을 지구적 차원에서 한층 악화시키게 될 것이다. 이에 대해서는 홍성태(2002)를 참조

롭게 각광받게 되기도 한다.[2] 그러나 문제는 돈이 되지 않으며 될 수 없는 지식들이 너무나 많다는 데에 있다.

이제 두 번째 질문에 대해 살펴보자. 지식의 가치가 돈에 의해 규정되는 것이 비교적 최근에 나타난 현상이라면, 문화산업은 이른바 '문화'라는 것이 이미 오래 전부터 돈에 의해 지배되고 있다는 것을 잘 보여준다. 이에 대해서는 많은 사람들이 이미 오래 전부터 비판해 왔다. 그 주요 내용은 다음과 같이 두 가지로 정리될 수 있다. 먼저 문화산업은 결국 문화를 죽인다는 것이다. 자본의 이윤논리는 돈이 되는 문화만을 집중적으로 육성할 것이기 때문이다. 그러므로 돈이 되지 않는 문화는 별다른 지원을 받지 못하고 사장될 수밖에 없다. 자극적인 대중문화가 현대 문화의 대표자로 떠오르고, 그 자극의 강도가 갈수록 격렬해지는 것[3]은 바로 이 때문이라고 할 수 있다. 다음에 문화산업은 문화를 자본의 도피처나 장식물로 만든다는 것이다. 재벌이 운영하는 각종 문화재단이 그 좋은 예이다. 그 취지는 언제나 '문화의 창달'이지만, 실제로는 교묘한 편법상속과 세금포탈의 수단으로 문화재단이 적극 이용되고 있는 것이 우리의 현실이다.

경제적으로 보자면, 문화는 부지런한 자들이 만드는 것이 아니라 게으른 자들이 만드는 것이다. 열심히 물건을 만들고 파는 것과 문화를 발전시키는 것은 전혀 다른 논리를 요구한다. 전자가 '빠른 경쟁'을 요구한다면, 후자는 '느린 융합'을 요구한다. 우리는 더 많은 돈을 벌기 위해서 뿐만 아니라 단순히 생존을 위해서도 깊은 탄광 속으로 들

---

2) 1990년대에 들어와 가장 커다란 대중문학 장르로 떠오른 '환상물'을 그 좋은 예로 들 수 있다. 수십만권 혹은 수백만권씩 팔리고 있는 이 장르의 위세는 귀신이나 기사에 관한 지식을 널리 유행시키고 있다. 이에 대해서는 홍성태(1999ㄴ)를 참조.
3) 예선엔 살인 장면에서 총을 쐈으나 이제는 미사일을 쓰고(<트루 리이즈>), 정사 장면에서 포르노처럼 배우들이 실제 연기를 하기에 이르렀다(<폴라 X>).

어가야만 한다. 그러나 문화라는 카나리아를 가지고 가지 않는다면, 자기도 모르는 새 탄광이 아니라 하데스의 왕국을 찾아들게 될 것이다. 문화와 산업의 결합은 본질적으로 '적과의 동침'일 수밖에 없다. 현대 사회에서 양자는 동침할 수밖에 없다. 그러나 양자는 본질적으로 서로에 대해 적대적이다. 그러므로 우리는 조심스럽게 지켜보지 않을 수 없다. 이들이 동침하여 과연 어떤 자식을 잉태하게 될 것인가? 이 종합체의 괴물이 태어날 것인가, 전혀 새로운 우성잡종이 태어날 것인가?

2. 염불보다 젯밥

문화산업에 대한 최근의 강조를 보면, 문화의 육성이라는 견지에서 문화와 산업의 접합을 추구하기보다는 문화를 철저히 일방적으로 산업에 복속시키고 있는 것으로 보인다. '문화의 세기가 오고 있다'는 구호 아래 다양한 문화정책들이 펼쳐지고 있지만, 그 귀결점은 언제나 얼마나 많은 돈을 벌 수 있느냐는 것이다. 이윤논리에 의해 좌우되는 기업들이야 그렇다고 치더라도 시민의 복지를 책임져야 하는 공적 주체로서 국가가 펼치는 정책이 이런 식이어서는 곤란하지 않을까?

문화가 훌륭한 돈벌이가 될 수 있다는 것은 물론 부인할 수 없는 사실이다. 그러나 그렇게 되려면 먼저 훌륭한 문화가 있어야만 한다. 젯밥에 눈이 어두워 염불을 게을리한다면 결국 젯밥을 먹을 수 없을 것이다. 문화를 철저히 산업에 복속시키는 문화산업 육성론은 바로 이러한 '염불보다 젯밥'의 잘못을 저지르기 쉽다. 그 좋은 예가 바로 저 유명한 〈쥬라기공원〉의 인용이다. 문화산업뿐만 아니라 정보산업에서도 흔히 인용되는 이 예는 다음과 같은 '젯밥' 타령으로 시작된다.

스필버그 감독의 쥬라기공원은 6,500만 달러의 투자로 1994년 한해 동안 8억
5,000만 달러의 흥행 수익 기록(정보통신부, 1996: 26).

세계적으로 공룡 붐을 불러일으켰던 이 영화는 1993년 7월에 개봉했다.
그런데 1994년 한 해에만 투자한 돈의 13배에 이르는 엄청난 수익을 거
둔 것이다. 놀라운 기록이 아닐 수 없다. 이 결과를 보면 누구라도 군침
을 흘리지 않을 수 없을 것이다. 그런데 이 '젯밥'을 먹기 위해서는 어떤
대가를 치뤄야 할까?

정보통신산업은 기술·지식집약적 산업으로서 경쟁력 우위의 원천이 천연자원이
나 기계장비가 아닌 인간의 창의력과 전문지식이기 때문에, 전문성과 창의성을
겸비한 인력기반이 산업발전의 관건—S/W나 영상게임산업 등은 다른 산업과는
달리 전적으로 창의력과 전문성을 가진 인력에 의해 부가가치가 창출(정보통신
부, 1996: 26).

여기서 우리는 지식사회론의 교과서에 쓰어 있는 낯익은 문구들을 보
게 된다. 인력만 있으면 된다니 이거야말로 '거저먹기'가 아닌가? 더욱
이 한국인은 생물학적으로 우뇌가 발달한 창의적 민족이라는 주장도 제
출되지 않았는가?

그러나 세상에서 가장 어려운 일이 바로 쓸만한 인력을 기르는 일이
다. 왜 교육을 '백년지대계'라고 부르는가? 바로 사람을 기르는 일이기
때문이다. 그러므로 '젯밥'이 탐난다면 우선 '염불'부터 제대로 열심히 외
워야 마땅하다. 그러나 잘 알다시피 우리는 흔히 '학벌사회'라고 부르는
'학력 카스트 사회'에서 살고 있다. 이런 불평등한 현실을 고치지 않고
아무리 군침을 흘려봐야 '젯밥'을 제대로 먹을 수 없다는 것은 분명하다
(강내희, 1998; 김상봉, 2004; 박거용, 2005). 교육에서 가장 중요한

염불은 '학력 카스트 사회'의 문제를 해결하는 것이다. 4)

그런데 문화의 발전을 위해 교육에 대한 투자 외에 우리가 외워야 하는 '염불'로서 무엇보다 중요한 것이 '문화인프라'에 대한 투자이다. 문화인프라가 없이는 문화는 없으며, 따라서 문화산업도 제대로 클 수 없다. 문화산업이 발달한 선진국들은 모두 예외없이 고도로 발달한 문화인프라를 가지고 있다. 미국의 메트로폴리탄박물관, 영국의 브리티시박물관, 프랑스의 루브르박물관을 빼고 미국과 영국과 프랑스의 문화산업을 논하는 것은 그야말로 무의미하다고 할 수 있다. 이와 관련해서 우리는 지금 어떤 상황에 있는가? 우리는 정말 충분하고 적절한 문화인프라를 가지고 있는가?

1995년 초에 처음 미국을 방문했을 때의 일이다. 최인훈 선생이 『화두』에서 쓴 것과 비슷하게 나는 우선 그 나라의 엄청난 크기에 놀랐다. 그러나 그렇다고 해서 부럽다는 생각은 들지 않았다. 이 땅은 작기는 해도 대단히 다양한 생물상을 지니고 있기 때문인지 모른다. 그 밀도높은 다양성이 빚어내는 아름다움에 이미 어려서부터 익숙해진 눈에는 크고 넓은 것은 그저 또 하나의 낯선 아름다움일 뿐이었다. 정작 부러운 것은 따로 있었다. 그것은 바로 '워싱턴 몰'이었다. 워싱턴의 미국 연방의회 앞에 자리잡고 있는 넓은 숲의 양 편에 늘어선 스미소니언박물관과 미국 국립미술관이야말로 한없이 부러운 대상이었다. 그곳에서 어려서부터 책으로만 접해 왔던 서양미술의 여러 진품들을 보고는 감격하는 동

---

4) 그 폐해는 여러 형태로 나타난다. 학력경쟁에 내몰린 어린 학생들이 자살하고, 자녀의 조기유학 때문에 '기러기 가족'이라는 기형적 가족이 나타나고, 사교육비를 충당하기 위해 범죄를 저지르는 부모도 나타나고, 아들의 부정입학을 조직하는 교수가 나타났다. 이런 끔찍한 현상들에 비추어 보면 사교육비가 공교육비의 2배가 넘었다는 경제적 계산 따위는 잠시 잊어도 좋을 듯하다. '학력 카스트 사회'의 비정상성은 어느 면으로나 용납할 수 없는 말기적 상태에 이르렀다.

시에 가슴 한켠이 서늘해지는 것을 느꼈다. 이곳에서는 누구나 어려서부터 이런 진품들을 보면서 문화적 소양을 기르고 실력을 닦고 있는 데 비해 우리의 현실은 너무나 초라하기 때문이었다.

영국의 경우는 미국보다 훨씬 더 풍부한 문화인프라를 가지고 있다.[5] 맑스가 이 자본주의의 종주국에서 자본주의의 심장을 향해 던질 날카로운 칼을 벼릴 수 있었던 것도 바로 이러한 문화 인프라 때문이었다. 오래 전부터 영국은 이 문화 인프라를 누구나 무료로 이용할 수 있도록 해왔다. 그런데 신자유주의가 강화되면서 1990년대 중반에 영국 정부는 정책을 바꿔서 이 시설들의 이용방식을 유료로 전환하고자 했다. 그런데 이때 어떤 부유한 귀족이 자신의 재산을 기부하여 이 전환을 막고자 했다. 이 문화 인프라야말로 영국이 보유한 가장 큰 자산이며, 이것을 누구나 마음대로 이용할 수 있는 데서 영국의 부와 힘이 자라난다는 것이 그 이유였다. '젯밥'을 먹으려면, 그것도 제대로 된 '젯밥'을 충분히 먹으려면, 당연히 '염불'에 공을 들여야 한다는 그 귀족의 주장에서 우리는 한 수 배워야 마땅하다.[6]

이제 우리의 현실을 보자. 박물관, 미술관, 도서관으로 이루어지는 근대 사회의 '3대 문화 인프라'만 보더라도 턱없이 열악한 상황에 있다. 관련 시설들 자체가 부족하고, 보유하고 있는 문화자산은 초라할 정도이다. 더욱이 결코 쉽게 접근할 수 없는 곳에 자리잡고 있다. 독재정권은 문화를 통해 시민들이 자신과 세계의 진실을 이해하는 것을 막고자

---

5) 물론 이것은 영국이 '해가 지지 않는 제국'의 시절부터 전세계를 대상으로 엄청난 문화재를 사모으거나 약탈해 왔기 때문이다. 당연히 제국주의 시대에 저질러진 이 비열한 행각의 역사를 잊어서는 안될 것이다.

6) 이러한 세계적인 공공 문화인프라가 세계적인 영국 문화산업의 바탕이자 자원이다. 영국의 문화산업에 관한 최근의 연구로는 양종회 외(2003)가 있으나, 아쉽게도 이 책에서는 이러한 영국 문화인프라의 중요성은 다루지 않고 있다.

했다. 이를 위해 문화를 현실과 유리된 '고상한 것'으로 보이도록 하기 위해 각종 문화시설을 산 속으로 옮겼다(홍성태, 2000). 박정희는 명동 한복판에 있던 국립극장을 남산 속으로 옮겼고, 전두환은 예술의 전당을 우면산 자락에 짓고 국립현대미술관을 과천의 산 속에 세웠다. 문화시설을 모두 교통이 불편한 산 속으로 유배보내 버린 것이다. 서구에서는 도시 한복판에 공공 문화시설들이 자리잡고 있어서 시민들이 오가며 쉽게 들러서 문화적 소양을 기를 수 있을 뿐만 아니라 그 시설들과 주변 지역이 도심 문화공원으로서 국가적으로 가장 중요한 관광명소이기도 하다. 개발독재 시대에 우리는 정반대의 길을 걸어야 했다. 이제 그 잘못과 폐해를 바로잡아야 한다(문화연대 공간환경위원회, 2002).

이러한 문화인프라의 확충과 관련해서 두 가지 사업을 제안하고 싶다. 첫째, 세종로 일대를 문화거리로 만드는 것이다. 이것은 경복궁의 복원을 역사유산의 박제적 복원이 아니라 살아 움직이는 문화 인프라로 만들기 위한 구상이다. 세종문화회관 쪽은 공연문화의 거리로, 용산으로 옮겨갈 미 대사관은 미술관으로 개장할 수 있을 것이다. 세종문화회관과 새로 개장할 미술관은 당연히 지상의 건널목으로 연결해야 한다. 장기적으로 광화문 앞은 광장으로 만들 수 있을 것이다. 지금의 국립현대미술관은 차라리 호텔로 개장하는 편이 훨씬 낫지 않을까? 이름을 영화 제목을 따서 '동물원 옆 미술관'으로 하면 반응이 꽤 좋을 것 같다.

둘째, 전국적으로 지역도서관을 확충하는 것이다. 도서관은 단순히 책을 모아 놓는 곳이 아니다. 그런 곳은 그저 '책의 무덤'일 뿐이다. 도서관은 시민들이 정보와 지식을 공유하는 곳이며, 출판산업을 지탱하는 보루이다. 그러나 지금 우리의 현실은 어떤가? 독서실은 많아도 도서관은 없다. 도서관이라고 해도 보유한 책과 전문사서는 턱없이 부족하다. 심지어 일부 도서관에서는 저자나 역자들에게 책을 무료로 기증해 달라고 사정하는 실정이다. 시민들은 도서관이란 학생들이 공부하러 가는 곳으로만 생각한다. 이런 상태로 지식사회를 건설하자고 하는 것은, 이런 상태로 문화산업을 육성하자고 하는 것은 공연한 말장난일 뿐이다.

올바른 문화산업 정책은 교육과 문화인프라에 대한 과감한 투자로 우선 다양한 문화가 자생적으로 활짝 꽃필 수 있게 하는 것으로 출발해야 한다. 문화의 산업적 활용이나 문화산업의 육성은 그 바탕 위에서 비로소 내실있게 이루어질 수 있다. '젯밥'을 탐해서 '염불'을 제대로 외우지 않는다면, 결국 '젯밥'도 옳게 먹을 수 없다. 이 자명한 사실이 정치적 논리로, 경제적 논리로 무시되어서는 안 된다. 문화는 무엇보다 문화적 논리를 따랐을 때에만 발전할 수 있다.

3. '보호이데올로기'를 넘어서

우리나라에서 다양한 문화가 자생적으로 융성할 수 있도록 하기 위해서는 우리의 역사에서 배태된 두 가지 특수한 문제, 그러나 '표현의 자유'라는 한 가지 사항으로 수렴되는 문제를 시급히 해결해야만 한다.

첫째, 분단체제에서 배태된 국가보안법의 문제이다. 잘 알다시피 국가보안법은 정치적 표현의 지유를 크게 제약히고 있다.[7] 지금은 물론 많이 약화되었지만 그렇다고 해서 그 문제가 완전히 해결된 것은 아니다. 그리고 사실 국가보안법의 진정한 문제는 그것의 영향이 단지 정치적 표현이나 행동에만 국한되지 않는다는 점에 있다. 그것은 이 땅에서

---

7) 대의제 민주주의의 문제점이 갈수록 분명하게 드러나면서 이에 대한 시민사회의 저항도 갈수록 커지고 있다. '총선연대'는 그 좋은 예이다. 문화적으로 이런 변화는 정치를 대상으로 하는 과감한 표현의 증가를 낳게 된다. 그러므로 정치적 표현의 자유를 억압하는 것은 결국 문화적 표현의 자유를 억압하는 결과를 빚게 된다. 문화를 발전시키기 위해서는 이런 상황을 시급히 발본적으로 개선해야 한다.

살아가는 모든 사람들의 생각을 제약하는 보이지 않는 덫으로 작용하고 있다. 이른바 '국가보안법체제'라는 것은 바로 이러한 상황을 가리킨다. 국가보안법은 우리의 사상과 표현이 강제적으로 제약당할 수 있으며, 그것은 또한 우리의 현실에 비추어 당연한 일이라는 생각을 만연시켰다. 국가보안법으로 상징되는 군사파시즘의 문화적 폐해 중에서 가장 중요한 것이 바로 이것이다.

둘째, 유교질서에서 배태된 윤리적 보수주의의 문제이다. 이것은 특히 성적 표현과 관련된다. 잘 알다시피 현대는 성적 표현이 범람하는 시대이다. 우리는 오늘날 성적 기호의 홍수 속에서 살아가고 있다. '성교육'의 구실이 중요해지는 것도 이런 상황 때문이다. 윤리적 보수주의는 명백히 이러한 시대에 역행한다. 물론 시대에 역행한다고 해서 모두 나쁜 것은 아니다. 그러나 그것이 표현의 자유를 심각하게 억압한다면, 우리는 그것의 가치에 대해 다시 한번 꼼꼼히 짚어볼 필요가 있다. 2000년에 개봉되었던 영화 〈거짓말〉과 〈춘향뎐〉을 둘러싼 논란은 좋은 예이다. 이 영화들에서 묘사된 장면들이 과연 성적으로 타락한 것인가? 그리고 그것들이 정말 이 사회를 소돔과 고모라의 나락으로 이끌고 가는가? 길거리에 널려 있는 퇴폐 이발소와 러브호텔과 안마시술소와 룸살롱과 단란주점이야말로 그 주범이 아닐까? 이런 '퇴폐업소'들을 즐비하게 만드는 정경유착과 부정부패와 남녀차별의 구조야말로 그 주범이 아닐까? 수많은 가정이 포르노 테이프를 보유하고 있으며 수많은 사람들이 초고속인터넷으로 포르노를 공공연히 즐기고 있다. 표현의 자유를 억압하는 것으로 이런 현실이 고쳐질까? 포르노에 대한 비판은 검열의 구실로 악용되고 있지 않은가?(갠스, 1974: 138-139).

국가보안법체제와 윤리적 보수주의는 모두 '보호이데올로기'에 그 뿌리를 두고 있다. 이것은 좋게 말해서 엘리트주의의 발로이고, 정확히 말해서 군사파시즘의 유산이다. 영국 캠브리지대학교의 역사학 교수였던 존 베리는 일찍이 "사상의 자유가 조금이라도 가치있는 것이 되려면 언론의 자유가 거기에 포함되어 있어야 한다"고 설파했다(존 베리, 1913: 8). 이 점에서 표현의 자유가 보장되지 않는 사회는 결국 사상의 자유가 용인되지 않는 사회라고 할 수 있다. 베리는 계속해서 다음과 같이 주장한다.

새로운 관념이나 기성의 신앙과 제도에 의문을 던지는 의견은, 먼저 불쾌한 것이기 때문에 흉악한 것으로 보이는 것이다. …단순한 정신적인 게으름에서 나온 반감이, 적극적인 공포감 때문에 더욱 심해진다. 보수적 본능이 굳어져서는, 사회의 구조를 조금이라도 변경하면 그 토대가 위태로워진다는 보수적 교리로 된다. 국가의 안녕과 복지는 안정을 견지하고 그 전통과 제도를 변함없이 유지하는 데 달려 있다는 신앙을, 사람들이 버리게 된 것은 최근의 일에 지나지 않다. 그 신앙이 지배하는 데서는, 신기한 의견을 성가시게 여길 뿐더러 위험시하며, 공인된 원칙에 대해서 '왜'라든지 '무엇 때문에'라든지 하는 마땅찮은 의문을 꺼내는 사람을 위험인물시한다(9-10).

이처럼 반민주적 보수주의를 '보호의 논리'로 치장한 것이 바로 '보호 이데올로기'이다. 우리의 국가보안법체제와 윤리적 보수주의는 새로운 것과 다른 것을 용납하지 않는다. 그것은 '사회의 구조를 조금이라노 변경하면 그 토대가 위태로워진다'는 발상에 사로잡혀서 새로운 것과 다른 것을 '틀린 것'으로 강요한다. 여기서 나아가 목숨까지 위협하는 무서운 힘으로 '틀린 것'을 감히 꿈도 꾸지 못하도록 강제한다.

체제와 미풍양속과 미성년자를 보호한다는 명분은 기존 질서를 유지하기 위한 '보수적 본능'을 짐짓 감추는 듯이 보이지만, 새로운 문화의 생성과 확산 앞에서 그것은 결국 드러나지 않을 수 없게 된다.

'보호이데올로기'의 이면에서 실제로 관철되는 것은 중앙집중적 방식으로 문화를 위생처리하는 것이기 때문이다. 이것은 권력을 이용하여 순응적 문화를 양산하는 것이며, 따라서 결국은 다양한 자생적 문화를 죽이는 짓이다. 이에 대해 일찍이 시인 김수영은 다음과 같이 질책했다.

우리에게 절대적으로 부족한 것은 이러한 방임의 자세이다. 불행하게도 김수영의 질책으로부터 40년 가까운 세월이 흘렀음에도 불구하고 우리는 여전히 같은 자리에서 맴돌고 있다. 정작 규제해야 할 경제는 제대로 손도 대지 못하면서 문화는 언제나 규제하려 드는 것은 무엇 때문일까? 도대체 문화의 규제를 '문화의 건설'로 여기는 태도는 어디서부터 비롯된 것일까?

'보호이데올로기'의 옹호자들은 '보호'의 근거로 왕왕 '대중의 검열'을 든다. 대중의 정서에 부합하지 않는 문화에 대해서 그들은 마땅히 대중을 '보호'할 책임이 있다는 것이다. 그러나 현실은 어떠한가? 이에 대해서 다시 김수영을 인용해 보자.

바로 이것이다. 대중의 입맛을 멋대로 재고 음식을 주문해 주는 다양한 기관들이 있는 것이다. 그들은 언제나 이를테면 '표준식'만을 주문한다. 그러나 대중의 입맛은 당연히 천차만별이다. 이 당연한 사실을 무시하는 '검열권력'은 대중이 마땅히 누려야 할 표현의 자유를 제약하고, 그 결과 대중을 문화적 후진상태에 잡아두고자 한다. 그러므로 보호라는 미명 하에 검열을 추구하는 기관들, 예컨대 '청소년보호위원회'나 '정보통신윤리위원회' 같은 국가기구들을 개혁하거나 해체하는 것은 문화의 발전을 위해 대단히 중요한 과제이다.[8] 목에 큰 가시가 콱 걸려 있는데 어떻게 제대로 음식을 삼킬 수 있겠는가?

신자유주의의 횡행 속에서 영어를 공용화[9] 하자는 등의 '미국 따라 배우기'가 1990년대 이후 대유행이다. 그러나 정말 미국처럼 되고 싶다면, 무엇보다 미국의 수정헌법 제1조를 받아들여야 한다. 그것은 바로 '표현의 자유' 조항이다. 이것이 존중되었을 때, 시민의 문화역량은 더욱 커질 것이다. '보호이데올로기'의 문제점은 이미 잘 드러난 상태이다. 누

---

8) 이 기관은 1999년대 말-2000년대 초에 '사이버국경' 논쟁을 야기하기도 했다. '사이버국경'이란 인터넷을 검열하여 청소년들로 하여금 음란물을 볼 수 없도록 하자는 것이다. 이 구상은 정치적으로는 다소 긍정적인 선전효과를 거둘 수 있을지 몰라도, 실제적으로는 결코 실현될 수 없는 것이다. 이 구상이 실현되려면 인터넷을 아예 봉쇄해야 하기 때문이다. 이 기관은 인터넷을 무슨 '부엌칼' 정도로 알고 있는 듯하다. '부엌칼'은 잘못 쓰면 살상용 흉기가 되니 아이들 손에 닿지 않는 곳에 잘 둘 필요가 있고 그렇게 할 수도 있다. 그러나 인터넷은 그렇지 않다. 우선 이런 혼동에서 깨어날 필요가 있다. 인터넷은 '부엌칼'이 아니다. 당연히 인터넷의 영향에 대해서는 일방적인 보호의 방식과는 다른 방식으로 대응해야 한다.

9) 이웃 일본에서도 이러한 영어 공용화론이 강력하게 제기되었으며, 이런 상황에서 영어 조기교육 열풍이 계속 거세게 불고 있다. 참으로 미국의 힘을 절감하게 하는 일이 아닐 수 없다. 그러나 일본 문부상 자문기관인 '국어심의회'에서 2000년 5월 1일에 발표한 보고서는 이러한 경향에 심각한 우려의 뜻을 밝혔다. '모국어 기초를 다지지 않으면 일상 언어를 넘어서는 추상적인 말을 사용하기 곤란'하며 '추상적 언어능력이나 외국어 습득에는 모국어가 기반이 된다'는 것이다(한겨레신문, 2000/5/3). 우리로서도 주의깊게 경청해야 할 대목이 아닐 수 없다.

가 누구/무엇을 누구/무엇으로부터 보호한다는 것인가? 이 질문에 대한 답은 절대 자명하지 않다. 국가보안법체제와 윤리적 보수주의는 보호의 주체와 대상을 둘러싼 논란을 애초에 봉쇄함으로써 마치 이 질문에 대한 답이 자연적으로 주어져 있는 것처럼 보이게 하려 한다. 그러나 시민은 바보가 아니다. 새로운 문화에 대한 시민의 욕망은 '보호이데올로기'를 이미 오래 전에 낡은 것으로 만들어 버렸다. 이 점에서 문화의 저항은 결국 시민의 저항이다. 지식사회가 그 주창자들의 주장에 부합하기 위해서도, 나아가 문화산업이 지속적으로 튼실하게 발전하기 위해서도, '보호이데올로기'는 문화민주주의로 바뀌어야 한다(강내희, 2000; 심광현, 2002; 트렌드, 2001).

4. 문화행정의 반문화성

'지식사회'나 '문화의 시대'를 외친다고 해서 문화정책이 발본적으로 변했다고 보기는 어려운 것 같다. 문화정책의 근본적 문제는 바로잡히지 않은 채로 문화산업의 육성만이 '문화의 건설'과 같은 방식으로 강행되고 있는 것은 아닐까? 1990년대에 나타난 새로운 문화현상으로 크게 각광을 받은 '클럽문화'는 이런 사실을 보여주는 좋은 예이다. 주로 홍대앞의 소규모 '술집'들에서 피어난 이 문화는 10대를 대상으로 하는 댄스음악 일변도의 우리 대중음악계에 신선한 바람을 몰고 왔다. [10] 여기서 나아가 홍대앞 클럽들은 자유롭고 즐거운 '도시문화'를 만들었

---

[10] 영국의 문화산업에서 가장 큰 비중을 차지하는 것으로 대중음악을 들 수 있다. 1960년대의 브리티시 락은 1970년대의 펑크 락으로, 다시 1990년대의 브리티시 팝으로 이어지면서 세계를 휘어잡았다. 비틀즈로 대표되는 이러한 영국 대중음악의 힘은 수많은 작은 클럽들에서 생겨나고 길러진다.

다. 한국의 도시들은 삭막한 시멘트도시로 자동차도시로 세계적으로 악명이 높다. 밤에는 먹고 마시는 것이 아니면 극도로 성차별적인 환락의 문화밖에는 없는 것으로도 악명이 높았다. 이런 상황에 일대 변화를 몰고 와서 한국의 도시들도 서구의 도시들처럼 즐거운 문화공간으로 바뀔 수 있는 가능성을 보여준 것이 바로 홍대앞 클럽들이다. 이 점에서 홍대앞 클럽들은 한국의 도시문화에서 새로운 역사를 썼다고 할 수 있다.

홍대앞 클럽들에는 언제나 많은 젊은이들이 모여서 즐겁게 논다. 이제 홍대앞 클럽들은 서울의 명소로서 널리 알려졌다. 그러나 놀랍게도 이런 클럽에서 춤추고 노는 것은 모두 불법이다. 1999년까지는 공연행위 자체가 불법이었다. 이제는 공연은 할 수 있으나 춤을 춰서는 안 된다. 다음의 인용문을 보자.

도시계획법상 홍대 앞은 일반주거지역으로 분류된다. 일반주거지역에서는 무도장(나이트클럽, 카바레 등) 및 유흥주점(단란주점, 룸살롱 등)이 영업을 할 수 없다. 따라서 홍대 앞 클럽들은 그 동안 일반음식점으로 등록을 받아 영업을 해왔다. 그러나 현행 식품위생법상 일반음식점에서는 무도 행위가 금지돼 있는 상태. 즉, 식품위생법이 개정되지 않는 한 단속은 계속될 수밖에 없다.
클럽에 대한 식품위생법 논란은 이번이 처음이 아니다. 1990년대 중후반, 처음으로 '클럽 문화'라는 개념을 탄생시킨 라이브 클럽들도 단속 때문에 홍역을 치른 바 있다. 당시 식품위생법은 무도행위뿐만 아니라 공연행위조차 금지하고 있었다. 이에 라이브 클럽들은 다른 문화 단체들과 연계해 클럽 합법화를 위한 공연을 개최하는 등 지속적인 합법화 운동을 벌였으며 1999년에는 공연행위 금지조항을 없애는 데 성공했다. 하지만 '무도행위'가 계속 금지조항으로 남은 게 현 상황의 불씨가 됐다(류재현, 2004).

지역구분에 관한 서울시의 수장이 아주 잘못된 것은 아니다. 상업지

구와 주거지구를 무분별하게 침범하고 들어와서 도시 전체를 기괴한 유
흥가로 만드는 일이 비일비재하기 때문이다. 그러나 홍대앞에서는 이미
이런 변화가 광범위하게 일어났다. 그리고 홍대앞의 변화는 다른 곳과
달리 새로운 젊은이 문화의 형성이라는 점에서 규제되기는커녕 적극적
으로 촉진되었다. 서울시에서도 '서울의 대표적인 관광명소'로 국제적으
로 홍보하고 있기도 하다. 그런데 홍대앞 클럽문화의 핵심은 노래와 춤
이 뗄 수 없이 뒤섞인, 연주자와 관객이 혼연일체의 상태에서 즐기는
'온몸문화'라는 것이다. 이런 점에서 보자면, 홍대앞 클럽문화에 대한
현행법의 적용은 대단히 큰 문제를 안고 있다. 공연과 무도, 즉 연주와
춤을 구분하고 연주는 허용하되 춤을 추는 것을 불법으로 단속하는 것
은 홍대앞 클럽문화의 특성을 무시한 비현실적 행정이다. 이런 비현실
적 행정을 제대로 적용한다면, 홍대앞의 클럽은 모두 없어져야 할 것이
다. 여기서 잘못된 것은 법이지 현실이 아니다.

한편에서는 문화산업을 키우기 위해 많은 돈을 퍼부으면서, 다른 한
편에서는 문화산업을 이끌고 갈 수 있는 새로운 자생적 문화를 억누르
고 있다. 이런 모순 속에서는 문화는 물론이고 문화산업도 제대로 자라
기 어렵다. 문화가 있어야 문화산업이 있는 것이며, 문화산업이 있어서
문화가 있는 것은 아니다. 문화산업은 문화를 이윤이라는 대단히 좁은
잣대로 선별하여 기르고자 한다. 그러므로 문화산업은 언제나 어떤 문
화를 죽일 수밖에 없으며, 나아가 문화 전반의 타락을 가져올 커다란 가
능성을 안고 있다.[11] 다양한 문화가 자생적으로 자라날 수 있도록 법·

---

[11] 아마도 문화산업에 관한 비판으로 가장 잘 알려진 것은 호르크하이머와 아도르노의 주
장일 것이다. 그들은 문화산업이 대중을 기만하며 주체의 능력을 박탈한다고 주장했다.
현대 공업력에 대한 두려움을 바탕에 깔고 있는 이 주장은 새로운 문화를 생성하는 주
체의 능력을 과소평가한다는 문제를 안고 있다. 그러나 문화산업의 위험성에 대한 경고
로는 여전히 뛰어난 것이다.

제도환경을 지속적으로 개선하는 것이야말로 올바른 문화행정의 출발점이다. 홍대앞 클럽문화를 둘러싼 논란은 우리의 문화행정이 안고 있는 근본적인 문제를 잘 보여준다.

불법으로 규정, 단속의 대상이 되고 있는 홍대 앞 댄스 클럽은 아이러니하게도 현재 서울시 공식 월드컵 사이트를 비롯, 공식 관광 안내 책자에는 서울의 대표적인 관광명소로 소개되고 있다. 또한 댄스 클럽들이 연합, 매월 마지막 주 금요일마다 벌어지는 '클럽데이'에 대해선 별도의 페이지를 할애할 정도로 특성화된 문화명소로 키우려는 모습을 보인다. 최정한 실장은 "서울시 문화 행정 쪽이 담당자가 바뀌면서 이전의 흐름을 이해하지 못하고 있다. 클럽을 변태 영업 장소로 취급한다"며 "정신없는 행정"이라 지적한다. 그러나 서울시는 클럽이 현행법상 불법이기 때문에 단속이 계속돼야 한다는 입장을 고수하고 있다. 서울시 김형호 문화과장은 "시민들이 가족과 편하게 쉴 수 있게 집 근처에서는 무도 행위를 금지하고 있는 것"이라며 "우리가 육성하고 있는 것은 공연자들의 연주를 시민들이 편안하게 감상할 수 있는 건전한 문화다. 만약 클럽 영업을 계속하고 싶으면 거주지역이 아니라 상업지구에서 하면 된다"고 말한다. "DJ가 음악을 틀고, 애들이 춤추는 게 무슨 문화냐. 홍대앞 클럽하고 나이트클럽하고 무슨 차이가 있냐"는 것이다(류재현, 2004).

문화산업을 육성한다며 정책당국이 선택한 특정 '건전문화'[12] 만을 지

---

12) 여기서 우리는 군부독재시대의 '건전가요'를 떠올려야 한다. 박정희와 전두환 시대에 대중음악의 음반에는 항상 '건전가요'를 함께 녹음해야 했다. 그것은 유치한 곡조에 믿을 수 있는 상거래를 하자거나 삶이 힘들어도 웃으며 살자는 더욱 유치한 계몽적 가사들로 이루어진 문화적 쓰레기들이었다. '건전가요'는 반윤리적인 독재권력이 자신을 윤리적인 것으로 치장하기 위해 문화를 악용한 역사적 사례이다. 서울시 문화과장이 말하는 '건전문화'는 어떤가? 그것은 '건전가요'와 얼마나 다른가? 문화에 '건전'이라는 모호한 윤리적 잣대를 들이대서 규제하는 것 자체가 극히 반민주적이고 반문화적인 독재시대의 문화정치이다. 정말로 지식사회로, 문화시대로 나아가고자 한다면, 이러한 독재시대의 문화정치부터 발본적으로 바로잡아야 한다. 장발 단속하고 미니스커트 단속하던 방식으로 문화를 규제하는 한, 우리의 문화는 언제까지고 독재시대에서 벗어날 수 없을 것이다.

원하고 시민의 문화적 능력과 욕망의 자생적 표현을 억압하는 것은 사실상 반민주적이며 반문화적인 행정이다. 그러므로 문화산업 육성정책의 바탕에 깔려 있는 종래의 왜곡된 문화개념에 깊은 우려를 갖지 않을 수 없다. 여기서 "DJ가 음악을 틀고, 애들이 춤추는 게 무슨 문화냐"는 서울시 담당자의 말에 주목할 필요가 있다. 그의 말은 왜곡된 문화개념의 문제를 명확하게 보여준다. 이것은 두 가지 측면으로 나누어 살펴볼 수 있다.

첫째, 'DJ가 음악을 틀고, 애들이 춤추는 것'을 문화가 아니라고 보는 것이다. 그의 주장대로 'DJ가 음악을 틀고, 애들이 춤추는 것'이 문화가 아니라면 그것을 도대체 무엇으로 보아야 하는가? 정치행위인가? 경제행위인가? 음란행위인가? 퇴폐행위인가? 세계 어디서도 'DJ가 음악을 틀고, 애들이 춤추는 것'을 문화가 아니라고 주장하는 도시의 문화과장을 다시 찾아 볼 수는 없을 것이다. [13] 둘째, 더 큰 문제는 왜곡된 문화개념을 가지고 있는 문화담당 관리가 편파적인 방식으로 문화정책을 좌지우지할 수 있다는 것이다. 행정 담당자가 잘못된 문화 개념을 바로잡으려 애쓰는 것이 아니라 오히려 그것에 바탕을 두고 있는 잘못된 문화정책을 공공연히 시민들에게 강요할 수 있는 것이다. 이렇게 해서 혈세를 낭비해서 문화의 발전을 억누르고 왜곡하는 반민주적이고 반문화적인 문화행정이 버젓이 추진된다. [14]

---

[13] 매년 6월에 베를린에서는 '사랑의 행진'(Love Parade)이라는 이름의 거리축제가 열린다. 이 축제는 베를린의 DJ인 '닥터 모테'의 생일을 축하하기 위해 1989년부터 시작되었는데, 그는 이 축제를 세계 각국에서 100만명이 넘는 젊은이들이 모여들어 즐기는 축제로 키웠다. 이 축제는 젊은이들이 며칠씩 밤을 새우며 노래하고 춤추는 '레이브 파티'로 유명하다. 레이브 파티를 즐기는 사람들은 'PLUR'을 슬로건으로 내세우는데, 이것은 Peace, Love, Unity, Respect를 뜻한다. 홍대앞 클럽은 우리나라에서 이런 젊은이 문화를 즐길 수 있는 유일한 곳이다.

[14] 이것은 이명박 시장이 이끌고 있는 서울시 행정의 일반적 특징이기도 하다. 이러한 특징

'지식사회'를 내세우고, '문화의 시대'를 내세우며, 변화를 강조한다고
해서 정말로 변화가 이루어지는 것은 아니다. 잘못된 문화개념을 바로
잡고 잘못된 문화행정을 바로잡아야 한다. 실체가 변해야 비로소 변하
는 것이다.

5. '난민사회'에서 '문화사회'로

새로운 세기에 우리가 추구해야 할 새로운 사회의 모형들 중의 하나
로 '문화사회'라는 개념이 제시되었다(심광현·이동연 편저, 1999; 심
광현, 2002). 이것은 노동이 삶을 지배하는 '노동사회'에 대한 일종의 반
명제로서 고안된 것[15]이지만, 우리는 이것을 '난민사회'라고 부를 법한
우리의 현실[16]과 대치시켜 살펴볼 필요가 있다. '난민사회'란 말 그대로

은 특히 청계천복원사업과 서울광장사업에서 잘 살펴볼 수 있다. 전자는 역사유적 청계
천의 복원을 내세워서 청계천을 완전히 없애는 '청계천파괴사업'이며, 후자는 시민광장
을 내세워서 이명박 시장의 '선전무대'를 만드는 사업이다(홍성태, 2004ㄱ과ㄴ).

15) 문화사회의 개념은 1980년대 독일의 노동운동에서 나타났다. 당시 독일은 다른 서구 국
가들과 마찬가지로 기술발달과 국제경쟁의 강화에 따른 고용구조의 변화가 중요한 과제
였다. 이른바 '유연화'의 이름으로 실직과 비정규직이 늘어나게 된 것이다. 이에 맞서서
독일의 노동운동에서는 노동시간을 줄여서 일자리와 자유시간을 늘리자고 제안했다. 이
렇게 해서 나타나게 될 새로운 사회에 '문화사회'라는 이름이 붙여졌다. 이 개념은 생태
사회주의자로서 1970년대부터 유럽 노동운동에 관해 활발한 이론작업을 해 온 앙드레
고르츠에 의해 널리 알려졌다. 그에 따르면 독일의 노동운동에서 나타난 문화사회의 개
념은 '자유로운 개인의 자기실현'이라는 맑스주의의 유토피아와 비슷해 보이지만 역시
노동중심적인 맑스주의에 대한 중요한 비판을 담고 있다(Gorz, 1989, 1994).

16) '난민사회'는 대체로 가난한 사회이다. 그러나 부유한 사회라고 해서 '난민사회'가 되지
말라는 법은 없다. 예컨대 한국 사회는 '부유한 난민사회'이다. 이런 특성은 시중에 수백
조원의 돈이 넘쳐나고 있는 부유한 나라이지만, 정작 복지예산은 OECD국가들 중에 최
하위에 머물고 있는 상황에서 잘 드러난다. 사회적 책임을 제대로 이행하지 않는 부자
들이 득시글거리고 있는 것이 바로 한국 사회인 것이다. 돈을 벌기 위해 수단과 방법을
가리지 않고, 또 그 돈을 지키기 위해 수단과 방법을 가리지 않는 부자들은 '부유한 난
민'들이다. 그런 자들이 지배하는 사회는 바로 '부유한 난민사회'일 수밖에 없다. 이러한

이 사회가 마치 난민들의 집합체같은 일대 아수라장을 이루고 있는 상황을 가리킨다. 한국전쟁이 양산한 수많은 전쟁 난민, 그리고 박정희(다카키 마사오)의 개발독재가 양산한 수많은 산업 난민들의 처절한 생존경쟁 위에서 지금 우리가 살아가는 현실이 만들어졌다.

이런 현실에서 피붙이와 돈만이 이 세상에서 믿을 수 있는 가장 든든한 '빽'이라는 생각은 '대중의 지혜'로 확고히 자리잡았다. 신뢰와 여유는 좀처럼 찾아보기 어렵다. 이런 상황에서 문화에 관한 관심은 자라지 않고 문화산업에 대한 기대만이 커지는 것은 지극히 당연한 일인지 모른다. 문화라는 말을 들을 때, 이제 사람들은 오락을 떠올리거나 또 하나의 돈벌이를 떠올리게 되었다. 기업이 이런 식의 연상을 부추기는 것은 그렇다고 치더라도 정부가 나서서 이런 식의 정책을 펴는 것은 분명히 잘못이 아닐까? 정부는 '난민사회'의 악다구니를 가라앉히고 사람들이 서로 믿고 즐기며 사는 사회17)를 만드는 데 최선을 다해야 한다.

'난민사회'의 현실은 일사불란한 지휘와 감독을 요구하는 것처럼 보인다. 누군가 불세출의 지도자가 나와서 이 어려운 상황을 돌파해 줄 것을 요구하는 것처럼 보이는 것이다. 이런 식의 반민주적 요구가 시대착오

사회적 특성은 난개발로 얼룩진 한국의 도시에 적나라하게 반영되어 있다(홍성태, 2004ㄷ).
17) '문화사회'란 문화상품을 더 많이 즐기거나 문화산업이 더 크게 성장한 사회가 아니다. 그것은 우리 자신의 다양한 욕망과 능력을 우리 스스로 찾아서 적극적으로 추구할 수 있는 사회를 뜻한다. 우리의 문화정책에서 가장 결핍되어 있는 것이 바로 이러한 문화사회의 문화 개념이다. 이 개념은 서구에서는 널리 퍼져 있는 것이다. 예컨대 독일의 문화이론가인 하우크는 이것을 다음과 같이 설명했다. "우리는 대중들이 그들의 정체성을 납득할 만하게 키워 나가고 '삶의 보람'을 실현하는 (그들에게 필요한 능력과 사용가치를 포함하는) 모든 형태들을 대중들의 삶의 활동의 문화적 측면으로 파악한다. 그렇다면 이런 의미에서 문화적인 것은 고립된 영역이 아니라 모든 영역의 삶의 활동의 한 측면이다"(하우크, 1979: 46). 문화를 외적 대상물이 아니라 그 원천인 내적 가능성에서 파악하는 관점을 제대로 세우지 않고 문화산업의 육성에 초점을 맞추는 문화정책은 문화를 산업에 복속시키는 반문화정책이기 십상이다.

적인 박정희 찬양론을 유행하게 한다. 그러나 그는 결코 구세주가 아니었으며, 오히려 이 사회를 '난민사회'로 만든 장본인이다. 그의 승리는 정의가 불의를 이기지 못한다는 생각을 널리 퍼트렸고, 이런 생각이 동물적 생존경쟁이 만연한 '난민사회'의 원천이 되었다. 그러므로 '문화사회'는 그의 유제를 철저히 청산하는 역사적 과업과 밀접한 연관을 맺고 있다. 이 점에서 '과거사 문제'는 과거에 관한 문제가 아니라 미래에 관한 문제이다.

'문화사회'는 시민이 스스로 만들어가는 자생적이고 창발적인 사회이다. 그것은 노동이 아니라 문화가 삶의 기축원리로 구실하는 사회이다. 이런 사회를 만들 수 있을까? 분명히 만들 수 있다. 더 많은 자유시간과 더 많은 문화생활은 새로운 비용을 필요로 한다. 그러나 그것은 단순한 비용이 아니라 사실은 '선진 한국'을 만들기 위한 필수적 투자이다. 우리에게는 이런 투자를 할 수 있는 충분한 돈이 있으며, 또한 이런 투자를 해야 이 사회가 '난민사회'로부터 벗어날 수 있다. 정말로 선진국이 되고자 한다면, 선진국의 사회구조와 생활방식을 잘 보고 배워야 한다. '한국식' 운운하면서 선진국의 경험을 왜곡하는 식으로는 결코 선진국이 될 수 없다.

문화를 사업에 일방적으로 복속시키는 방식으로 문화산업을 육성하는 정책이 아니라 '난민사회'를 '문화사회'로 다듬고 벼리는 '문화사회정책'이 필요하다. 이 정책의 바탕에는 더 많은 사람들에게 더 많은 자유시간과 더 많은 문화생활을 제공하기 위한 '복지사회정책'이 자리잡고 있어야 한다. '지식사회'의 이름으로 더 많은 노동과 경쟁을 강요하는 것이 아니라 '문화사회'의 이름으로 선진국을 향해 나아가야 한다. 문화와 산업이 우리의 삶에서부터 자연스럽게 융합하는 사회적 조건을 만들어야 한다.

참고문헌

강내희(1998), 『지식생산·학문전략·대학개혁』, 문화과학사

______(2000), 『신자유주의와 문화』, 문화과학사

김상봉(2004), 『학벌사회—사회적 주체성에 대한 철학적 탐구』, 한길사

김수영(1968), 「지식인의 사회참여—일간신문의 최근 논설을 중심으로」, 『김수영 전집 2』, 민음사, 1981

______(1968), 「실험적인 문학과 정치적 자유」, 같은 책

데이비드 트렌드(1997), 고동현·양지영 옮김(2001), 『문화민주주의』, 한울

류재현(2004), 「우리, 이대로 춤추게 해주세요—홍대 앞 댄스 클럽, 이중 잣대」, 『필름 2.0』 2004/7/5

문화연대 공간환경위원회(2002), 『문화도시 서울, 어떻게 만들 것인가』, 시지락

박거용(2005), 『350만의 배움터—한국 대학의 현실』, 문화과학사

볼프강 하우크(1979), 백지숙 옮김(1993), 「상품미학과 대중문화—이론적 개요」, 미술비평연구회 엮음(1993), 『상품미학과 문화이론』, 눈빛

심광현(2002), 『문화사회와 문화정치』, 문화과학사

______·이동연 편저(1999), 『문화사회를 위하여』, 문화과학사

양종회 외(2003), 『영국의 문화산업체계』, 지식마당

정보통신부(1996), 『정보통신산업발전종합대책』

존 베리(1913), 양병우 역(1975), 『사상의 자유의 역사』, 박영사

피터 드러커(1993), 이재규 역(1993), 『자본주의 이후의 사회』, 한국경제신문사

허버트 갠스(1974), 이은호 옮김(1996), 『고급문화와 대중문화』, 현대미학사

호르크하이머와 아도르노(1947), 김유동·주경식·이상훈 옮김(1995), 『계몽의 변증법』, 문예출판사

홍성태(1999ㄱ), 「지구화와 지식의 위상 변화—지식/돈 패러다임의 발흥」, 계간 『문학마을』 창간호

______(1999ㄴ), 「환상물의 유행과 상상력 산업」, 계간 『세계의 문학』 94호, 1999년 겨울

______(2000), 「누구를 위하여 문화의 종은 울리나」, 『당대비평』 11호, 2000년 여름

______(2002), 『현실 정보사회의 이해』, 문화과학사

______(2004ㄱ), 「청계천복원사업과 청계천의 파괴—이명박 시장의 신개발주
의와 이익의 정치」, 『경제와 사회』 63호, 2004년 가을

______(2004ㄴ), 「서울시 공간정책 비판」, 『문화과학』 39호, 2004년 가을

______(2004ㄷ), 『서울에서 서울을 찾는다』, 궁리

Gorz, André(1989), *Critique of Economic Reason*, Verso

__________(1994), *Capitalism, Socialism, Ecology*, Verso

10

자본주의 '지식사회'와 '신지식인'론 비판

1. '무한경쟁'과 정보화

현실 사회주의체제의 몰락과 함께 도래한 무한경쟁은 세기말 자본주의의 시대정신이 되었다. 무한경쟁의 기치를 앞세우고 지구 전역을 횡행하는 세기말 자본주의는 한편에서 욕망의 무한충족을 약속하는 '카지노 자본주의'로, 다른 한편에서 낙오자를 무한양산하는 '사시미[1] 자본주의'로 나타나고 있다. 세기말 자본주의의 이러한 야누스적 면모는 돈이 너무 많아 주체하지 못하는 빌 게이츠[2]와 돈이 너무 없어 신장이라

---

[1] 刺身. 생선회를 뜻하는 일어. 노동의 지위를 갈수록 불안정하고 취약한 것으로 만들어가고 있는 상황을 가리키기 위해 이 '상서롭지 못한' 단어를 감히 사용한다.

[2] 1999년 7월 16일에 마이크로소프트의 주식 발행액 총액이 5,000억 달러를 넘어서 5,075억 달러를 기록했다. 1986년 3월 13일에 처음 상장됐을 때 주당 시세는 15센트였으나, 지금은 99.43달러로 663배가 늘어났다. 이로써 빌 게이츠의 재산도 1,000억 달러를 돌파하게 되었다. 유통중인 달러를 모두 모아도 4,506억 달러밖에 되지 않는다고 한다. 또한 1997년 한국의 국내총생산은 5,155억 달러였다고 한다(한겨레신문, 1999/7/19).

도 꺼내 팔아야 하는 노숙자들[3]의 대비 속에서 극명하게 드러난다. 이 것은 진정 그로테스크한 세기말의 살풍경이라고 하지 않을 수 없다.

이같은 살풍경의 한복판에 정보화를 둘러싼 경쟁이 자리잡고 있다. 흔히 정보주의자들[4]에 의해 문명전환의 대변화로 설명되는 정보화는 우선 생산력의 발달이라는 관점에서 접근될 수 있다. 정보처리능력의 발달은 물질처리능력을 한층 고양시키는 엄청난 생산력의 증대와 그에 따른 사회구성의 분화를 가져오고 있다. 이 변화는 빠르고 넓다. 그 특 징은 복잡성과 신속성으로 요약될 수 있을 것이다. 그러나 사회구조적 차원에서 이 변화의 성격은 무엇보다 자본주의에 의해 규정된다. 다시 말해서 현재의 정보화는 사적 소유와 경쟁의 대상이 물질에서 정보로까 지 확장되는 변화이다.

한편 사회를 사람들 사이의 관계라고 했을 때, 기술적 변화보다 더 중 요한 것은 결국 그 기술적 변화를 누가 어떻게 이용할 것인가의 문제이 다. 요컨대 기술적 변화가 사회적 변화로 귀결되기 위해서는 단지 기술 환경의 변화에 머무는 것이 아니라, 이 환경을 규제하고 이용하는 새로 운 제도와 주체의 형성이 필연적으로 요구된다. 최근의 자본주의적 정 보화에서 이러한 요구는 새로운 '지적재산권체제'의 구축과 이른바 '지식 노동자'의 대두로 나타나고 있다. 이렇게 해서 정보화는 세기말 자본주 의의 한복판에 그 뿌리를 확고히 내리게 된다. 이른바 '정보자본주의'가 형성되는 것이다.

---

3) 파는 것이 어디 신장뿐이랴! 가장 고전적인 예에 속하는 피를 비롯하여 안구나 다른 장기 까지, 판매되는 신체 부위의 종류는 갈수록 늘어가고 있다. 말 그대로 몸을 '팔아먹는' 시 대는 이미 도래하였다.
4) 정보주의는 단지 정보의 생산과 유통을 중심에 두고 있는 사회관을 의미하지 않는다. 그 것의 또 다른 축은 정보의 상품화를 당연시하는 것이다. 정보주의는 문명론적 전환의 틀 을 빌어 자본주의적 정보화의 합리성과 필연성을 주장하는 이론적 입장이다. 그 대표적인 인물로는 앨빈 토플러, 피터 드러커, 조지 길더 등을 들 수 있다.

'신지식인'론은 이러한 맥락에서 제기된 세기말 자본주의의 주체형성론이라고 할 수 있다. 그것은 드러커가 이미 1960년대 미국의 상황을 배경으로 제시한 '지식노동자'론과 궤를 같이 한다. 물론 '지식인'과 '노동자'의 차이는 단순한 수사학적 차이를 넘어서는 것으로 보인다. 정보자본주의가 필요로 하는 새로운 주체를 '지식인'으로 설정한 것은 상당히 독특하다고 할 수 있다. 여기에는 아마도 한국적 특수성이 반영되어 있을 것이다. 따라서 최근의 '신지식인'론에 대한 비판은 개념적 분석을 넘어서 이러한 용어가 사용되는 한국 사회의 특수성에 대한 관심으로까지 확장되어야 할 것이다.

2. 신지식인은 누구인가?

신지식인론은 일반적으로 세기말 자본주의의 무한경쟁 요구를, 특수하게는 이른바 '지식기반경제'의 발전을 배경으로 제기되었다. 요컨대 세기말 자본주의는 무한경쟁을 최고의 운영원리로 삼고 정보/지식의 상품화를 통해 지속적 성장을 추구한다. 이것이 '지식사회' 혹은 '지식기반경제'의 구조적 본질이라고 할 수 있다.5) 이런 맥락에서 지식인의 경제적 역할에 대한 관심이 높아지는 것은 당연하다고 하겠다. 그러나 물론 모든 지식이 경제적으로 유용한 것으로 여겨지는 것은 아니다. 무엇보다 중요한 것은 '지식의 변화', '그 형식과 내용, 의미, 책임 그리고 교육받은 사람이라는 것이 무엇을 의미하는가'에 관한 변화이다(Druker,

---

5) 이런 변화를 이론적으로 촉발시킨 계기는 OECD가 1996년에 발표한 *The Knowledge- Based Economy*라는 보고서이다. 한편 세계은행은 1998년에 *Knowledge for Development*라는 제목의 연례보고서를 발표하였다. 이른바 지식경제론의 변화는 Dale Neef(1998)을, 또한 지식사회론의 변화는 Nico Stehr(1994)를 참조. 경영학의 관점에서 지식의 생산과 이용방식을 다룬 논의로는 노나카 이쿠치로와 히로타카 다케우치(1995)를 참조.

1993: 320). 그러므로 신지식인론은 특정한 지식관에 기초하여 특정한 지식인의 형성을 목표로 한다는 점에 우선 주의할 필요가 있다. 그것은 물론 무엇보다 경제적 생산성의 견지에서 유용한 지식과 지식인을 의미하는 것이기는 하지만.

그렇다면 좀더 구체적으로 '신지식인'이란 어떤 사람을 가리키는가? 이에 대한 가장 정교한 정의로는 '매일경제신문사'와 '이화정보화전략센터'가 공동으로 마련한 '국민 각자를 지식근로자로 육성하기 위한 전략'에서 볼 수 있다(김효근, 1999).[6] 매일경제신문사 측의 설명에 따르면, 이 보고서는 '개인의 지식 수준을 파악할 수 있는 지식지수(KQ)를 세계 최초로 고안하고 개인의 부가가치 창출요소를 밝힌 신지식인 가치창출 방정식과 연령별 실천전략' 등의 '획기적인 내용'을 담고 있다(7쪽). 물론 그 획기성은 시간을 두고 검증되어야 할 문제이지 일방적인 주장으로 획득될 수 있는 것은 아닐 것이다.[7] 여기서는 일단 신지식인에 관한 이 보고서의 정의에만 초점을 맞춰 보도록 하자. 이 보고서는 다음과 같이 정의하고 있다.

> 신지식인이란 사물지, 사실지뿐만 아니라 방법지를 체득하고 지식의 생성·저장·활용·공유과정에 필요한 정신자세, 습관, 기본능력을 갖추고 실천을 통해 지속적으로 가치를 창조해 나가는 21세기형 인재이다.

---

6) 여기서 알 수 있는 것은, '신지식인'이 무엇인가에 관한 그 복잡하고 현학적인 정의에도 불구하고 그 본질은 바로 지식'근로자'라는 사실이다.

7) 필자의 개인적 견해를 밝히자면, 솔직히 지식지수, 신지식인 가치창출 방정식, 연령별 실천전략 등이 모두 획기적이라기보다는 우스꽝스러운 현학의 과시로 보인다. 심지어 경영 컨설팅을 전문으로 하는 '기능적 지식인'에 의한 일종의 '지적 사기'라는 생각마저도 든다. 지능지수에 우생학적 편견이 내재되어 있는 것처럼, 지식지수에도 유사한 사회적 편견이 실증의 너울을 쓰고 담겨 있는 것은 아닐까? 이러한 실증주의적 도식화가 무한경쟁을 위한 이데올로기적 동원을 넘어서 '지식사회'를 위한 진지한 사회적 프로젝트로 발전할 수 있을까?

한마디로 신지식인은 대단한 존재이다. 대단히 넓은 지식을 소유하고 있어야 할뿐만 아니라 지속적으로 가치를 창조할 수도 있어야 한다. '21세기형 인재'가 되려면 적어도 이 정도는 되어야 하는 것이다. 다시 말해서 이 정도가 되지 못하면 21세기에 성공적으로 살아남을 수 없다는 것이다. 신지식인은 어마어마한 능력을 갖춘 대단한 엘리트임에 틀림없다. 이 정도의 능력과 자세와 노력이라면 뭔들 못하리.

한편 '신지식인 육성'은 '국민의 정부'가 정권 차원에서 추진하는 국가 개혁프로젝트라는 점에 주의할 필요가 있다.[8] 그러므로 '신지식인의 공식모델'이라고 부를 수 있는 것이 제시되어 있다. '신지식인 운동'의 전개를 지휘하고 있는 정보통신부는 다음과 같이 정의하고 있다. 이 정의는 크게 두 가지 부분으로 나누어지는데, 신지식인론의 철학을 이해하기 위해서는 이에 대해 가능한 자세히 살펴볼 필요가 있다. 신지식인은 먼저 다음과 같이 부정적인 방식으로 정의된다(정보통신부, 1999).

21세기 지식기반사회가 필요로 하는 지식인은 산업사회에서처럼 높은 학식을 갖춘 특정 분야의 지식계급으로서의 지식인이 아니라 지속적인 노력을 통해 가치창출의 원천이 되는 지식을 높여가는 '신지식인'이라고 할 수 있다.

여기서 신지식인은 우선 기존의 지식인과 대비된다. 그리고 그 배경에는 산업사회와 지식사회의 대비라는, 이제는 익숙한 '정보주의의 문명전환론'이 자리잡고 있다. 이 점은 신지식인이라는 용어 자체의 화용

---

8) 다시 말하면, '국가 주도의 국민개조운동'이라고 하겠다. 이런 개조운동은 정말이지 신물이 난다. 박정희의 군부파시즘 이래 우리는 이런 류의 운동에 얼마나 시달렸는가? 진정한 '국민의 정부'라면 국민을 이런 개조의 대상으로 여기는 운동 따위부터 걷어 치워야 하는 것이 아닐까? 이런 운동이 아직도 버젓이 전개되고 있는 것을 보면, 파시즘의 잔재를 청산하는 것이 얼마나 어려운 역사적 과제인가를 새삼 느끼게 된다.

론적 효과와 관련하여 주목할 필요가 있다. 요컨대 신지식인이라는 용어가 사용됨으로써 지식인은 이제 신지식인과 구지식인으로 변별되어 버린다. 그런데 일반적인 언어게임에서 항용 새로운 것은 낡은 것보다 좋은 것으로 여겨진다. 즉 신지식인은 구지식인보다 우월하다. 아니 이 정의 자체로 보자면, 구지식인은 '21세기 지식기반사회가 필요로 하는' 종류의 인간이 아니다. 한마디로 구지식인은 쓸모없는 존재이다. 대중매체를 통해 널리 유포되어 이제는 하나의 상식이 되어버린 정보주의의 문명전환론은 이러한 배타적 정립을 정당화하는 강고한 지식권력으로 작동한다. 문명이 바뀌었다, 새로운 문명은 새로운 주체를 요구한다, 새로운 주체는 신지식인이다, 따라서 구지식인은 필요없는 존재이다, 이 얼마나 간단명료한 추론인가? 이 지식권력의 아우라에 기대어 신지식인은 하나의 새로운 지식인 유형이 아니라, 지식인 자체의 개념을 전면적으로 개편하는 존재로 제시된다.

그렇다면 신지식인은 구체적으로 어떤 존재이며, 어떻게 해야 신지식인이 될 수 있는가? 정보통신부는 계속해서 다음과 같이 신지식인을 긍정적인 방식으로 정의한다.

'신지식인'이란 지식기반사회의 중심세력으로 도덕적 역량, 전문적 역량, 신기술 역량을 갖추고 아는 것을 행동으로 실천하는 사람을 말한다. 다시 말해서 이상과 열정 등 일정한 모럴과 전문지식, 컴퓨터, 영어능력을 갖추고 이를 자신이 하는 일에 적용함으로써 지식을 창출하고 생산성을 높이는 사람을 의미한다.

이 정의에 따르자면, 신지식인이란 미국 지배의 지구화 시대에 걸맞는 만능인이라는 생각이 든다. 이 정의에서는 이를테면 '수퍼맨 신드롬'과 같은 것이 읽힌다. 솔직히 말해 필자는 이렇게 어마어마한 능력을 갖춘 사람이 될 자신이 없다. 사실 도덕적 역량, 전문적 역량, 신기술 역량 중의 어느 하나도 완전히 충족시킬 자신이 없다. 낡은 지식인으로서 필자는 이 중 하나라도 제대로 충족시키기 위해서는 아주 오랜 시간 혼신의 노력을 다해야 하는 것으로 알고 있다. 그런데 이 모든 것을 다 갖추어야 신지식인이 될 수 있다니, 필자같은 사람들은 21세기가 필요로하지 않는 '잉여인간'이 될 위험에 처해 있는 것인지도 모른다. 신지식인이 이렇게 굉장한 존재여서는 당연히 전국민을 대상으로 하는 국가개혁 프로젝트로 추진되기는 꽤나 어려울 것이다.

'신지식인 운동'을 추진하는 '지식인'들[9]의 설명을 따르면, '전국민의 지식화를 통한 생산성 향상을 위하여 신지식인이라는 개념이 등장'했다고 한다. 그러나 모든 사람이 수퍼맨이 될 수는 없을 것이다. 그러므로 '신지식인 운동'이 성공하기 위해서는 다소 편의적인 규정이 필요하다. 비록 실례되는 비유이기는 하지만, 마치 원효대사가 불교를 대중화하기 위해 '관세음보살'만 외우면, 누구나 '정토'에 도달할 수 있다고 설파했던 것처럼. 그리하여 이 편의적 규정은, '신지식인은 교수 등 소수 엘리트 집단만을 일컫는 말이 아니며, 이들을 포함하여 국민 누구나가 어느 직종, 어느 위치에 있든지 간에 주어진 일을 개선·혁신하여 생산성을 높인다면, 신지식인이 될 수 있'다고 가르친다(윤기호, 1999). 요컨대 '지식사회'의 주역은 분명히 지식인이지만, '지식사회'의 특성은 누구나 지식인이 될 수 있다는 것이다. 쉽게 말해서 '지식사회'에서는 생산성만 높이면 누구나 지식인이다. 결국 신지식인이란 지식을 생산·이용하여 생산성을 높이는 사람으로 재정의된다. 이 정도라면 실천적 매뉴얼로는 제법 유용한 정의라고 할 수 있을 것이다. 그러나 여기에서 과연 무엇을 새로운 것이라고 할 수 있는가? 역사적으로 지식은 언제나 생산성 향상

---

9) 이들은 '신지식인'인가, '구지식인'인가? 이 질문을 다른 방식으로 던져보자. '신지식인'이라는 개념을 만든 사람은 '신지식인'인가, '구지식인'인가?

을 위해 이용되어 왔다. 심지어 파괴와 학살의 생산성을 높이기 위해서
도(김진균·홍성태, 1996).

지금의 신지식인은 우리가 세기초에 이미 경험했던 신지식과 신지식
인에 비해 전혀 새롭지 않다. 그것은 경제적 효율성의 원리에 사로잡혀
있으며, 지식인의 비판적 기능을 일방적으로 폄하한다. 이런 점에서 지
금의 신지식인은 단지 세기말 자본주의의 경제적 주체라고 할 수 있을
뿐이다. 이를테면 신지식인은 유무형의 모든 자원을 총동원하여 '사시
미 자본주의'를 견뎌내고, '카지노 자본주의'에서 '대박'을 터뜨린 인물을
가리키게 된다. 과연 그런 사람이 있을까? 물론 있다고 한다. 신지식인
론자들은 그런 인물로 주저없이 빌 게이츠를 지목한다. 그러나 과연 빌
게이츠를 새로운 유형의 인물이라고 할 수 있을까? 그와 같은 유형의
'기업가'는 자본주의의 전역사에서 언제나 등장하지 않았던가?

3. 신지식인 생산전략

'신지식인'의 정의를 둘러싼 여러 가지 논란에도 불구하고, 그것은 이
미 국가개혁프로젝트로 추진되고 있다. 이 프로젝트는 자본주의적 정보
사회에 적합한 주체를 생산하는 프로젝트로 이해될 수 있다. 주체의 생
산이란 사실 논리적으로 형용모순이라고 할 수 있지만, 현실은 언제나
그런 논리적 모순을 통해 전진하게 마련이다. 절대적으로 자유로운 주
체라는 개념은 순진한 허구이며, 비교적 자유로운 주체라는 개념조차
상당부분 허구라고 할 수 있다. 자유란 사실 목숨을 건 비약을 요구한
다. [10] 또한 이러한 비약에 성공하기 위해서는 우선 자기 자신과 주변

---

10) 이러한 인식은 범고래의 탈출을 그린 영화 <자유로운 윌리>(*Free Willy*)의 마지막 장면에
   서 볼 수 있다. 윌리는 목숨을 건 비약을 감행하여 마침내 자유의 바다에 이르게 된다.

환경에 대한 비판적 성찰이 필요할 것이다. 요컨대 '신지식인'론에 대한 비판적 접근을 통하지 않고는 그로부터 자유로울 수 없다. 이러한 개념적 접근은 당연히 신지식인이라는 주체를 생산하기 위한 전략으로 나아가야 한다. '신지식인 운동' 자체가 바로 신지식인이라는 주체를 생산하기 위한 전략으로 추진되고 있기 때문이다.

국민의 정부는 우선 8개의 정부 부처로 '신지식인 운동 추진반'을 조직하여 정보통신부를 중심으로 '신지식인 운동'을 추진하고 있다(한중희, 1999). 현재 이 운동에서 가장 큰 효과를 거두고 있는 것은 아마도 신지식인 사례발굴과 홍보사업인 것 같다.[11] '신지식인 1호' 심형래씨가 가장 잘 알려진 예이기는 하지만, 이미 학력과 경력을 달리하는 다양한 분야의 여러 사람들이 신지식인이라는 '월계관'을 '국민의 정부'로부터 선사받았다.[12] 현재까지 신지식인과 구지식인을 구분하는 가장 직접적인 기준은 어쩌면 바로 이 '국가권력에 의한 공인'이라고 해야 할지도 모르겠다. 물론 일부 기업들도 국가권력을 흉내내어 신지식인 선정작업을 이미 전개하고 있다. 이런 식으로 사회 곳곳에서 다양한 신지식인들이 발굴되고 생산되고 있다. 그러나 어쩐지 어색하고, 나아가 유치

---

11) 이 사업은 '정보통신정책연구원'에서 주관하고 있다. '연구원'에서 제시한 신지식인의 자격조건은, '자신의 업무분야에서 지식을 활용하여 생산성을 향상시킨 분이나 지역사회에 공헌하신 분. 기존의 고정관념에서 벗어나 새로운 발상을 통해 끊임없이 자신의 일을 개선·개발·혁신하신 분'의 두 가지로 아주 간단하다. 영어 구사나 컴퓨터 이용 따위는 조건에 포함되어 있지도 않다는 점에 주목하기 바란다. 신지식인의 정의와 실제 선발 간의 괴리는 이처럼 명백하다. 우리가 주위에서 늘 보던 사람들을 갑자기 '지식인'으로 부르겠다는 것이 '신지식인'론의 요체라는 생각마저 들 정도이다. 즉 '말장난'의 혐의가 짙은 것이다. 물론 말은 '영혼의 집'인만큼 '말장난'은 결코 장난에 그치지는 않는다. 그러므로 이 '말장난'의 화용론은 확실히 주목할 가치가 있다.

12) 이 분들이 과연 공식적인 신지식인 상에서 규정한 요건을 모두 충족하고 있을까? 그렇지 않다면 그런 규정은 아예 폐기하는 편이 더 낫지 않을까? 그런 규정을 제시해 놓고는 정작 실행하지 않는다면, 그것이야말로 신지식인의 권위와 행정의 신뢰성을 스스로 훼손하는 일일테니까.

해 보인다. 13) 새로운 것이건, 낡은 것이건, 아무튼 '지식인'이 이런 식으로 권력-타자에 의해 공인된다는 것은 신지식인을 선뜻 '지식인'으로 받아들이지 못하게 하는 중요한 요인이 된다. 이렇게 '월계관'을 수여하는 방식이 아니라면, 신지식인은 존재할 수 없는 것일까?

최근에 들어와 '신지식인 운동'은 이른바 '제2건국운동'의 한 축으로 전개되기 시작했다. 그 형성에서부터 '새로운 관변단체'라는 의혹을 받은 '제2의 건국 범국민추진위원회'에서 이 운동을 중점적으로 추진하고 있는 것이다. 제2건국위는 이 운동을 세 단계로 나누어 추진한다는 구상을 밝혔다. 이에 따르면, 1999년 6월에 종료된 1단계는 운동의 기폭제가 될 신지식인들을 찾아 운동의 출발점을 만드는 것이고, 7월부터 시작된 2단계는 국민 모두가 '나도 지식인이 될 수 있고, 되어야겠다'는 인식을 가질 수 있도록 하며, 향후 3단계는 온 국민이 일상생활에서 신지식인화되는 정착단계라고 한다. 이런 맥락에서 지난 6월 23일에는 청와대 영빈관에서 '지식사회로 가는 열린 대화—대통령과 신지식인과의 만남'이라는 행사가 열렸다. 이 자리에서는 제2의 건국위가 '한국교육개발연구원'과 함께 신지식인의 좌표로서 '신지식인 7계명'을 확정하여 발표했다. 14) 이 계명들을 접하고 보니, '신지식인 운동'이 또 다른, 즉 구태의연한 '국민계몽운동'에 불과한 것은 아닌가 하는 의구심을 더욱 강

---

13) 어쩐지 '국민학교' 시절에 칭찬받은 아이에게 '착한 어린이' 스티커를 주어서 아이들을 경쟁시키던 방식이 생각난다. 이 방식은 순진한 아이들로 하여금 선생님에게 '잘 보이기' 경쟁을 벌이게 한다. 그 폐해 때문에 이제는 이런 경쟁방식을 사용하지 못하게 하는 것으로 알고 있다. 그런데 그 방식이 성인들을 대상으로 펼쳐지는 것이다. 이런 유아적 발상을 한 관료와 학자들이야말로 그들이 선정한 '신지식인'들에게서 인생에 대해 한 수 배워야 하지 않을까? '월계관'을 수여하는 자들에게 정말 그럴 권리가 있는 것인지, 묻지 않을 수 없다.

14) 그 내용은, 현재에 안주하지 말라, 고정관념에서 벗어나라, 자신만의 분야를 개척하라, 지식을 사랑하라, 지식을 나누어 가지라, 기록하는 습관을 길러라, 아이디어를 실제에 적용하라 등이다. http://www.kjnews.go.kr/OLP/533

하게 갖게 된다. '계명'이라니, 너무나 시대착오적이지 않은가? '신지식인'이라고 불리는 사람들은 정말 훌륭한 사람들인지 모른다. 아마도 그럴 것이다. 그러나 그들에게 이 야릇한 명칭을 부여하는 방식과 이런 방식을 고안한 사람들은 전혀 그런 것 같지 않다. 이 괴리야말로 '신지식인 운동'의 본질적인 약점일 것이다.

'신지식인 운동'은 이른바 '지식사회' 혹은 '지식국가'를 건설하겠노라는 국민의 정부의 국정 최고목표와 밀접하게 연관되어 있다. 이 점에서 '신지식인 운동'은 'CYBER KOREA 21' 및 '두뇌한국 21'(BRAIN KOREA 21) 이라는 두 가지 프로젝트와 연결된다. 먼저 전자는 '創造的 知識基盤 國家 建設을 위한 情報化 VISION'이라는 목표 아래 정보통신부가 추진하고 있는 과업이다. 15) 이 프로젝트는 '국민의 정부 임기 내에 21세기 지식·정보화 선진국으로 발돋움할 수 있는 기틀을 마련'하기 위한 것으로, '2002년 지식기반산업16) 의 GDP 비중을 OECD 수준으로 향상'시키고, '2002년 세계 10위권의 지식·정보화 선진국으로 발전'시킨다는 목표를 제시하고 있다. 꿈은 크다고 할 수 있을지 모르겠지만, 앞으로 3년여밖에 지속되지 않을 정권에서 선진국의 기틀을 다지겠다는 것은 과욕이 아닐까? 1998년 현재 한국의 정보화 수준은 세계 30위권 정도밖에 되지 않는다고 한다. 이런 수준을 어떻게 해서 앞으로 3년 내에 10위권으로 발전시킬 수 있을까? 이것은 결코 진지하지 못한 정치적 수사학일 뿐이다. 이런 정치적 과욕이 중대한 국가발전계획을 심각하게 왜곡

---

15) 1999년 3월 2일자로 발표된 정보통신부의 보고서 제목은 본문에서 쓴 것처럼 영자와 한자로 작성되어 있다. 물론 정보통신부라는 발표부서명도 한자로 되어 있다. 이 보고서는 정보통신부의 홈페이지에서 아래한글 문서로 내려받을 수 있다.

16) 이것은 지식기반1차산업, 지식기반제조업, 지식기반서비스산업으로 나뉜다. 요컨대 지식기반이라는 모호한 수식어가 붙었을 뿐, 종래의 산업구분에서 크게 벗어나는 새로운 산업구조를 지칭하지 않는다. 이런 점에서 이 용어는 별로 '실증적'이지 않으며, 나아가 '실용적'이지도 않은 것으로 보인다. 이에 대한 정부측 자료로는 오상봉 외(1998)를 참조

시킨다. 과시적이고 성장주의적인 정치적 욕심이야말로 이 사회의 발전을 가로막는 '만악의 근원'이다. 이 점에서 '국민의 정부'도 이전의 정권들과 조금도 다르지 않다. 제스처는 난무하는데, 정작 내용은 없다.

교육부가 추진하고 있는 후자는 최근에 전국의 대학교수들을 결집시키는 괴력을 과시하였다. 교수들이 이렇게 똘똘 뭉친 예는 아마도 쉽게 찾아 볼 수 없을 것이다. 이런 단결력은 또 다른 '집단이기주의'로 비난받기도 했지만, 여기에는 확실히 그럴만한 이유가 있는 것으로 보인다. 이 사업은 '21세기 지식기반사회 대비 고등인력양성사업'이라는 제목을 달고 있다. '신지식인 운동'과 관련해서 보자면, 이 사업은 신지식인의 생산이라는 견지에서 제도교육을 뜯어고치려는 의도를 안고 있는 것이라고 할 수 있다. 현대 사회에서 대학은 가장 거대하고 체계적인 지식의 생산장치이다. 그러므로 대학을 어떻게 바꿀 것인가는 결국 어떤 지식을 어떻게 생산할 것인가의 문제라고 할 수 있다. '두뇌한국 21'은 신지식인의 체계적인 생산을 추구하는 프로젝트로서, 현 정부의 지식정책이 얼마나 편협한가를 보여준다. 먼저 개념적으로 신지식인론은 발전시켜야 할 지식의 범위를 경제주의적으로 한정한다. '두뇌한국 21'은 이런 전제 위에서 다시 신지식인을 생산할 수 있는 몇몇 능력있는 대학에 대한 집중적인 지원을 약속한다. '두뇌한국 21'이 '무뇌한국 21'이라는 비난을 사게 되었던 것은 바로 이 때문이다(도정일, 1999).

요컨대 신지식인론에서 드러난 경제주의적 지식관이 대학에까지 고스란히 적용된다는 것은 사실상 대학의 해체, 지식의 파괴를 의미하는 것이다. 그러므로 진정한 '지식사회'가 건설되기 위해서는 '신지식인 생산전략'이 먼저 포기되어야 한다. 이것은 거대하고 복잡한 '지식생태계'가 순전한 자율성에 의해 자기생성하는 것을 저지하고, 몇몇 정책담당자들의 주도로 편협한 경제주의적 지식관을 일방적으로 관철시키려는

계획이기 때문이다. 한국의 대학이 다분히 비생산적이고 비효율적이라
고 해서, 경제주의적으로 편향된 지식정책을 강요하는 것은 결국 '지식
생태계' 자체를 파탄지경에 이르게 할 것이다.[17] 지식은 극히 복잡한
생태계로 존재한다는 점을 무엇보다 먼저 명심해야만 한다. 생태계에서
는 어떤 부분만을 선택해서 살릴 수 있는 방법 따위는 존재하지 않는다.
생태계 전체가 자기생성의 선순환을 이룰 때, 비로소 어떤 부분도 자기
생성의 선순환을 이루게 된다. 아마도 이를 위해 교육부가 무엇보다 먼
저 해야 할 과제는 숱한 교육 관련 비리와 부패를 척결하는 일일 것이
다. 물론 여기에는 교육부의 엄정한 '자기개혁'도 포함된다.

4. 신지식인을 위한 변명, 그리고

일찍이 사르트르는 '지식인을 위한 변명'을 썼다. 오늘 이곳에서는 '신
지식인을 위한 변명'이 쓰여지고 있다. 사르트르의 '변명'이 지식인의 현
실비판과 사회참여를 촉구하기 위한 것이었다면, 지금 이곳에서 행해지
고 있는 '변명'은 사르트르가 옹호하고자 했던 바로 그 지식인을 비판하
는 것이다. 물론 '신지식인 변명'은 단지 '지식인'을 비판하기 위한 것만
은 아니다. 확실히 그것은 훨씬 더 절박한 현실의 과제를 해결하기 위한
노력과 연관되어 있다. 선진국의 주도하에 정보재의 증대와 지적재산권
의 강화가 관철되고 있는 자본주의세계체계의 현실 속에서 경제적으로
생산적인 지식의 역할이 더욱 강조되는 것은 아마도 필연적이라고 해야

---

17) 교육부가 진정 팔을 걷어 부치고 해야 할 일은 따로 있는 것 같다. 예컨대 한려대 사태
로 대표되는 사학비리를 근절하는 일이 그것이다. 교육비리는 학제를 막론하고 만연해
있다. 이에 대한 일차적인 책임은 교육부에 있지 않을까? 그렇다면 교육개혁의 일차대상
은 바로 교육부라고 해도 지나치지 않을 것이다.

할 것이다. 신지식인의 변호론은 이런 현실 인식을 바탕으로 한다. 이러한 변호론의 좋은 예로는 한중희의 소고(1999)를 들 수 있다.

신지식인이 말하는 지식의 의미는 오히려 공식적 지식에 억눌려온 현장지식의 해방선언이라고 해야 할 것이다. …신지식인 운동은 지식을 생산하는 집단, 그 지식을 전파하는 집단, 그리고 지식을 소비하는 집단 사이에 존재해 왔던 벽을 넘어서려는 시도라고 보아야 한다. …더 이상 공룡을 연상시키는 근대주의적 지식 사이클, 즉 완두콩만한 뇌에 의해 독점적으로 생산되는 지식을 거대한 몸집을 통제하고 조종하는 데에 활용되어온 지식의 신화는 극복되어야 한다. 이러한 지식 사이클을 가진 집단은 결국 무한 지구경쟁 및 정보화 사회의 도래라고 불리는 빙하기를 맞이할 때 전멸할 수밖에 없는 것이다. 멸종을 막는 길은 공룡의 머리를 포함한 몸집 전체에 대해서 지식의 생산기능을 부여하는 것이다. 그 결과, 즉 모든 사람들이 지식생산에 참여하게 될 때, 그들이 지식을 다루는 방식 자체가 변화할 것이다. 그리고 그 결과로 나타난 개인 변화상이 다름아닌 신지식인상인 것이다.

이러한 지적은 현실과 유리된 사변적 지식에 대한 비판으로서 유효하다. 또한 근대의 지식생산방식에 대한 비판으로서도 유효하다. 편협한 분과의 틀을 넘어서서 학제간 연구를 강화하려는 노력은 '공식지'와 '현장지'의 원활한 소통체계를 형성하는 노력으로 확대되어야만 한다. 이 점에서 예컨대 저간의 산학협동은 단순히 경제적 차원에서만이 아니라 지식생산의 차원에서도 접근될 필요가 있을 것이다. 그리고 당연히 이러한 접근은 경제주의적 방식으로 '신지식인 운동'을 추진하는 측에 대한 비판도 요구하게 될 것이다.

'신지식인 운동'이 이러한 의미에서 '현장지식의 해방선언'을 추구하는 것이라면, 그것은 지식생산의 면에서나 경제적 생산성의 면에서나 상당히 중요한 사업이라고 하지 않을 수 없다. 그럼에도 불구하고 이 운동에 대해 그토록 혹독한 비판들이 제기되는 이유는 무엇일까? 여기서 다시

한중희의 소고를 인용해 보자.

신지식인을 둘러싼 오해는 주로 신지식인이라는 잘못 선택된 용어에 기인한다고 생각한다. 그것은 그 아이디어가 담고 있는 내용이 지식인 혹은 또 하나의 지식인 집단에 관한 것이 아님에도 불구하고, 여전히 신지식인이라는 용어는 그러한 오해를 불러일으키고 있기 때문이다. 또한 동전의 양면처럼 지식 자체가 가지고 있는 개념성과 실용성의 양측면이 분리되어 마치 실용성만을 강조하는 것처럼 비쳐지는 것도 사실 신지식인이라는 용어의 선택에서 기인됐다는 느낌이다.

여기서 문제는 다시 신지식인이라는 용어 자체의 화용론으로 돌아간다. 왜 이런 잘못된 용어를 선택했는가? 바로 이것이 문제이다. 이 문제야말로 지식인과 관련하여 한국 사회의 특수성을 보여주는 좋은 예라고 할 수 있을 것 같다. 이 점을 올바로 이해하기 위해서는 '신'지식인론이 아니라 신'지식인'론의 견지에서 문제에 접근해볼 필요가 있다. 이른바 '지식사회'의 주체를, 물론 '신'이라는 수식어를 달기는 했지만, 이렇듯 지식인으로 제시하는 것은 '지식사회'론의 종주국인 미국에서는 볼 수 없는 일이기 때문이다. 이것을 정말 독창적인 우리만의 발상이라고 좋아해도 좋을 것인가? 오히려 여기에는 지식인과 관련된 한국 사회의 특수한 태도가 결부되어 있는 것은 아닐까? 그리고 그 태도 자체가 정말 해결되어야 할 중요한 문제는 아닐까?

지식인에 관한 한국 사회의 특수한 태도는 '이율배반성'이라는 관점에서 검토될 수 있을 것으로 보인다. 이 '이율배반성'의 한쪽에는 '지식인 혐오증'이라고 부를 만한 태도가 놓여 있다. 지식인은 쓸데없이 말만 많고 전혀 실질적이지 못한 존재라는 인식이 이를테면 '대중의 지혜'로 자리잡고 있는 것이다. 전쟁을 겪은 우리 윗세대는 '말 많으면 공산당'이라는 욕도 흔히 했지만, 지식인이 말만 많은 존재라는 생각은 지식인에 대한 불신의 깊이를 고스란히 보여준다. 더욱이 외세의 침탈과 전쟁과 독재로 점철된 근현대사는 수많은 지식인들의 변절과 훼절의 역사이기도 했다. 그러므로 '대중의 지혜'는 막연한 불신의 소산이 아니라 생생한 역사의 산물이기도 하다. 기능적 지식인과 비판적 지식인, 실증적 지식인과 사변적 지식인의 여러 가지 구분이 행해지지만, 이러한 구분과 어느 정도 무관하게 지식인 혐오증은 '대중의 지혜'로 엄연히 작동하고 있다.

그러나 다른 한편에서는 '숭문의 전통'이라는 유령이 여전히 이 사회를 떠돌아다니고 있다. '사람은 모름지기 글을 알아야 한다'는 단문 속에 내장되어 있는 지배이데올로기의 내력은 얼마나 깊고 넓은 것인가? '지식사회'란 '지식을 문서화하고 축적하고 전파하는 정보사회'와 '근로자들이 끊임없이 지식을 습득해야만 하는 학습사회'의 결합으로 설명된다 (류석상, 1998). 그런데 이러한 '지식사회'의 주체가 왜 하필이면 '신지식인'인가? 이것은 글 읽는 자들이 지배하던 시대에 형성된 '숭문의 전통'이 지배이데올로기로서 의연하게 살아있다는 사실과 밀접하게 연관되어 있는 것으로 보인다. '신'이라는 수식어가 붙기는 하지만, 아무튼 '지식인'으로 호명된다는 것은 이러한 '숭문의 전통' 속에서 지배질서 내로 편입되었음을 지시하게 된다. 요컨대 '지식인'이란 '숭문의 전통' 속에서는 가장 안정되고 권위있는 '지배자'를 지시하는 기표로서 작용하는 것이다. 이처럼 신지식인이란 '잘못된 용어'가 선택된 배경에는 지식인이란 용어 자체가 지배이데올로기와 맺고 있는 역사적 관계가 자리잡고 있다. 여기서 '신'이라는 수식어는 지식인 혐오증을 불식시키는 역할을 하는 한편, '지식인'이라는 호칭은 명백히 명예를 부여하는 것으로 수용된다.

물론 '숭문의 전통'이라는 이데올로기가 여전히 생생하게 살아 있는 까닭은 한국 사회가 처해 있는 '학력위계사회'의 현실을 떼어놓고 설명될 수 없다. 그러나 흥미롭게도 신지식인론은 바로 이 현실에 대한 비판을 주요한 목표로 추구하고 있기도 하다. 예컨대 김대중 대통령은 1999년 2월 27일에 거행된 방송통신대 졸업식에서 이 문제에 대해 다음과 같은 견해를 밝혔다(김대중, 1999).

> 졸업생과 재학생 여러분, 신지식인이 성공하고 인정받기 위해서는 무엇보다 우리 교육의 병폐인 일류대학병을 고쳐야 합니다. 그것 때문에 인성교육이 되어야 할 중학교 교육부터 삐뚤어졌습니다. …일류대학병은 결국 국가의 장래를 망치는 일로서 반드시 고쳐져야 합니다. 그래야 우리 사회도 발전할 수 있고 나라도 성공할 수 있습니다. 대학을 나왔건 안 나왔건 일류대학을 나왔건 그러지 못했건 실력만 있으면 얼마든지 성공할 수 있는 그런 사회를 만들어야 합니다.

'일류대학병'이 치유되고 '실력만 있으면 얼마든지 성공할 수 있는 사회', 아마도 대다수 한국인이 바라는 좋은 사회의 한 모습임에 틀림없을 것이다. 그러나 신지식인이라는 월계관을 선사한다고 해서 이 문제가 해결될 수 있는 것은 아닐 것이다. 신지식인론은 사람들을 '숭문의 전통'이라는 이데올로기 속으로 포섭해 들여올 뿐이다.[18] 그 '숭문의 전통'은 다시 '학력위계사회'를 배경으로 한다. 그러므로 신지식인이라는 용어 자체가 '일류대학병'이라는 현상의 그림자로서 나타난 것일 수 있다. 이 때문에도 이 용어는 '잘못된 용어'라고 할 수 있다. 이런 점에서 이 '잘못된 용어'를 아예 폐기하는 편이 오히려 '일류대학병'을 치유하기 위해서는 더 나은 처방일지 모른다.

더욱이 실력만으로 성공할 수 없도록 만드는 문제가 어디 '일류대학

---

[18] 이 문제는 대학제도 이외에 사람들의 '실력'을 평가할 수 있는 공적 제도를 통해 해결의 실마리를 찾을 수 있을 것이다. 예컨대 이른바 '벤처기업'이 성공하기 위해서는 기술의 잠재력을 올바로 평가할 수 있는 기구들이 필요하다.

병'뿐이랴. 예컨대 경제족벌의 편법증여 문제를 보자. 한국의 경제족벌은 세금을 이용하여 부의 축적을 이루고, 그 부를 세습하기 위해 교묘히 세법을 회피하는 데 골몰한다. [19] 더욱이 무력을 이용하여 엄청난 비자금을 챙긴 학살자들은 여전히 호의호식하고 있을 뿐만 아니라 정치적 영향력마저 행사할 지경에 이르렀다. 바로 이들을 정점으로 온갖 연줄이 이 사회를 거미줄처럼 휘감고 있다. '일류대학병'은 어쩌면 이런 비정상적 상황에서 성공적으로 살아남기 위해 불가피한 선택인지도 모른다. 일류대학에 진학하는 것은 경제족벌 및 정치족벌과 무연한 사람들이 성공을 위해 택할 수 있는 가장 유력한 길이기 때문이다. 따라서 '일류대학병'을 치유하기 위해서는 이처럼 족벌들이 지배하는 상황을 먼저 제도적으로 확실하게 개혁하지 않으면 안될 것이다. 요컨대 '일류대학병'의 치유는, 여전히 '지식인' 이데올로기 속에서 작동하는 '신지식인'이라는 용어로 사람들을 회유하는 것이 아니라, 근대 국가의 가장 기초적인 요구인 '법치주의'를 확립하는 데서 시작해야 한다.

5. 경쟁력 강화론을 넘어서

흔히들 말하길 1990년대는 문화의 시대라고 한다. 문화적 변화에 대한 강조는 신세대론의 형태로 분출되어 다소 요란한 논란을 빚기도 했

---

19) 가장 대표적인 예로는 삼성을 들 수 있다. 삼성은 주로 전환사채 발행을 통해 이건희 회장의 아들 이재용의 지분을 늘리는 수법을 사용한 것으로 파악되었다. 이재용은 에버랜드의 주식을 하나도 가지고 있지 않았으나 1996년 12월에 발행한 전환사채를 주식으로 전환해 31.9%의 지분을 가진 최대주주가 되었다. 그뒤 에버랜드는 삼성생명의 최대주주가 되었다. 삼성생명은 자본금이 936억원밖에 안되지만 보험료는 무려 36조원에 이르며, 이 돈은 주요 계열사의 지분을 확보해 그룹지배구조를 유지하는 데 사용되고 있다. 에버랜드가 삼성생명의 최대주주가 된 것은 삼성그룹의 지주회사 구실을 하는 삼성생명의 지배권을 다지려는 포석이자, 상속세를 물지 않고 이재용에게 삼성그룹의 경영권을 세습하기 위한 작업으로 분석되고 있다(한겨레신문, 1999/7/3, 7/5).

다. 그러나 구조적 차원에서 더욱 중요한 것은 경쟁력 강화론이 지배하는 시대였다는 점이다. 또한 그것은 노골적으로 국가주의적이며 경제주의적이라는 점에서 지난 시기의 연장으로 읽힐 수 있기도 하다.

이른바 '문민정부'가 들어서서 국민들을 향해 던진 일갈은 바로 '국가경쟁력 강화'론이었다. 말년에 외환위기를 맞고 IMF의 경제관리를 초래했던 이 정부에서는 '국가정보화 사업'을 최고의 국정과제로 추진하였다. 1993년에 미국의 클린턴 정부가 이른바 '정보고속도로' 건설을 주창하여 세계적인 정보화 경쟁을 촉발했다는 사정을 감안하면, 이러한 국정과제는 당연한 것으로 여겨질 수 있는 것이라고 하겠다. IMF의 경제관리 속에서 탄생한 '국민의 정부'는 '지식사회' 혹은 '지식기반경제'라는 새로운 용어로 자신의 새로움을 제시하고자 했다. 그러나 과연 양자 사이에는 어떤 차이가 있는가? 산업의 면에서 보자면, 정보산업육성이 지식산업육성으로 변했다. 주체의 면에서 보자면, 벤처기업가에서 신지식인으로 바뀌었다. 이러한 변화가 용어상의 차이를 넘어서는 것으로 인정될 수 있는가? 본질적으로 변한 것은 거의 없는 것으로 보인다. 특히 '경쟁력 강화'라는 대명제는 전혀 변하지 않았다. '국민의 정부'는 오히려 신자유주의를 더욱 강하게 추진함으로써 '경쟁력 강화'의 요구를 한층 강화하고 있다.

그러나 이런 식의 경쟁력 강화론은 '지식사회'의 특성에 부합하지 않을 수도 있다. 예컨대 현재의 경쟁력 강화론은 한편에서는 창의성에 기반한 지식의 상업화를 요구하면서, 다른 한편에서는 기능적 지식과 경제적 효율성을 지나치게 강조하고 있다. 이러한 상황은 확실히 모순적인 것이다. 이런 모순적 상황은 지식 생태계에 대한 몰이해에서 비롯된다. 이런 몰이해야말로 정보주의자들이 그토록 비판해마지 않는 '산업사회' 식의 산업관에서 비롯된다. 지식이 하루 아침에 늘어날 수 있는 것도 아니고, 더욱이 창의성은 지식을 쌓는다고 자연스럽게 생겨나는 것이 아니다. 진정한 '지식사회'는 지식과 창의성에 대한 장기적이고 복합적인 전망 속에서 태어날 수 있다. 그러므로 사람들에게 목숨을 건 경쟁을 요구하는 것 자체가 '지식사회'의 특성과는 어긋나는 것이다. 진정한 '지식사회'는 '지식 생태계'에 대한 이해에 기반한 사회이며, 그런 점에서 그것은 '문화사회'와 '생태사회'를 지향한다.

이런 맥락에서 정보주의자와 신지식인론자들이 '지식사회'의 주체상으로 빌 게이츠를 제시하는 것은, 그들이 '지식사회'를 여전히 낡은 패러다임에 입각하여 파악하고 있음을 보여줄 뿐이다. 그들은 '지식사회'를 '산업사회'에 대비하여 새로운 것으로 제시한다. 그러나 그것은 자본주의와의 관계 속에서도 새로운 질서를 요구한다. 정보/지식은 본래 희소성의 원리를 따르지 않는, 따라서 경제적 대상이 될 수 없는 공유재에 속하기 때문이다. 또한 그것은 항상 다른 사람의 선행 정보/지식에 기초한다는 점에서 공공재에 속한다. 이러한 정보/지식을 사유화하는 것은 물질재의 사유화보다 훨씬 더 심각한 문제를 낳을 수 있다. 예컨대 완전한 정보소통에 근거한 시장의 기능이 장애를 빚게 되고, 또한 마이크로소프트의 경우에서 보듯이 유례없이 강력한 독점을 유발할 수도 있다. 따라서 정보/지식의 역할이 갈수록 커지는 '지식사회'는 유무형의 모든 재화를 끝없이 사유화하려는 자본주의의 요구와 본질적으로 상충할 수밖에 없다. 빌 게이츠는 새로운 '지식사회'에서 낡은 자본주의를 대표하는 낡은 인물일 뿐이다. 그가 개척한 산업은 새로운 것이지만, 그 산업이 터하고 있는 질서는 너무도 낡은 것이다.

'지식사회'의 본성에 걸맞는 '패러다임의 전환'을 대표하는 인물은, 소프트웨어 분야를 예로 들자면, 해커[20] 들이 인정하는 '천재 해커' 리차드 스톨만(Richard Stallman) 이다. 그는 본래 공유재였던 소프트웨어가 컴퓨터산업의 발달과 함께 사유화하는 것을 보면서, 정보/지식의 공유에 기반한 새로운 소프트웨어 공동체를 추구하기로 결심하였다. 빌 게이츠와는 정반대되는 길을 택한 것이다. 1984년 1월에 그는 누구도 자유롭게 이용할 수 있는 운영체계를 제작하기 위한 사업으로 '그누(GNU) 프로젝트'를 시작하고, 같은 해 가을에는 자유소프트웨어재단을 설립하였다. 그후 1991년에 리누스 토발즈가 리눅스라는 커넬 프로그램을 개발함으로써 'GNU 프로젝트'는 일단 완성된다. 그리고 GNU-LINUX체계는 현재 마이크로소프트의 윈도즈체계에 대한 대안으로까지 검토되고 있을 정도로 성장하였다. 정보/지식의 공유에 대한 리차드 스톨만의 일관된 철학이 이런 중요한 결과를 가져온 원동력이었음은 이미 잘 알려진 사실이다.

'경쟁력 강화론'을 넘어서지 않는 한, '지식사회'는 결코 자본주의의 수사를 넘어설 수 없다. 이 수사의 화용론적 효과는 갈수록 강화되는 생존경쟁을 자연필연적인 것으로 정당화한다는 것이다. 그 결과 세기초를 풍미했던 사회다위니즘이 세기말의 세계를 다시금 장악하게 된다. 그러나 진정한 '지식사회'는 공유와 평등의 기초 위에서만 확립될 수 있다. 그러한 기초 위에서만 '지식 생태계'는 번성할 수 있기 때문이다. 그러므로 무한경쟁을 신조로 하는 신자유주의는 '지식사회'의 촉발자가 아니라, 오히려 그 파괴자라고 해야 옳을 것이다. 신자유주의에 대한 저항은 진정한 '지식사회'의 수립을 위한 역사적 과제이기도 하다. 신지식인론이 신자유주의에 기반을 두고 있는 한, 진정한 '지식사회'의 수립을 위해서는 이것을 비판하지 않을 수 없다. 아무리 구지식인이라는 비난을 듣더라도.

---

20) 여기서 해커란 '시스템 파괴자'가 아니라 기술의 개발 자체에 몰두하며 정보/지식을 만인과 공유하는 것을 원칙으로 삼는 컴퓨터기술 전문가를 뜻한다. 유념할 것은 해커들의 원칙 자체가 사실상 '반자본주의적'이라는 점이다.

참고문헌

김대중(1999), ‘방송대 졸업식 축사’,
　　http://user. chollian. net/~findnews/je/chuksa. htm
김진균·홍성태(1996), 『군신과 현대사회—현대 군사화의 논리와 군수산업에
　　관한 연구』, 문화과학사
도정일, 「두뇌한국의 무뇌」, 한겨레신문, 1999/7/9
류석상(1998), ‘지식기반 경제하의 정보화 정책방향’,
　　http://isrd. nca. or. kr/BBS/info/iipt/1998/5-20/focus2/f2-5-20. html
오상봉 외(1998), 『지식기반산업의 발전방안』, 산업연구원
윤기호(1999), ‘신지식인이란 누구인가’,
　　http://epic. kdi. re. kr/nara/199902/199902-3. html
정보통신부(1999), ‘정통부, 신지식인 양성과 신산업 육성에 주력’,
　　http://mic. etri. re. kr/BroadDir/보도자료/정통부. htm
한중희(1999), ‘신지식인론은 인문학의 적인가: 신지식, 신지식인의 용어상의
　　오해를 극복하며’,
　　http://allim. nca. or. kr/mag/moa/199905/49. html

노나카 이쿠치로·히로타카 다케우치(1995), 장은영 역(1998), 『지식창조기
　　업』, 세종서적

Drucker, P(1993), 이재규 역(1993), 『자본주의 이후의 사회』, 한국경제신문사
Neef, Dale ed. (1998), *The Knowledge Economy*, Butterwort-Heinemann
Stehr, Nico(1994), *Knowledge Societies*, Sage
World Bank(1996), *The Knowledge-Based Economy*
World Bank(1998), *Knowledge for Development*

11

지식사회와 어린이
―'똑똑이' 이데올로기와 학력주의의 내면화

1. 지식사회와 그 그늘

지식사회는 '평생학습사회'라고 한다. 정말 그렇다. '요람에서 무덤까지'가 복지사회를 상징하는 문구라면, 지식사회는 '뱃속에서 무덤까지'라는 문구로 상징될 만하다. 이제 공부는 취학연령이 되었을 때부터 시작되는 것이 아니라, 엄마 뱃속에서부터 맹렬히 시작해야 하는 과업이 되었다. 그리고 이렇게 시작한 공부를 죽을 때까지 그만둬서는 안된단다. 이것이야말로 말 그대로 '평생학습사회'가 아니고 무엇인가? 여덟살에 초등학교를 들어가서야 비로소 글자를 배운 나로서는 이런 사회가 낯설기도 하고 꺼림칙하기도 하다. 왜 그럴까?

꺼림칙한 이유는 우선 무엇을 배우는가와 관련된다. 사실 늘 배워야 한다는 것은 전혀 새로운 깨달음이 아니다. 옛사람들도 '사람은 모름지기 배워야 한다'고 했다. 그러나 이 경우에 배움의 대상은 무엇보다 '사람답게 사는 도리'를 뜻했다. 사람이란 무엇이며 어떻게 사는 것이 올바른 삶이냐는 도덕적 물음이 배움의 근본이었다. 물론 이 물음에 대한 답은 대체로 주어진 신분질서를 긍정하는 방식으로 제시되었다. 이 점에서 이 도덕적 물음은 극히 보수적인 정치적 함의를 지니고 있었다. 그러나 이러한 정치적 함의를 일단 제쳐두고 보면, 이 물음은 역시 사람이 사회 속의 존재로 살아가기 위해 반드시 필요한 것이기도 하다. 그러므로 이런 질문을 던져볼 필요가 있다. 우리의 지식사회는 이 근본적인 물음을 어떻게 다루고 있는가?

여기서 먼저 우리의 지식사회에 대해 잠시 살펴보자. 주류 지식사회론자들[1] 은 지식사회가 '탈자본주의사회'라고 주장한다.[2] 그러나 현실은 결코 자본주의에서 벗어나지 못하고 있다. 오히려 지금 우리가 경험하고 있는 신자유주의의 현실은 '극자본주의'(hyper-capitalism) 이다. 그 파괴적 위력에 대해서는 세계 최대의 헤지펀드 자본가마저 우려를 금치 못하고 있는 실정이다.[3] 이런 우려는 주로 자본이동의 자유화와 관련하여 제기되는 것이지만, 지식사회와 관련해서는 '자본주의의 정보적 확장'이라는 점에 더욱 큰 주의를 기울일 필요가 있다. 자본주의사회로

---

1) 말할 것도 없이 그 대표자는 피터 드러커와 앨빈 토플러이다.
2) 이러한 주장은 특히 피터 드러커에 의해 가장 강력하게 제기되었다. 그는 새로운 지식사회가 '비사회주의사회'이고 '탈자본주의사회'라고 주장하는 동시에 이것이 '반자본주의사회'나 '비자본주의사회'는 아니라고 주장한다(Drucker, 1993: 23, 28). 이런 사회를 구태여 탈자본주의사회라고 말할 필요가 있을까? 반자본주의나 비자본주의가 아니라면 결국 자본주의라는 말이 아닌가?
3) 자본의 자유로운 흐름을 이용하여 막대한 수익을 챙기는 세계 최대의 헤지펀드 자본가가 이런 우려를 나타내고 있다는 것은 그 자체로 재미있는 일이 아닐 수 없다(Soros, 1998). 이것은 자본가조차도 자본주의의 극단화를 원하지 않는다는 사실의 반증으로 읽어야 할 것이다. 다시 말해서 자본가가 원하는 것은 자본가에게 유리한 '규제'이지 완전한 '무규제' 혹은 '탈규제'가 아니라는 것이다.

서 지식사회의 가장 중요한 특징은 바로 여기에 있다. 그것은 첫째, 종래에 공공재로 다루어지던 지식과 정보를 무차별적으로 사유화하는 사회이다. 둘째, 그것은 지식노동의 중요성이 훨씬 더 커지는 또 하나의 '노동사회'이다.

이러한 지식사회에서 '근본적인 도덕적 질문' 따위가 주요하게 다루어질 수 없다는 것은 분명하다. 우리의 지식사회에서 지식의 가치를 규정하는 것은 인간적 가치가 아니라 경제적 가치이기 때문이다. 이 지식 '자본주의' 사회를 지배하는 것은 '지식/돈 패러다임'이다(홍성태, 1999ㄴ). 돈이 되지 않는 지식은 더 이상 지식으로서 대접받지 못한다. 반면에 이제까지 지식으로서 대접받지 못했던 지식이라도 돈이 될 수만 있다면 당당히 지식으로 대접받을 수 있다.[4] 그러나 자고로 '근본적인 도덕적 물음'에 관한 지식으로 밥을 벌어 먹을 수 있던 때는 없었다. 더욱이 우리의 지식사회는 '무한경쟁'의 논리에 휘말려 있지 않은가? '근본적인 도덕적 물음' 따위에 매달리다가는 '무한경쟁'의 정글법칙에서 당연히 살아남을 수 없을 것이다.

오늘날 우리는 모두 이런 상황에서 살아가고 있다. 물론 어린이라고 해서 예외는 아니다. 어린이들이 과도한 '학습노동'에 시달리는 것은 비단 어제오늘의 일이 아니기는 하지만, 우리의 지식사회는 이런 상황을 더욱 더 극단으로 밀고 나가고 있는 것처럼 보인다. 지식자본가가 되지는 못할지라도 적어도 지식노동자는 되어야 생존의 문제를 고민하지 않을 수 있다는 것을 현명한 부모라면 누구나 잘 알고 있다. 그리고 부모라면 누구나 자식의 장래에 대해 현명한 법이다. 그러므로 어린이들이 엄마의 뱃속에서부터 치열한 학습노동의 격투장으로 내몰리는 것은 너

---

4) 예컨대 수십만 부씩 팔려나가며 장안의 지가를 올리는 '환상물'을 이런 관점에서 검토할 수 있다. 이에 대해서는 홍성태(1999ㄷ)를 참조

무나 당연한 일이다. 다음의 2절에서는 이 점을 '똑똑이 이데올로기'라는 개념을 통해 살펴보고자 한다. 이러한 개인적 격투의 구조적 귀결은 이를테면 '한국적 지식사회'로서 '학력사회'의 재편/강화이다. 3절에서는 이것을 '학력주의의 내면화'라는 개념을 통해 살펴보고자 한다. 마지막 4절에서는 '어린이 보호'에서 '어린이 해방'으로 옮아가기 위한 탈학교의 구상을 제시하고자 한다.

2. '똑똑이' 이데올로기

'똑똑이' 이데올로기는 지식 '자본주의' 사회를 지탱하는 지배이데올로기들 중의 하나이다. 물론 '똑똑이'에 대한 선호는 우리의 지식사회에서 불쑥 나타난 새로운 현상은 아니다. 예컨대 동서고금을 막론하고 신동에 대한 이야기는 흔하게 찾아볼 수 있다. 신동이란 일종의 초능력자이고 그런만큼 무료한 일상을 달래기 위한 훌륭한 이야깃감이 된다. 그러나 물론 신동 이야기가 그렇게 보편적으로 발견되는 까닭은 이 때문만은 아닐 것이다. 그런 우생학적 능력은 사회적 불평등을 합리화하는 훌륭한 방편이 되기도 하는 것이다. 이른바 '위인'들의 어린 시절이 흔히 일종의 '신동담'으로 전해져 오는 까닭도 이런 맥락에서 이해될 수 있겠다. 5)

'똑똑이' 이데올로기는 이와 같은 '신동 이데올로기'가 지식사회의 도래를 배경으로 대중화한 것이라고 할 수 있다. 그 핵심은 두 가지로 요

---

5) 예컨대 이순신 장군의 어린 시절 병정놀이 이야기는 터키의 국부로 불리는 케말 파샤의 그것과 똑같다. 병정놀이를 하고 있는데, 어떤 어른이 아이들이 설정한 싸움터를 지나게 되었다. 이때 이 어른의 앞을 막아서서 이곳은 싸움터이므로 함부로 지나갈 수 없다고 꾸짖었다. 그러자 어른은 어린 녀석이 기특하다고 칭찬하고 옆길로 돌아갔다는 이야기.

약된다. 첫째, 똑똑한 어린이만이 지식사회에서 성공적으로 살아남을
수 있다. 이것은 결국 모든 어린이가 일종의 신동이 되어야만 한다는 것
이라고 할 수 있다. 물론 우생학적 관점으로 보자면, 이런 일은 당연히
불가능할 것이다. 그러므로 이것만으로는 대중을 사로잡는 지배이데올
로기가 될 수 없다. 그러므로 둘째, 현명한 부모라면 누구나 자기의 자
식을 똑똑한 어린이로 키울 수 있다는 자신만만한 선언이 뒤따르게 된
다. 물론 이렇게 하기 위해서는 상당한 대가를 치루어야만 한다. 무엇
보다 많은 돈이 있어야 하지만 돈만이 대가의 전부는 아니다. 돈을 제대
로 쓸 수 있는 지혜와 지식을 갖춘 현명한 부모가 되어야 하는 것이다. [6]

이러한 '똑똑이' 이데올로기를 가장 잘 보여주는 예는 최근의 분유 광
고들에서 찾아볼 수 있다. 물론 이 광고들은 그저 '똑똑이' 이데올로기를
보여주는 데서 그치지 않고, 그것을 대중적으로 확산시키는 데서 결정
적인 구실을 하고 있다. 그러므로 이 광고들을 통해 '똑똑이' 이데올로기
에 대해 좀더 구체적으로 살펴보도록 하자.

먼저 지적할 것은 육아 패러다임의 변화이다. 과거의 패러다임은 이
를테면 '우량아 패러다임'이었다. 한때 텔레비전으로 방송되기까지 했던
우량아 선발대회[7]는 그 상징이었다. 당시의 대표적인 광고는 고 박노
식씨가 모델을 맡았던 것인데, 그가 아이를 반갑게 안으며 묵직한 음성

---

6) 대가를 치를 수 없는 부모들은 어떻게 되는가? 답은 간단하다. 부모로서의 자질과 자격을
동시에 의심받게 된다는 것이다. 그러므로 아이로 살아가기도 갈수록 힘들어지지만 부모
로서 사는 것도 역시 갈수록 힘들어진다. 자식들을 모두 서울대에 보낸 어떤 부모의 '내
버려두었지만 알아서 했다'는 말은 대부분의 부모들에게는 믿기지 않는 희한한 성공담일
뿐이다.
7) 이것은 원래 일제 치하에서 우수한 인적 자원을 생산하고 육성하기 위한 군국주의 정책
의 일환으로 시작되었던 것이었다. 이것이 국민보건에 미친 긍정적인 영향을 무시할 수는
없겠지만, 해방 이후에도 오랫동안 시행되었던 것은 분명히 비판적으로 평가되어야 할 것
이다.

으로 읊조리는, ‘개구장이라도 좋다, 튼튼하게만 자라다오’라는 카피는 모르는 사람이 없을 정도로 널리 알려졌다. 이에 비해 최근의 패러다임은 ‘똑똑이 패러다임’이다. 텔레비전은 우량아 선발대회를 대신해서 엄마를 찾아 열심히 기어가는 아기들을 보여준다. 여기서 핵심은 누가 더 잘 기어가는가가 아니라, 즉 누가 더 튼튼한가가 아니라, 누가 더 엄마를 잘 찾아가는가, 즉 누가 더 똑똑한가이다. 그리고 지금의 대표적인 광고는 김희애씨가 모델을 맡은 것이라고 할 수 있을 듯한데, 그가 아이를 안고 시청자를 똑바로 쳐다보며 차분히 말하는 ‘아버지보다 더 똑똑하게 키울 거예요’라는 카피는 많은 젊은 엄마들의 가슴을 후벼파기에 충분하지 않을까?8)

남양유업이 김희애씨를 기용하여 극히 자극적인 감성광고를 하고 있다면, 매일유업은 신애라씨와 오연수씨를 기용하여 아주 ‘과학적인’ 지식광고를 하고 있다. 둘 다 ‘똑똑이’ 이데올로기를 유포하고 있다는 점에서는 마찬가지지만, 이런 차이는 주목할 만한 가치가 있는 것으로 보인다. 김희애씨의 경우보다 신애라씨와 오연수씨의 경우가 ‘똑똑이’ 이데올로기에 비추어서 더욱 전형적인 지식사회의 광고라고 생각되기 때문이다.

무엇보다 이 광고는 근대 사회의 지배이데올로기를 대표하는 실증적 과학주의에 기대어 젊은 엄마들을 차근차근 설득하려고 한다. 이 점에서 이 광고의 핵심은 하단 중앙부에 쓰여진 ‘24개월까지 두뇌의 80%가

---

8) 김희애씨의 남편은 ‘흔글’을 개발한 이찬진씨이다. 그는 서울대를 나왔을 뿐만 아니라 한국 최고의 소프트웨어를 만든 사람으로서 지식 ‘자본주의’ 사회의 신흥 명문임에 틀림없다. 그리고 김희애씨 자신도 이제는 어엿한 대학교수이다. 그러니 그의 말을 듣고 젊은 엄마들이 어떻게 자극받지 않을 수 있겠는가? 더욱이 이 광고의 메시지는, 여러분도 내가 선전하는 분유를 먹이면 누구나 자식을 똑똑히 기를 수 있다는 극히 ‘민주주의적인 것’이다.

자란다'는 문구에서 시작되는 것으로 볼 수 있다. 이 문구의 밑에는 '참고문헌: 『행동과학』, 서울대학교 의과대학 편, 서울대학교 출판부 간. 『소아과학대전』, 윤덕진(의학박사) 편, 연세대학교 출판부 간.'이라는 출처가 표시되어 있다. 여기서 더 중요한 것은 문구 자체가 아니라 바로 이 출처 표시이다. 그것은 이 문구가 자의적으로 고안된 카피가 아니라 의심할 수 없는 '과학적 발견'임을 보여주는 것이기 때문이다. 이 과학적 권위에 기대어 이 광고는 자신만만한 주장을 펼쳐 나간다. '두뇌가 자라는 24개월에 맞춰 설계된 유아식은 '아기사랑 수'와 '임페리얼' 등 남양유업 제품뿐'이라는 것이다. 다소 길지만 세개의 단락으로 제시된 광고문안을 모두 인용하도록 하겠다.

▶ 두뇌가 24개월까지 거의 다 자란다면 유아식도 24개월에 맞춰 설계되어야 하지 않을까요? 누구보다 총명하게 키우고 싶다면 24개월로 설계된 「아기사랑 수」나 「임페리얼」을 놓치지 마십시오.

▶ 「아기사랑 수」와 「임페리얼」은 두뇌의 80%가 완성되는 폭발적인 두뇌성장기에 대비할 수 있도록 24개월까지의 기간을 세별하여 두뇌성장단계에 따라 아기가 필요로 하는 영양을 체계적으로 설계하였습니다.

▶ 두뇌성장에 긴요한 DHA, 뉴클레오타이드, 아라키돈산, 타우린 등의 4-way 두뇌활성인자와 성장기 필수영양을 두뇌가 자라는 24개월에 맞춰 유기적으로 설계한 「아기사랑 수」와 「임페리얼」!

결론적으로 이 광고는 그러므로 '<u>병원에서 다른 걸 먹인 많은 엄마들의 「아기사랑 수」와 「임페리얼」로 바꾸는 데는 다 이유가 있는 것</u>'이라고 힘주어 말한다.

이 광고에서 재미있는 점은 실증적 과학주의에 기대고 있기는 하지만, 이것이 결국은 감성을 자극하기 위해 교묘하게 동원되고 있다는 데에 있다. 두 번째와 세 번째의 단락을 보면, 두뇌성장단계에 따른 영양의 체계적 설계, 4-way 두뇌활성인자와 24개월에 맞춘 유기적 설계 따위의 과학적 표현으로 구성되어 있다. DHA, 뉴클레오타이드, 아라키돈산, 타우린 등의 전문용어는 평범한 젊은 엄마들을 기죽게 하기에 충분하다.9) 이런 맥락에서 첫 번째 단락은 권유라기보다는 일종의 '협박'으로 읽힐 수 있다. 이 광고가 선전하는 제품을 아이에게 먹이지 않는다면 당신은 과학을 무시하고 아기의 장래를 위험하게 하는 부모, 즉 부모로서의 자격과 자질이 의심되는 부모라는 것이다. 마지막에 밑줄을 그어서 강조하는 문구는 현명한 엄마들은, 병원에서야 어쩔 수 없이 다른 제품을 먹었을지라도, 이 제품을 아기에게 먹이는 쪽을 선택한다고 말한다. 이 광고가 시작된 방식을 따르자면, 이 부분에 대해서도 당연히 어떤 출처가 있어야 할테지만, 그런 것은 전혀 제시되지 않는다. 그러므로 이 문구는 주관적 희망사항을 표현한 것으로 볼 수 있으며, 만일 그렇다면 이 광고는 결국 젊은 엄마들의 열망을 이용한 과대·과장광고에 해당할 것이다.

사실 '똑똑이' 이데올로기의 더욱 전통적인 예는 이러한 분유광고보다 '태교'에서 찾아볼 수 있다. 태교의 중요성은 최근에 들어와 좀더 실증적으로 밝혀지고 있는 것으로 보이지만, 여기서 좀더 주목할 점은 그것이 지식 '자본주의' 사회의 현실과 관련해서 나타나는 변화이다. 다시 말해서 태교라는 전통적인 지혜를 최근의 '똑똑이' 이데올로기가 어떻게 바꾸어놓고 있는가에 주목할 필요가 있다. 1999년에 국내뿐만 아니라 세계적으로 크게 유행했던 태교방법으로는 단연 '모짜르트 효과'를 들 수

---

9) 이런 식으로 과학적 학술용어를 이용하여 사람들을 기죽이는 설득방식은 학계의 고질이기도 하다. 인문사회과학계에 만연해 있는 이러한 고질에 대한 최근의 체계적 비판으로는 Sokal & Bricmont(1999)을 참조.

있다. 모짜르트의 음악을 엄마 뱃속에서부터 열심히 들은 아기는 감성과 지성이 모두 잘 발달한다는 것이다. 왜 모짜르트인가에 대해서는 구구한 '과학적' 설명이 있을 테지만, 필자는 모짜르트가 역사적으로 유명한 신동이었다는 사실과도 연관이 있을 것 같다는 생각을 해본다. 신동의 음악을 들으면 신동이 될 수 있다! 우리의 전통적인 보신문화와 딱 맞아떨어지지 않는가?

그러나 지식 '자본주의'의 현실과 관련해서 이보다 더 흥미로운 것은 젊은 엄마들 사이에서 '영어사전 암송'이 유행하고 있다는 세간의 풍문이다. 현재의 '똑똑이' 이데올로기가 사람들을 이끌고 가는 길의 정체를 이것보다 더 잘 보여주는 것은 없으리라. 잘 알다시피 현재의 지식 '자본주의' 사회를 지배하는 것은 미국의 힘이다. 영어는 명실상부한 세계공용어이며, 영어를 익히는 것은 단순히 외국어를 익히는 것이 아니라 생존의 기초를 닦는 것이 되었다. 그리고 이제 인터넷과 신자유주의를 통한 이른바 '영어제국주의'의 위세가 태교로까지 확장되고 있는 것이다. 일부 영어 공용론자들은 이런 상황을 몹시 반가워할지도 모르겠다. 갓난아기가 '하이 맘'하고 인사를 한다면 더욱 기뻐할 테지만. 이 점에서 '똑똑이' 이데올로기는 결국 미국이 주도하는 지구화의 한 결과이며 그것을 지탱하는 구실을 하는 것으로 확장된다.[10] 그리고 어린이들은 어떤 선택권도 없이 엄마 뱃속에서부터 이런 식으로 '사육'되어 버린다. 이것이 또한 더 나은 삶을 향한 '대중의 지혜'이기도 하다는 점에서, 이런 세태를 바라보는 마음은 참담해지지 않을 수 없게 된다.

---

10) 그리고 이 점에서 '똑똑이' 이데올로기는 미국주의를 구현하는 첨병 구실을 하면서 엄청난 문화파괴를 저지를 가능성을 지니게 된다. 오늘날 지구화라는 이름으로 관철되는 미국주의의 중흥이야말로 유례없이 강력한 '밴덜리즘'이기 때문이다.

3. 학력주의의 내면화

부모들이 자의에 의해서건 타의에 의해서건 선택한 삶의 방식을, 어린이들은 따를 수밖에 없다. 태아는 말할 것도 없지만 어린이는 항용 자신의 삶을 선택할 능력이 없는 존재로 여겨진다.[11] 어린이뿐만 아니라 청소년, 나아가 청년까지도 자신의 삶을 선택할 권리를 마음껏 누리지 못하는 것이 사실 우리의 현실이다. 그러므로 어린이가 처한 사회적 상황을 알기 위해서는 부모들이 선택하는, 혹은 선택할 수밖에 없는 삶의 방식이 어떤 것인가에 주목하지 않을 수 없다. 그리고 지금 그것은 지식 '자본주의' 사회로 나타나고 있다. 우리의 현실과 관련해서 그것은 무엇보다 '학력사회'[12] 라는 맥락에서 검토되지 않으면 안된다.

학력주의는 사실 현대 대중사회의 보편적인 현상이다. 기능적으로 보았을 때, 그것은 학력이라는 기준을 이용하여 거대 인구군을 사회적으로 획정하는 방식을 가리킨다. 분명히 완전한 것과는 거리가 멀지만, 학력은 능력과 노력에 기초한 근대적 성과지위체계를 구성한다. 이 점에서 학력사회는 전근대의 '골품사회'보다 월등히 평등하고 효율적인 사회라고 할 수 있다. 그러나 여기에도 적지 않은 문제점이 있다. 마치 실증적 과학주의에 대한 신념이 또 다른 종교로 변질되어 사람들을 억압하는 것처럼, 학력주의도 능력과 노력이라는 성취적 기준 뒤에서 또 다른 세습적 지위를 낳을 가능성을 안고 있다. 학력이 일종의 '카스트'로

---

11) 『양철북』의 주인공 '오스카'는 엄마 뱃속에서부터 명확한 자의식을 지니고 태어난다. 그러나 그도 역시 자신의 삶을 스스로 선택할 권리를 누릴 수 없었다. 그가 스스로 꼽추가 되어 성장을 멈추는 길을 택하는 데에는, 죄와 거짓에 찌든 어른들의 세계에 대한 절망뿐만 아니라, 자신의 삶을 선택할 수 없는 상황에 대한 절망도 영향을 미치지 않았을까?
12) 여기서 학력이란 수직적 학력차를 의미할 뿐만 아니라, '학벌'이라는 수평적 학력차까지를 포함한다.

구실하여 학력사회가 사실상 '학력 카스트 사회'로 변질되어 버리는 것
이다. 그리고 잘 알다시피 우리 사회는 이미 오래 전부터 이러한 상황에
놓여 있었다. 그러므로 부모들이 과외열풍에 휘말리고, 자식들은 지나
친 학습노동에 시달리는 것은 이미 오래 전부터 지극히 정상적인 일이
었다.

예컨대 자유에 대한 열망과 엄격한 자기비판의 정신으로 한 시대를
살다간 시인 김수영조차 이러한 상황에서 벗어날 수 없었다. 그는 아들
을 '시내의 일류학교'로 전학시킨 경과를 이렇게 묘사한다.

> 아, 일류학교란 얘기를 하지 마라! 학적보 이동-동회 서기와의 사바사바-학교
> 장의 거만-담임선생의 영국지 양복-2천원-2천원-6학년 전학 성공-시험성적
> 30점-산수 52점-낙망-신경질-구타! 또 구타!(김수영, 「물부리」, 52-53쪽)

이 짧은 요약에서는 자존심을 죽이고 동회 서기며 선생들과 뒷거래를
한 과정, 그리고 이런 노력에도 불구하고 아비의 기대에 전혀 부응하지
못하는 자식에 대한 울화가 적나라하게 드러난다. 그뒤 그는 이런 자신
을 다음과 같이 반성한다.

> 자식은 자기의 몸보다도 더 사랑스러운 것이 부모의 상정이다. 자식의 미련을 청
> 산하기란 자기의 미련을 청산하기보다도 몇배나 더 어려운 것같다. 그러나 이 미
> 련도 꺾어야 한다고 나는 생각한다. 머릿속의 담배갑의 메모를 빌려서 나는 요즘
> 조금씩 이런 연습도 하고 있다. 우선 새학기부터는 '공부해라, 공부해라'하는 말
> 부터 하지 않기로 하자. 이를 깨물고 자식과 나 사이에 거리를 두자. 아직 이 연
> 습을 하기 시작한 지 얼마 되지는 않았지만 결과는 좋을 것같다. 이런 회심의 경
> 험이 있는 사람은 내가 무슨 말을 하고 있는지 알 것이다. 나는 사랑을 배우기 시
> 작하는 단계에 있다. 그를 진정으로 사랑하려면 그와 나 사이에 가로놓여 있는 무
> 서운 장해물부터 없애야 한다. 그 장해물은 무엇인가. …욕심이다(김수영, 「생활
> 의 극복」, 61쪽).

그가 아프게 고백하듯이 자신과 자식을 괴롭히는 원천은 자신의 욕심이다. 그러나 더욱 큰 문제는 이런 사실을 깨닫게 되더라도 그 욕심을 버리는 것이 거의 불가능하다는 점이다. 왜냐하면 그 욕심은 학력사회에서 살아남기 위해서는 반드시 필요한 '지혜'의 소산이기도 하기 때문이다. 이런 상황에서 '행복은 성적순이 아니잖아요'라고 절규하며 자살하는 아이들까지 나타나게 되었던 것은 전혀 이상한 일이 아닐 것이다.

우리의 지식사회론자들도 이런 현실을 물론 잘 알고 있는 것 같다. 그러므로 이른바 '신지식인'이라는 새로운 주체는 학력이라는 카스트에 구애받지 않고 각자의 분야에서 남다른 성과를 이룬 사람들로 규정된다. 그러나 이러한 선언적 규정과는 달리 우리의 지식사회는 학력이라는 카스트의 바탕 위에서 구성되고 있으며, '신지식인'이라는 용어 자체가 이런 현실의 소산인 것으로 보인다(홍성태, 1999ㄱ). 현대 대중사회에서 학력이 발휘하는 보편적 구획자로서의 구실이 줄어들 기미는 여전히 보이지 않는 것이다. 물론 이른바 '무한경쟁의 시대'를 배경으로 지식의 기능성과 효율성을 일방적으로 강조하는 '지식/돈 패러다임'의 발흥은 한편에서 기존의 학력사회를 약화시킬 가능성을 안고 있기도 하다. 그러나 그것이 학력이라는 카스트 자체를 소멸시킬 수 있을 것으로 보이지는 않는다. 오히려 현재 그것은 명백히 학력사회의 현실 위에서 나타나고 있으며, 나아가 이러한 현실을 더욱 편협한 방식으로 강화하고 있는 것으로 보인다.

우리의 지식사회에서 어린이들에게 강요되는 학력주의의 실태는 학습지 광고를 통해 살펴볼 수 있다. 학습지 광고는 단순히 특정 지식의 학습을 권유하는 차원을 넘어서 '똑똑해야 살아남는다'는 지식 '자본주의' 사회의 생존원리를 적극적으로 내면화시키는 구실을 한다. 여기서는 유명한 '구몬학습'의 광고를 통해 이에 대해 살펴보도록 하자.13) 이 광고는 '구몬학습으로 학년을 앞서니까 학교생활에 더욱 자신있어요!'라는 제목을 달고 있다. '학년을 앞선다'는 표현은 높은 학업 성취도를 자랑하기 위해 고안된 문구겠지만, 이것은 명백히 학력사회의 치열한 경쟁상황을 전제로 고안된 문구라는 점에 더 주의해야 할 것이다. 즉 구몬학습으로 공부하면 학력사회의 경쟁에서 쉽게 이길 수 있다는 것인데, 대체 어떻게 해서 그렇게 될 수 있다는 것일까?

구몬학습은 그 방법을 '프로그램식 학습법'으로 부른다. 그것은 다음의 〈표 1〉에서 볼 수 있듯이 모두 다섯 단계로 구성된다.

<표 1>　구몬학습의 프로그램식 학습법

실력진단단계	학습설계단계	실력배양단계	확인지도단계	학습관리단계
진단테스트 실시 및 분석	진도그래프 작성 및 분석	교재의 채점	종료테스트 실시 및 확인	구몬학습통신문 전달
정답률, 풀이속도, 오답의 원인을 분석해 줍니다. ▼ 실력에 맞춰 학습을 시작합니다.	매일의 학습량과 학습시간을 정해 개개인에 맞는 학습 진도를 설계합니다. ▼ 진도 상황을 세심하게 관찰·분석·기록합니다.	회원이 푼 교재를 교사가 직접 채점합니다. ▼ 풀이과정을 점검합니다. ▼ 100점 학습을 통해 자신감이 배양됩니다.	학습 문제점을 집중 지도합니다. 시간 내에 문제를 빨리 푸는 능력이 생깁니다. ▼ 단계를 마무리합니다. ▼ 다음 진도를 결정합니다.	학습 현황과 학습 태도, 가정학습 지도사항에 대해 정기적인 학부모 상담을 실시합니다. ▼ 아이, 부모, 교사가 참여하는 교육 관리가 완성됩니다.

구몬학습은 정말 체계적인 학습법을 구사한다는 느낌이 든다. 여기에는 나타내지 못했지만 이 광고에는 각 단계를 보여주는 문서나 교재

---

13) 이것은 2000년 1월 중에 필자가 구독하는 일간지를 통해 '간지 광고' 형태로 배달된 것으로 총 18장 분량의 소책자이다. 이 소책자는 수학, 영어, 한자, 과학, 일어, 국어에 대한 구몬학습의 학습방법을 상세히 소개하고 있다. 처음에 필자는 일어가 들어있는 것을 보고 다소 의아한 생각이 들었으나, 구몬이 '공문(公文)'의 일어식 발음이라는 것을 떠올리고 이해하게 되었다. 구몬학습은 일본에서 들어온 학습지 업체인 것이다. 이 기업은 단순한 학습지 업체가 아니라 일본 문화를 적극적으로 전파하는 구실까지 하고 있는 것으로 보인다.

의 그림이 있다. 특히 실력진단단계와 학습설계단계는 여러 가지 도표로 작성하도록 되어 있다. 이 도표들은 테일러의 '과학적 관리법'을 연상하게 한다. 바로 그렇다. 이 학습법은 '우울하고 고통에 찬' 학습노동의 효율을 극대화하기 위해 고안된 것이다. 구몬학습의 프로그램식 학습법은 노동자의 노동효율을 극대화하기 위해 고안된 테일러리즘을 어린이의 학습과정에 적용하여 최상의 성과를 거두려고 하는 것이다. '오답의 원인'뿐만 아니라 '정답률'과 '풀이속도'까지 '분석'해 주며, '매일의 학습량과 학습시간을 정해 개개인에게 맞는 학습진도를 설계'해 준다는 구절을 보면, 그 방식뿐만 아니라 사용하는 용어까지도 정확히 테일러리즘의 그것과 일치한다는 인상을 받지 않을 수 없다. 그러므로 구몬학습으로 공부하는 어린이는 그 과정에서 바로 테일러리즘의 규율을 자신도 모르게 체득하게 될 것이다. 다시 그러므로 구몬학습으로 공부하는 어린이는 이 사회가 필요로 하는 지적 능력의 함양뿐만 아니라 규율까지도 체득한 '훌륭한 어린이'로 자라나게 될 것이다. 구몬학습 만세!

그러나 아직 감동하기엔 이르다. 부모들은 '100점 학습'이라는 문구를 보고 마음이 놓일 것이다. 그리고 정기적인 학부모 상담을 실시한다는 구절을 보고 그 친절함에 가슴이 따뜻해질 것이다. 그러나 아직도 감동하기엔 이르다. 구몬학습은 유아/유치단계에서 고교단계까지, 다시 말해서 대학을 제외한 모든 교육과정을 체계적으로 연결된 하나의 프로그램으로 짜 놓고 있다. 내놓고 보장하는 것은 물론 아니지만, 결국 이 프로그램은 어려서부터 구몬학습을 꾸준히 받으면 명문대에 입학할 수 있다고 은근히 주장하는 것이다. 그러므로 드디어 구몬학습 만세!

가장 좋은 예는 구몬수학의 '23단계 학습 프로그램효과'[14] 이다. 여기에는 '2000년부터 실시되는 제7차 수학교육과정에 가장 적합'하다는 설명이 따라 붙어 있다. 물론 어떤 점에서 '가장 적합'하다는 것인지는 알수 없다. 그러므로 이것은 설명이 아니라 그저 판촉용 주장일 뿐이다. 여기서 더욱 주목할 부분은 이 프로그램이 초등단계도 아니고 유아/유치단계에서 시작된다는 점이다. 아무리 한국의 과외열풍이 지나치다고해도 이건 너무나 지나치다는 생각이 든다. 어쩌면 이 부분은 구몬학습을 통해 일본의 '선진 학력주의'가 직수입되는 것으로 해석될 수 있을지도 모르겠다. 학력주의와 과외열풍에 관한 한 일본이 한국보다 더했으면 더했지 결코 덜하지는 않을 것이다. 이미 오래 전부터 일본에서는 대입학원이 '예비대학'으로까지 불리고 있다. 그리고 얼마 전에는 유명 유치원 입원을 둘러싼 질투심 때문에 어떤 젊은 엄마가 이웃의 아이를 살해하는 끔찍한 사건이 일어나기도 했다. 일본에서 학력경쟁은 이미 유아/유치단계부터 시작되고 있는 것이다. 이런 것까지 과연 수입해야 하는가?

그러나 이런 학습방법이 시장에서 큰 성과를 거두고 있다는 것은 결국 우리의 현실이 그러한 수요를 형성하고 있는 것으로 이해될 수도 있을 것이다. 그렇다면 상황은 더욱 심각해진다. 이제 구몬학습의 학습방법이 아니라 이 사회의 지나친 학력경쟁이 문제가 되는 것이기 때문이다. 정말 그렇다. 갓 말을 떼고 수를 헤아릴 줄 알게 된 유아기부터 대

---

14) 명칭을 '효과'라고 한 것은 명백히 과장광고이다. 이것은 유아/유치단계에서 시작해서 고교단계에서 끝나는 구몬학습의 학습프로그램일 뿐이기 때문이다. 도무지 그 '효과'라는 것이 어떻게 입증된 것인지에 대해서는 전혀 알 수 없는데도 불구하고 이렇게 '효과'라는 명칭을 쓰는 것은 지나치다고 하지 않을 수 없다. 그럼에도 불구하고 바로 이 잘못된 명칭은 '고교수학 완전정복'이라는 문구를 하나의 사실로 받아들이게 한다. '고교수학 완전정복'은 이 프로그램의 목표일 뿐인데도, '효과'라는 잘못된 명칭은 이 목표를 바로 효과로 받아들이게 하는 것이다. 이것은 상술을 넘어선 술수이다. 그러므로 이 프로그램은 체계적인 도표의 형식을 통해 짐짓 실증적 과학주의의 겉모습을 띠고는 있지만, 그 실상은 과학과는 전혀 무관하다고 할 수 있을 것이다.

학입시를 향한 험난한 장도에 올라야 한다면, 그런 사회를 과연 정상적인 사회라고 할 수 있겠는가? 호기심을 자극하는 온갖 것들을 물리치고, 하고 싶은 온갖 장난의 유혹을 물리치고, 공부에 매진하는 어린이들을 보며 '참으로 기특하다'고 대견해 하는 것이 과연 옳은 것일까? 이런 식으로 유아단계부터 명문대 입학을 어린이의 일차적인 인생목표로 설정해 주는 것이 과연 부모로서 흔쾌히 받아들일 수 있는 일이겠는가? 어린이들 사이에서 또래 친구들을 따돌리는 '이지메'나 '왕따'가 하나의 문화로 자리잡은 데에는 이러한 지나친 학력경쟁이 적지 않은 영향을 미쳤을 것이다. 흔히 대학입시를 전쟁에 비유하기도 하지만, 이런 관점에서 보자면 우리의 어린이들은 이미 유아 때부터 바로 이 전쟁을 시작하는 셈이다. 처음에야 억지로 혹은 호기심으로 이 전쟁을 시작하겠지만, 그러나 전쟁을 치루다 보면 누구나 결국엔 전사가 되는 법이다. 그리고 전사들이 서로 싸우고 승자와 패자로 갈리는 것은 전혀 이상한 일이 아니지 않는가?

학력주의의 문제는 학교라는 제도가 교육이라는 기능을 독점하는 데서 비롯된다. 이러한 독점은 과정과 목적을 혼동하게 해서 종국에는 학교를 학력경쟁의 수단으로 전락시키고 만다. 여기서 생겨나는 것이 바로 학력주의이고 학력사회이다. 그 문제점을 이반 일리치는 일찍이 다음과 같이 지적했다.

과정과 목적이 혼동되어 있게 되면 새로운 논리가 등장하게 된다. 노력을 하면 할수록 좋은 결과를 얻을 수 있다느니, 일을 단계적으로 축적해 가면 언젠가는 성공할 수 있다느니 하는 논리가 그것이다. 이와 같은 논리로 '학교화'되게 되면 아동들은 교수를 받을 일과 학습하는 일을 혼동하게 되고, 따라서 진급한다는 일 자체가 그만큼 교육을 더 받은 것으로 생각되고, 면허장을 받게 되면 그만큼 능력이 있는 것으로 생각하게 된다. 솔직하게 말하자면, 이와 같이 해서 무엇인가 새로운 것을 말할 수 있는 능력과 혼동하게 된다. 그 아동의 상상력도 '학교화'되어서, 가치 대신에 제도에 의한 봉사를 당연한 것으로 인식하게 된다 (Illich, 1970: 11).

우리의 지식사회는 이런 문제에 대해 아직 별다른 대응책을 제시하지 못하고 있다. 오히려 학력 카스트의 바탕 위에서 학력경쟁을 더욱 강화하고 있을 뿐이다. 그러므로 공부를 시작하는 연령이 어리면 어릴수록 '학력주의의 내면화'는 더욱 더 일찍 시작될 뿐이다. 이것이 지금 이곳에서 우리가 살고 있는 지식사회의 모습이다.

4. '어린이 해방'을 위하여

어린이는 어리기 때문에 부모뿐만 아니라 사회의 '보호' 대상이 된다. 이러한 보호는 확실히 필요한 것이다. 세계적으로 만연해 있는 어린이 노동이나 성의 착취문제는 이러한 보호의 필요성을 여실히 증명한다. 그러나 어린이에 대한 이러한 관심과 애정이 '보호이데올로기'로 바뀌었을 때는 그 자체에 대해 큰 주의를 기울여야만 한다. 이 경우에는 '어린이 보호'라는 미명 하에 '기존 체제의 보호'를 위해 사실상 '어린이 사육'을 행하게 되기 때문이다. 그 내용을 다음의 〈표 2〉를 통해 살펴보도록 하자.

<표 2> '어린이 사육' 구조의 변화

산업 노동사회 → 지식 노동사회
'튼튼이' 이데올로기→ '똑똑이' 이데올로기
산업노동 → 학습노동

먼저 구조적 차원에서 산업과 지식의 차이에 주목하면 큰 변화가 일

어난 것 같지만, 노동이라는 점에 주목하면 사실상 본질적인 변화는 일
어나지 않았다. 여전히 우리는 자본주의 노동사회에서 살아가고 있다.
그러나 어린이의 상황과 관련하면 확실히 적지 않은 변화가 일어났다.
이것은 이른바 '주체의 생산'이라는 관점에서 검토될 수 있는 것인데, 종
래에는 튼튼한 어린이가 요구되었다면, 이제는 똑똑한 어린이가 요구되
고 있는 것이다. 이것은 노동자에 대한 주요 수요가 지식노동자로 옮아
가고 있는 데서 비롯된 변화이다. 이를 위해 더욱 더 과중한 학습노동이
어린이들에게 강제된다. 이제 '어린이 해방'을 위해 바로 이 점에 주목해
야 한다.

　'강제와 감시 속에' 행해지는 '우울하고 고통에 찬' 노동은 공장의 산
업노동만이 아니다. 지식노동도 역시 마찬가지이다. 그리고 학습노동
은 그러한 지식노동의 한 부분이다. 학습노동은 어린이들에게 세상을
살아가는 데 필요한 지식과 지혜를 전달하는 과정이기도 하지만, 그보
다는 점잖고(잘 알다시피 이 말은 '젊지 않고'의 준말이다) 어른스러운
어린이를 생산하는 과정이다. 즉 더 이상 어린이를 어린이가 아닌 것으
로 만드는 과정이다. 그러므로 이런 노동에서 어린이들을 해방시켜야
한다. 인간의 두뇌는 무한하다거나 아인슈타인조차 그의 두뇌의 10%
밖에 쓰지 못했다는 말을 들으면 우리는 몸서리를 쳐야 마땅하다. 아인
슈타인조차 그 정도밖에 쓰지 못했는데, 어떻게 어린이들에게 두뇌를
혹사하도록 강제할 수 있는가? 더 이상 이런 식으로 어린이들을 괴롭히
지 말자. 어려운 말을 써가며 똑 부러지게 말 잘하는 어린이들을 보면
끔찍해 해야 마땅하다. 그런 어린이가 어떻게 어린이일 수 있는가?15)
'어린이 해방'은 '부모 해방'의 전제조건이기도 하다. 갈수록 어린 나이

---

15) 물론 그런 어린이들도 있다. 문제는 모든 어린이를 그런 어린이로 키워야 하며 키울 수
　　있다고 설파하는 '똑똑이' 이데올로기이다.

에 학력경쟁이 시작된다는 것은 결국 부모들도 젊어서부터 그런 경쟁
에 뛰어들게 된다는 것을 뜻한다. 이런 상황은 창의적인 주체들의 자발
적인 결사를 억압하고 결국 사회를 온통 경쟁의 아수라장으로 몰아가
게 된다. 그러나 불행하게도 우리의 지식사회는 지금 바로 이런 상황에
있다.

　우리의 지식사회에서 '어린이 해방'을 이루기 위해서는 우선 학력사회
의 문제를 발본적으로 개선할 필요가 있다. 지식사회의 지식이 제도화
된 '공식지'나 돈벌이를 위한 '실용지'만을 뜻하지 않도록 하려면, 무엇보
다 학력사회의 현실을 근원적으로 타파할 필요가 있다. 그리고 그것은
학교제도 자체에 대한 깊은 반성에서부터 시작되어야 한다. '탈학교의
구상'은 이런 맥락에서 제기된다. 다시 일리치를 인용해 보자.

> 학교의 폐지를 효과적으로 하기 위해서는, 취직, 선거, 또는 학습 센터에의 입소
> 와 같은 일이 있을 때, 그 이전에 특정한 커리큘럼에 의한 교육을 받고 왔는가 아
> 닌가에 따라서 차별하는 것과 같은 법률은 금지할 필요가 있다. 이러한 보증을 하
> 는 것은, 어떠한 기능이라든지 역할을 위한 능력을 검사하는 것까지 배제하는 것
> 이 아니다. 그것은, 가장 많은 공비를 써가면서 특정한 기능을 가지고 있는 자,
> 또는 마찬가지 일이라고는 보여지지만—어떤 유능한 기능이나 직장의 일과는 관
> 계가 없는 면허장을 취득할 수 있었던 자에게 유리하게 작용하고 있는 현행의 무
> 의미한 차별을 없애게 할 수 있을 것이다. 학력 중에서 어떠한 이유 때문에 자격
> 을 박탈되는 것에서부터 국민을 지켜주게 됨으로써, 비로소 헌법상의 학교의 폐
> 지가 심리적으로도 효과를 가질 수 있게 되는 것이다(Illich, 1970: 33).

　'탈학교의 구상'은 국민의 교육권을 학교에 국한하지 않고 폭넓게 보
장하자는 것이며, 이를 위해 제도화된 학력을 기준으로 구성되어 있는
각종 사회적 선발 및 보상체계를 폐지하자는 것이다. 그 결과 학력주의
가 사라지면 어떻게 될까? 학령이나 학년이나 학제에 무관한 다양한 형

태의 교육이 이루어질 수 있을 것이다. 어린이의 성장단계에 따라, 그리고 그와 함께 변하는 취미와 적성에 따라, 장래의 삶을 꿈꾸고 일궈갈 수 있을 것이다.

물론 이런 구상은 다분히 유토피아적인 것일 터이다. 그러나 우리가 '다른 삶'을 꿈꾸지 않는다면 현실은 언제나 변하지 않은 채로 남을 것이다. 그 현실을 우리는 지금 하나의 악몽으로 경험하고 있다. 유아기부터 시작되는 명문대 입학을 향한 치열한 학력경쟁. 어린이를 어린이가 아닌 것으로 만드는 과도한 학습노동. 이것이 악몽이 아니라면 대체 무엇이 악몽일 수 있을까? 이런 악몽에서 깨어나기 위해 이제는 '어린이 보호'를 넘어서 '어린이 해방'을 적극적으로 모색해야 할 때이다. '보호'는 지금의 질서를 전제로 하지만, '해방은 그것의 발본적 개편을 요구한다. 그러므로 '어린이 해방'의 과제는 학력주의에 바탕을 두고 있으며 그것을 더욱 강화하고 있는 지식 '자본주의' 사회의 구조적 개혁을 통해 비로소 실현될 수 있을 것이다.

참고문헌

김수영, 「물부리」, 『김수영 전집2 − 산문』(1981), 민음사

______(1966), 「생활의 극복」, 『김수영 전집2 − 산문』(1981), 민음사

홍성태(1999ㄱ), 「자본주의 '지식사회'와 '신지식인'론 비판」, 『문화과학』 19호, 1999년 가을

______(1999ㄴ), 「지구화와 지식의 위상 변화—지식/돈 패러다임의 발흥」, 『문학마을』 창간호, 1999년 겨울

______(1999ㄷ), 「환상물의 유행과 상상력 산업」, 계간 『세계의 문학』 94호, 1999년 겨울

Drucker, Peter(1993), 이재규 역(1993), 『자본주의 이후의 사회』, 한국경제신
    문사
Illich, I. (1970), 황성모 역(1978), 『탈학교의 사회』, 삼성미술문화재단
Sokal, Alan & Bricmont, Jean(1999), 이희재 역(2000), 『지적 사기』, 민음사
Soros, George(1998), 형선호 역(1998), 『세계자본주의의 위기』, 김영사

12

사이버공간과 공동체
―상품화, 규율화, 그리고 민주주의의 꿈

1. 커뮤니티 붐

공동체는 사이버공간의 사회적 구실 혹은 영향과 관련하여 줄곧 주요한 관심사였다. 특히 그것은 대체로 사이버공간을 긍정적으로 보는 관점에서 크게 강조되어 왔다. 그 역사는 오늘날 인터넷으로 대표되는 컴퓨터 통신의 초기로까지 거슬러 올라갈 수 있겠지만, 우리가 지금 보고 있는 '커뮤니티 붐'은 1990년대 중반 이후의 인터넷 대중화에 따른 것이다.

잘 알려져 있다시피 애초에 인터넷은 군사적 목적을 위해 구축되었으며, 오랫동안 일부 전문가들의 연구용 정보통신망으로 사용되어 왔다. 그러나 시간이 흐르면서 인터넷은 점차 다양한 용도로 사용되기 시작했다. 멀리 떨어진 연구자들끼리 사적인 한담이나 잡담을 주고받기에 좋은 수단으로 이용되더니, 서로 일면식도 없는 사람들끼리 여러 가지 정보를 주고받을 수 있는 수단으로도 이용되고, 급기야는 그런 사람들끼리도 일종의 소속감을 지니고 지속적으로 소식을 주고받을 수 있는 수단이 되었다.

비록 상대의 얼굴을 보며 악수를 하거나 포옹을 하고 대화를 나누지는 않더라도 지속적으로 정보를 주고받는 것도 일종의 사회적 만남이라고 할 수 있을 것이다. 그리고 이런 만남을 통해 형성되는 새로운 사회적 관계를 '공동체'라고 부른 것은 이미 오래 전부터의 일이다. 예컨대 이 새로운 '공동체'의 특징과 의미를 널리 알리는 데 크게 이바지한 책으로 『가상공동체』(1993)를 들 수 있는데, 이 책은 저자인 하워드 레인골드(Howard Rheingold)가 1985년부터 회원으로 활동한 '웰'(The WELL)이라는 사설 컴퓨터 통신망(BBS)에서의 경험에 바탕을 두고 있다.

'웰'의 경우에서 볼 수 있듯이 월드와이드웹이 나타나기 전에도 사설 컴퓨터 통신망이나 상업적 컴퓨터 통신망(이른바 'PC 통신망')을 통한 새로운 '공동체'의 경험은 이미 널리 퍼져 있었다. 이에 비해 최근의 '커뮤니티 붐'은 월드와이드웹(WWW)을 통한 인터넷 대중화의 한 결과이다.[1] 월드와이드웹은 인터넷을 일부 전문가나 동호인의 도구에서 만인의 새로운 정보통신매체로 변모시켰다. 그리고 일찍이 인터넷의 초기 역사가 그러했듯이, 사람들은 이 매체를 다양한 용도로 이용하게 되었다. 이 점에서 최근의 '커뮤니티 붐'은 인터넷의 초기 역사를 압축적으로, 그러나 훨씬 더 강렬하게 재연하는 것이라고 할 수 있을 것이다.

---

1) 물론 이러한 변화가 단순히 월드와이드웹이라는 새로운 기술적 요인의 등장으로만 설명될 수는 없다. 여기에는 예컨대 '정보고속도로 구상'으로 상징되는 지구적인 정보화 경쟁이 크게 영향을 미쳤다. 요컨대 자본주의 무한경쟁의 정보화 판이라고 할 수 있는 이 경쟁을 통해 인터넷은 빠르게 선택적 도구에서 필수적 도구로 변하게 되었다.

물론 인터넷의 초기 역사와 달리 최근의 '커뮤니티 붐'은 상업적인 목적에 의해 조장된 면이 크다. 그러나 그러한 배경과는 별개로 '커뮤니티 붐'은 사람들이 인터넷을 단순히 새로운 정보통신매체가 아니라 서로 자유롭게 만날 수 있는 공간과 같은 것으로 이용하고 있음을 보여주는 듯하다. 이른바 '커뮤니티 사업'을 벌이고 있는 국내 기업인 프리챌의 홈페이지(www.freechal.com)를 보니, 2001년 9월 25일 오후 5시 현재 무려 623,477개의 커뮤니티가 등록되어 있었다. 실로 엄청난 수가 아닐 수 없다. '커뮤니티'에 대한 어떤 욕망이 전제되지 않는다면, 아무리 상업적 목적으로 그 붐을 조장하더라도, 아마도 이런 정도의 붐을 이룰 수는 없을 것이다.

그러나 이처럼 많은 수의 '커뮤니티'가 말 그대로 '커뮤니티'인가는 의문이다. 요컨대 최근의 '커뮤니티 붐'은 '커뮤니티'라는 말의 붐일 수도 있다. 사실 인터넷을 통해 이루어지는 만남은 대단히 다양하다. 그런데 유독 '커뮤니티'가 부각되는 데에는 어떤 이유가 있을 듯하다. 이 글에서는 이런 의문을 바탕으로 최근의 '커뮤니티 붐'에 대해 생각해 보고자 한다. 글의 순서는 다음과 같다. 먼저 최근의 '커뮤니티 붐'을 '사이버공간의 상품화'라는 관점에서 살펴본다. 이어서 이러한 붐에 모종의 질서를 부여하고자 하는 최근의 정책적 흐름을 '사이버공간의 규율화'라는 관점에서 살펴본다. 다음에 이러한 상품화와 규율화라는 구조적 변화의 의미를 '공동체 이데올로기'라는 관점에서 살펴보고자 한다.

2. 온라인 공동체의 상품화

'커뮤니티 붐'에 앞서서 우리를 찾아온 것은 '인터넷 붐'이었다. 이것은 우선 1990년대 초에 인터넷의 이용과 관련해서 나타난 두 가지 변화에서 비롯되었다. 그것은 첫째, 인터넷의 상업화이다. 본래 인터넷은 세금을 이용해서 만들어진 공공 정보통신망이었기 때문에 상업적 이용이 엄격히 금지되었다. 그러나 법에는 틈새가 있게 마련이고, 이러한 틈새를 이용해서 인터넷의 상업적 이용은 꾸준히 증가했다. 결국 인터넷의 기간망을 관리하던 미국과학재단(NSF)은 1991년에 이러한 인터넷 정책을 바꿔 인터넷의 상업화를 허용하게 되었다. 이로써 인터넷을 이전보다 훨씬 널리 사용할 수 있는 제도적 기반이 마련되었다.

둘째, 같은 시기에 월드와이드웹이 공개되었다. 이것은 본래 유럽입자물리연구소에서 1989년부터 개발해 오던 것인데, 1991년에 개발을 마치고 그 소프트웨어를 공개했던 것이다. 이것은 이제까지 문자에 기반을 두고 이용되어 오던 인터넷을 멀티미디어 하이퍼텍스트 방식으로 바꾸어 놓았다. 이어서 1993년에 월드와이드웹을 쉽게 이용할 수 있는 소프트웨어인 브라우저가 공개되었다. 최초의 브라우저는 '모자이크'라는 이름을 갖고 있었으며, 이것을 개량한 것이 바로 '넷스케이프'였다. 이로써 오늘날과 같은 인터넷 대중화가 이루어질 수 있는 기술적 기반이 마련되었다.

그러므로 미국을 포함하여 세계적으로 인터넷 대중화라는 현상은 아직도 새로운 현상이라고 할 수 있다. 아마도 인터넷의 특성과 이용방식을 둘러싸고 논란이 그치지 않고 있는 큰 이유도 여기서 찾을 수 있을 것이다. 오늘날과 같은 형태의 인터넷 자체가 세상에 모습을 나타낸 지가 이제 10년밖에 되지 않았고, 그 일반적인 이용방식이 만들어진 지는 아직 채 10년도 되지 않았으며, 그것을 오늘날처럼 많은 사람들이 이용하게 된 것은 더군다나 얼마 되지 않은 일이다. 여기서 특히 주목할 것은 인터넷 대중화가 정말로 빠른 속도로 이루어졌다는 사실이다.[2] 불과 5년 전까지만 해도 인터넷을 사용하는 사람들은 고사하고 그것에 대해 아는 사람들도 쉽게 볼 수 없었다. 그런데 오늘날 인터넷은 말 그대로 전국민의 일상적 필수재가 되었다. 어떻게 해서 이런 일이 일어날 수 있었을까?

인터넷 대중화의 빠른 전개는 흔히 인터넷의 유용성을 보여주는 예로 제시되곤 한다. 인터넷이 유용하기 때문에 사람들이 적극적으로 인터넷을 이용하게 되었고, 그 결과 인터넷 대중화가 이토록 빠른 속도로 이루어졌다는 것이다. 물론 인터넷은 대단히 유용한 정보통신기계이다. 그러므로 인터넷이 수많은 사람들을 단숨에 사로잡았을 수도 있을 것이다. 그러나 이런 식의 설명에는 어딘가 석연치 않은 점이 있다. 인터넷 대중화가 이루어지려면 먼저 컴퓨터 대중화가 이루어져야 한다. 그리고 요즘의 기술적 수준에 맞추자면, 고속통신망 대중화가 또한 이루어져야 한다. 요컨대 단순히 기술적 요건만으로 보더라도 인터넷 대중화는 엄청난 비용이 필요한 변화인 것이다. 불과 1-2년 사이에 수백만 명의 사람들이 이런 비용을 지불하게 되었다는 것은 납득하기 어려운 일이다. 이런 식의 변화는 통계상의 조작이 아니라면, 정부의 강력한 지원을 통해서만 비로소 일어날 수 있을 것이다.[3]

실제로 정부는 '국민 PC 보급'과 '1국민 1아이디 갖기 운동' 등으로 강력한 인터넷 드라이브 정책을 펼쳤다. 그 결과 한국은 정말로 빠른 시간

---

2) 이른바 '인터넷 병리현상'은 이처럼 빠르게 진행된 인터넷 대중화의 맥락에서 설명되기도 한다. 기술과 문화의 관계에 관한 사회학의 고전적 설명인 '문화지체론'을 '인터넷 병리현상'에 적용하는 것이 그 좋은 예이다. 요컨대 기술은 급속하게 변하는 데 비해, 그와 연관된 문화는 점차적으로 변하며, 이러한 '문화지체'로 말미암아 '인터넷 병리현상'이 발생한다는 것이다. 이것은 인터넷 정책과 관련해서 상당히 중요한 실천적 함의를 가진다.

3) 비슷한 예로 '핸드폰'의 대유행을 들 수 있다. 한국의 핸드폰 붐은 세계적으로 놀라운 현상에 속하는데, 그 이유를 단순히 핸드폰의 편리함에서 찾는 것은 잘못이다. 정부가 나서서 엄청난 액수의 세금을 써가며 핸드폰의 이용을 독려하고 시장을 만들어내지 않았다면, 과연 핸드폰이 그렇게 빠른 속도로 전국민의 필수재가 될 수 있었을까?

에 이른바 '인터넷 강국'이 되었다. 정부가 이런 식의 정책을 펼친 데에
는 물론 이유가 있다. 클린턴 행정부의 '정보고속도로 구상'으로 촉발된
지구적인 정보화 경쟁이 그것이다. 이 경쟁은 단순히 새로운 정보기술
을 적극적으로 이용하는 데에 그치는 것이 아니라, 수많은 정보재의 상
품화를 포함하는 커다란 사회구조적 변화의 정보기술적 표현이라고 할
수 있다(홍성태, 2000ㄱ과 2000ㄴ). 이런 상황에서 반주변국인 한국의
정부로서는 우선 기술적인 차원에서라도 정보화를 강력히 추진하지 않
을 수 없었을 것이다. 그리고 당연하게도 이러한 정책은 거대한 시장을
인위적으로 조성하는 효과를 발휘해서 국내의 관련 산업이 급부상하는
데 크게 이바지했을 것이다. 그리고 다시 말할 필요도 없이 그 핵심은
이른바 '벤처산업'의 집중적 육성이었다(홍성태, 2000ㄷ).

　　일찍이 새마을운동이 그러했듯이, 이번에도 정부의 인터넷 대중화정
책은 큰 성과를 거두었다. 요컨대 한국에서는 산업화와 마찬가지로 정
보화도 정부의 강력한 산업정책을 통해 말 그대로 효율적으로 전개되고
있는 것이다. 그러나 다시 예전의 산업화가 그러했듯이, 지금의 정보화
도 많은 문제를 낳고 있다. 구조적인 차원에서는 이른바 '디지털 격차'로
불리는 새로운 유형의 사회적 불평등이 큰 문제라면, 좀더 미시적인 차
원에서는 이른바 '네티켓'을 둘러싼 갈등이 끊이지 않고 발생하고 있다.
그리고 현재의 정보화에서는 전자보다도 오히려 후자가 더욱 중요한 문
제로 부각되어 있다. 흔히 '인터넷 병리현상'으로 불리는 이 문제는 정보
화의 초기부터 예견되었던 것이지만, 지구적인 정보화 경쟁에 몰두한
상태에서 이 문제에 적절히 대처한다는 것은 애초부터 어려운 일이었
다. '문화지체'를 극복하기 위해서는 충분한 시간을 갖고 새로운 기술을
도입하고 이용해야 하는데, 정보화 경쟁은 그런 식의 시간을 애초부터
좀처럼 허용하지 않기 때문이었다. 경제적 목적을 전면에 내걸고 전개

되는 정보화가 새로운 문화의 형성에 충분한 주의를 기울인다는 것은 애초부터 무리였던 것이다.

그러나 이런 척박한 상황에서도 이용자들은 인터넷의 기술적 특성을 십분 활용한 새로운 문화를 만들어내고 꽃피우고 있다. 그 한복판에 바로 온라인 공동체가 자리잡고 있다. 사이버공간이 컴퓨터 통신이라는 새로운 정보통신기술을 공간적으로 은유한 것이라면, 온라인 공동체는 그 은유의 공간에서 태어나고 자라나는 새로운 사회적 관계라고 할 수 있다. 이 은유의 공간은 다른 어떤 매체보다 표현의 자유를 높게 보장해 주는 새로운 매체이며, 다른 어떤 매체보다 시공간의 제약을 덜 받고 사람들이 서로 소통하고 행동할 수 있도록 해주는 새로운 매체이다. 이용자들은 인터넷을 단순히 경제적 생존과 경쟁의 도구로 사용하는 것이 아니라, 그 특성을 십분 활용해서 이제까지 경험할 수 없었던 다양한 새로운 사회적 관계를 경험하고 있는 것이다.

이러한 새로운 문화의 등장은 새로운 기술의 도입에 따른 사회적 변화가 계획대로 진행되지 않는다는 것을 보여주는 중요한 예라고 할 수 있다. 사람들은 목자가 원하는 대로 움직이는 양떼가 아니다. 온라인 공동체의 활성화에서도 이 단순한 사실을 우리는 쉽게 확인할 수 있다. 이러한 의외의 변화는 인터넷 내중화를 발판으로 빠르게 진행된 인터넷 상업화에도 큰 영향을 미치게 되었다. '온라인 공동체의 상품화'가 바로 그것이다. 아직 인터넷의 이용이 초보적 상태에 머물렀을 무렵, 한 연구자는 온라인 공동체의 발달에 인터넷 상업화가 미칠 부정적 영향을 크게 우려했다.

가상공동체가 인류사회에 뿌리내리기 위해서는 심각한 내외적 장애를 극복해야 한다. 외부의 도전으로는 상업화의 압력이 있다. 지금까지 가상공동체가 형성될

수 있었던 까닭은 상업화의 영향이 최소 수준에서 머물렀기 때문인지도 모른다
(윤영민, 1996: 51).

그러나 지금 이러한 우려는 일단 겉으로 보기에는 기우로 판명된 것
같다. '상업화의 압력'은 온라인 공동체를 억제하는 것이 아니라, 오히
려 그것을 크게 활성화시켰기 때문이다. '다음'의 예가 잘 보여주듯이,
'커뮤니티 사업'이야말로 인터넷 상업화에서 가장 큰 수익모델인 것으로
드러났다.

이제는 누구나 쉽사리 온라인 공동체를 꾸리고 운영할 수 있다. 그런
만큼 수많은 온라인 공동체들이 이미 존재하며 그 수는 매일 늘어나고
있다. 아마도 '커뮤니티 사업'이 아니었다면, 이런 현상은 좀처럼 일어
나기 어려웠을 것이다. 그러나 '커뮤니티 사업'은 결코 자선사업이 아니
다. '커뮤니티 사업'을 이용해서 만들어지는 온라인 공동체는 예전의 그
것과는 아주 다른 상황에 놓여 있다. 새로운 온라인 공동체는 이용자의
개인정보를 대가로 기업이 제공하는 사이버공간 위에 자리잡게 된다.
그것은 더 이상 예전과 같은 '개척지'가 아니라, 첨단 감시장치가 갖춰진
사무실이다. 이런 식으로 '커뮤니티 사업'은 온라인 공동체를 경제적으
로 오염시킨다. 이용자의 수는 기업의 자산이 되며, 개인정보는 다양한
형태로 판매된다. 불법적 상황에 대비한 방지책이 있기는 하지만, 그런
방지책이 효과적으로 작동하고 있다는 증거는 아직 없다. 그보다는 방지
책이 별로 효력을 발휘하고 있지 못하다는 증거들이 아직 훨씬 더 많다.

더 중요한 것은 기업이 항용 그렇듯이 '커뮤니티 사업'을 하는 기업도
길들지 않는 늑대보다는 착한 어린 양을 원한다는 점이다. '커뮤니티 사
업'을 하는 기업의 홈페이지 자체보다 이러한 사실을 더 잘 보여주는 것
은 없다. 따뜻하고 부드러운 색조의 다채로운 메뉴들은 세파에 지치고

괴로운 사람들을 언제라도 달랠 준비가 되어 있는 것처럼 보인다. 단 여기에는 이용자가 '커뮤니티 사업'의 한 가족이 되어 동참한다는 전제가 따른다. 만일 이용자가 이 전제를 어길 때에는 기업은 그 이용자에 대해 여러 가지 방식으로 제재를 가한다. 심지어 애써 꾸려놓은 온라인 공동체 자체가 폐쇄되기도 한다. 절이 싫으면 중이 떠나야 하고, 죄를 지었으면 벌을 받아야 한다는 것이다. 온라인 공동체의 규율화는 이런 상황에 더욱 직접적이고도 강력한 영향을 미치고 있다. 동성애 공동체의 경우가 특히 두드러지게 영향을 받고 있다. 2001년 상반기에 '다음'은 두 개의 동성애 공동체를 강제폐쇄했다. 또한 같은 기간에 '세이 클럽'은 동성애 동호회에 대해 채팅방을 열 수 없도록 하고 동호회 자체를 폐쇄하기도 했다. '커뮤니티 붐'은 지금 이런 길을 가고 있다.

3. 온라인 공동체의 규율화

최근의 '커뮤니티 붐'은 온라인 공동체의 상품화와 연관되어 있는 것이면서, 또한 온라인 공동체에 대한 정책 당국의 규제적 개입을 강화하는 효과를 낳고 있다. 온라인 공동체의 상품화가 사이버공간을 통해 새로운 사회적 관계를 구성하려는 이용사들의 자발적 욕망을 경제적으로 이용하는 것이라면, 최근에 강화되고 있는 온라인 공동체의 규율화는 이러한 자발적 욕망을 '법과 질서'가 용인하는 틀 내에 머물게 함으로써 이른바 '반사회적 표현물'로부터 사회를 '보호'하려는 것이다. 이러한 규율화는 한마디로 '온라인 공동체 길들이기'라는 관점에서 이해될 수 있다. 이것은 인터넷이 그 동안 누려온 폭넓은 표현의 자유에 대한 규제라는 의미를 지니는 것이기 때문에 앞으로 인터넷의 변화와 관련해서 그야말로 각별한 관심을 기울여야 할 변화라고 할 수 있다.

온라인 공동체에 대한 규율화가 강화되는 이유는 무엇보다 인터넷 대중화에 따라 인터넷의 사회적 영향력이 커졌기 때문이라고 할 수 있다. 이미 국내의 인터넷 이용자는 2,000만 명이 넘는 것으로 보고되고 있다. 이처럼 이용자가 크게 늘어나면서 사회적 매체로서 인터넷의 영향력도 갈수록 빠르게 커지고 있다. 대안매체로서 인터넷이 폭넓게 사용되는 것과 함께 '커뮤니티 붐'도 그 중요한 한 양상이라고 할 수 있다. 여기서 특히 주목할 것은 인터넷이 그 역사적 특성에 힘입어 다양한 사회적 소수자들이 소통하고 결사하고 행동하는 매체로서 갈수록 부각되고 있다는 사실이다. 예컨대 다음의 인용문에서도 이러한 사실을 쉽게 읽을 수 있다.

지난해부터 우후죽순 생겨난 인터넷 커뮤니티. 낚시 등산 영화 등 취미나 취향이 비슷한 사람들이 사이버 모임을 만드는 것은 이미 흔한 일이 되어 버렸다. '시력이 마이너스인 사람들의 모임' '결혼 10년째인 남편들의 모임' 등 오만가지 이유를 붙여 '그들만의 세계'를 만들어가고 있다. 특히 동성애자, 가정폭력 희생자 등 현실공간에서 쉽사리 만나거나 자신의 존재를 드러내기 힘든 사람들도 인터넷 커뮤니티를 통해 활발하게 접속하고 있다(하이텔, 2000).

우리가 일상적으로 이용하고 있는 다양한 매체의 차원에서 보자면, 이 세상이 '백인백색'이라는 사실을 인터넷보다 더 잘 보여주는 매체는 없다. 이렇게 된 이유는 무엇보다 인터넷이 기술적으로뿐만 아니라 사회적으로도 다양한 의견들이 자유롭게 개진되고 소통될 수 있는 열린 매체로 발전되어 왔다는 역사적 사실에서 찾을 수 있다. 이러한 인터넷의 역사적 특성이 지금 중대한 변화의 기로에 서게 된 것이다.

온라인 공동체의 규율화는 크게 두 가지 방식으로 진행되고 있다. 하나는 정부의 후원 아래 시민사회가 나서서 일종의 '자율규제' 혹은 '자기

정화'를 행하는 것이다. 다른 하나는 정부가 직접 나서서 강력한 법적 규제를 행하는 것이다. 먼저 전자의 예로는 2000년 5월부터 12월까지 전개된 '세이프 인티넷 21' 캠페인(http://safeinternet. or. kr)이 있다. 4) 이것은 '네티즌, 지킬 것은 지킨다'5)는 구호 아래 '네티즌 윤리강령' '네티즌 기본정신' '행동 강령' 등을 제정하고 홍보하는 등의 활동을 하고 있다. '네티즌 윤리강령'은 네티즌이 '사이버공간의 주체'로서 '사이버공간에서 표현의 자유와 권리를 가지고 있으며, 동시에 의무와 책임도 지니고 있다'고 주장한다. 그리고 이어서 '이러한 권리가 존중되지 않고 의무가 이행되지 않을 때 사이버공간은 무질서와 타락으로 붕괴되고 말 것'이라고 주장한다. 요컨대 이 강령은 이러한 무질서와 타락을 막기 위한 대응책으로 마련된 것이다.

이 강령 자체는 그다지 문제가 되지 않는다고 할 수 있다. 그러나 '네티즌 기본정신'과 '행동강령'을 보면 이 캠페인의 목적에 대해 의문을 갖게 된다.

네티즌 기본정신
- 사이버공간의 주체는 인간이다.
- 사이버공간은 공동체의 공간이다.
- 사이버공간은 누구에게나 평등하며 열린 공간이다.
- 사이버공간은 네티즌 스스로 건전하게 가꾸어 나간다.

행동강령
1. 우리는 타인의 인권과 사생활을 존중하고 보호한다.

---

4) 이 캠페인은 『매일경제』와 『동아일보』가 주최했으며, 주관은 정보통신윤리위원회와 드림라인이 맡았다. 또한 정보통신부와 교육부와 한국교육학술정보원이 후원했다. 그리고 2000년 6월 15일에 '네티즌 윤리강령 선포식'이 대대적으로 열렸다.
5) 이 구호는 물론 '젊음, 지킬 것은 지킨다'는 박카스 광고의 광고문안에서 따온 것이다. 여기서 핵심적인 문제는 그 '지킬 것'의 내용이 무엇이고, 그것을 도내체 누가 정하느냐는 것이다.

2. 우리는 건전한 정보를 제공하고 올바르게 사용한다.

3. 우리는 불건전한 정보를 배격하며 유포하지 않는다.

4. 우리는 타인의 정보를 보호하며, 자신의 정보도 철저히 관리한다.

5. 우리는 비·속어나 욕설 사용을 자제하고, 바른 언어를 사용한다.

6. 우리는 실명으로 활동하며, 자신의 ID로 행한 행동에 책임을 진다.

7. 우리는 바이러스 유포나 해킹 등 불법적인 행동을 하지 않는다.

8. 우리는 타인의 지적재산권을 보호하고 존중한다.

9. 우리는 사이버공간에 대한 자율적 감시와 비판활동에 적극 참여한다.

10. 우리는 네티즌 윤리강령 실천을 통해 건전한 네티즌 문화를 조성한다.

여기서 특히 주목할 것은 '사이버공간은 누구에게나 평등하며 열린 공간'이라는 '네티즌 기본정신'의 한 조항이다. 이것은 사이버공간의 발전사에서 줄곧 강조된 핵심적 원칙이다. 사이버공간을 '건전하게 가꾸어 나가기' 위해서는 분명히 이 원칙을 잘 지킬 필요가 있다. 문제는 이 원칙은 행동강령을 구체화할 때 나타난다. 우선 무엇이 '건전한 정보'이고 '불건전한 정보'인가를 구분하기가 대단히 어렵다. 개인정보 보호에 관한 항목은 쉽게 동의할 수 있지만, 그 아래의 항목들은 모두 심각한 논쟁의 대상들이다. 특히 '실명제'의 요구나 지적재산권은 큰 논쟁이 현재도 진행되고 있다. 요컨대 이 윤리강령이 추구하는 '건전한 사이버공간'은 본질적으로 사이버공간의 역사적 특성과 부합하지 않는 요소를 안고 있다. 이 점에서 이 캠페인은 사이버공간을 더욱 강력하게 규율하기 위한 '초석 다지기'가 아닌가 하는 생각이 들게 된다.

이러한 의구심은 이 캠페인이 시작되고 얼마 지나지 않아 저 악명높은 '통신질서확립법'6) 이 제안되었다는 데서 더욱 커진다. 2000년 7월에 정보통신부는 기존의 '정보통신망이용촉진등에관한법률'을 '개인정보보

---

6) 이 약칭은 2000년 7월 27일 서울YMCA에서 열린 시민사회단체 회의에서 김기중 변호사가 '정보통신질서확립법'을 제안한 데서 비롯되었다.

호및건전한정보통신질서확립등에관한법률'7) 로 개정하기로 하고 개정 법률에 관한 공청회를 열었다. 시대가 변하면 당연히 법률도 변해야 한다. 그러나 정보통신부는 심각한 사회문제로 떠오른 개인정보 보호에 관해서는 오히려 기업의 편을 지지하고, 이른바 '정보통신질서'에 관해서는 자의적인 '건전성' 기준을 강조함으로써 시민사회의 거센 비판에 직면하게 되었다. 이에 따라 이 법은 '정보통신망이용촉진및정보보호등에관한법률'로 이름이 바뀌고 일부 내용이 수정되어 2001년 1월에 제정되었다. 물론 '정보통신질서'와 관련된 중요한 논점은 해결되지 않았으며, 이로부터 이미 여러 가지 문제들이 발생한 상태이다. 8)

개정된 법률에 바탕을 두고 2001년 상반기 중에 발생한 문제들을 보면, 온라인 공동체의 규율화가 어떤 방향으로 이루어지고 있는가, '건전한 사이버공간'이 어떤 내용으로 이루어지는 것인가를 알 수 있다. 최근의 대표적인 사례로는 음란과 자퇴를 다룬 사이트에 대한 규제를 들 수 있다. 9) 그 동안 음란은 주로 포르노와 관련된 문제로 다루어졌지만, 최근에는 같은 잣대를 한 미술교사의 실험적 표현물에도 적용함으로써 큰 논란을 빚었다. 10) 이와 관련해서 개정된 법률이 온라인 공동체에 미치는 부정적 영향에 대해서는 동성애 공동체들이 폐쇄되고 있는 것으로 확인된다. 개정된 법률에 따라 정보통신윤리위원회가 청소년의 접근을

---

7) 정부의 법안명은 모두 이처럼 띄어쓰기가 안 되어 있다. 띄어쓰기를 할 줄 몰라서인가, 아니면 가독력을 떨어뜨리기 위해서인가?
8) 이에 대한 정부측 자료로는 정보통신부(2000)과 (2001), 시민사회의 대응으로는 정보통신 검열반대 공동행동(2001ㄱ, 2001ㄴ)을 참조.
9) 물론 국가보안법에 저촉되는 표현물에 대한 법적 규제도 여전하다. '백두청년회'라는 단체의 명의로 여러 사이트에 올린 북한 찬양 글에 관해 강제삭제 조치가 취해진 것을 그 한 예로 들 수 있을 것이다.
10) 비인숭학교 교사인 김인규씨가 부부의 누드사진을 개인 홈페이지에 올린 것에 대한 정보통신윤리위원회의 규제조치로부터 비롯된 논쟁을 뜻한다. 이에 대해서는 정보통신검열반대 공동행동(2001ㄴ)을 참조.

차단하기 위해 마련한 등급기준은 동성애를 차단등급인 2등급으로 규정하고 있기 때문이다(우이현주, 2001). 자퇴 사이트에 관한 규제는 음란 사이트에 관한 규제에 비해 훨씬 새로운 것이다. 학교의 위기에 대한 논의는 어제오늘의 일이 아니다. 학교를 벗어난 교육, 즉 '탈학교'에 관한 논의도 이미 오래 전부터 전개되어 왔다. 그러므로 자퇴를 할 수밖에 없었던 학생들이 사이버공간에 공동체를 꾸민 것은 이상한 일이 아니라 오히려 지극히 자연스러운 일이었을 것이다. 그 좋은 예가 '아이노스쿨넷' 혹은 '학교 밖의 길을 걷는 사람들의 모임'이라는 이름의 사이트였다. 2001년 3월부터 본격적으로 운영되기 시작한 이 사이트는 2001년 6월 8일에 정보통신윤리위원회의 명령으로 강제폐쇄되었다(김진혁, 2001).

불법적 표현물이 아닌 경우에 사이버공간에 대한 정부의 직접 규제는 인터넷 내용등급제를 중심으로 이루어진다. 정부는 이 제도가 청소년을 유해정보로부터 보호하기 위해 만들어진 '자율규제' 제도라고 주장한다. 이러한 '자율규제'의 성격은 규제기구가 '민간기구'인 정보통신윤리위원회라는 점에서도 확인된다고 주장한다. 그러나 이 위원회가 사실상 정보통신부의 관할 아래 있으며, 직접적인 규제행위를 할 수 있다는 점에서 이러한 주장은 설득력을 갖기 어렵다(황성기, 2000; 이상희, 2001). 온라인 공동체의 규율화에서 가장 큰 효과를 거둘 수 있는 것은 정부의 직접 규제이다. 그런데 현재 그 내용은 주로 사회적 소수자에 대한 억압으로 나타나고 있다. 사이버공간은 사회적 소수자의 소통과 행동의 자유를 증진시킴으로써 결과적으로 사회의 성숙에 이바지하게 된다. 이런 점에서 현재 진행되고 있는 온라인 공동체의 규율화는 사이버공간을 통한 사회의 성숙에 부정적 영향을 미치고 있다고 하겠다. 이른바 '위축효과'까지 고려하면 그 영향에 더욱 더 우려하지 않을 수 없다.

4. 공동체 이데올로기

분명히 한국에서도 온라인 공동체는 이미 대중적인 현상이다. 물론 그것이 과연 어떤 공동체인가에 대해서는 여러 가지 논란이 있을 수 있다. 예컨대 '우리가 잘 알고 있는 미국의 경우 Freenet＝Community Network운동도 독립네트워크운동이라고 파악할 수 있지만 미국적인 상황의 산물이라고 할 수 있다. 그렇게 때문에 미국식 모델을 그대로 한국에 적용하는 것은 곤란하다'(김형준, 1997의 주14)는 지적도 있다. 여기서 '미국적인 상황'이란 연방정부와 '커뮤니티'로 양분되어 있는 아메리카합중국의 사회적 실체와 연관될 수 있을 것이다. 이런 상황에서 온라인 공동체는 단순히 복고적인 것이 아니라 아메리카합중국식 자치의 이상과 결합되어 있는 것이다. 또한 온라인 공동체가 흔히 '지구 시민사회'와 연관되는 것에 대한 비판도 있다. 여전히 엄중한 한국의 국민국가적 현실이나 지구적인 불평등의 현실에 비추어 보자면, 이러한 연관은 상당히 비현실적이라는 주장이 그것이다(송두율, 1996). 심지어 가상공동체의 성원들은 어떤 윤리도 필요로 하지 않으며, 유나바머와 같은 존재가 되었다는 더욱 격렬한 비판도 있다(구승회, 1999).

그러나 이러한 여러 가지 비판직 논의들에도 불구하고 오늘도 새로운 온라인 공동체가 계속해서 만들어지고 있다. 이렇게 온라인 공동체가 대중화되는 이유에 대해서도 여러 가지 논의들이 제기되어 있다. 한 연구자는, '농경사회에서 사람들은 정치경제적으로 발생한 물질적 필요에 의해 공동체를 형성한 데 반해, 현대사회에서 사람들은 문화적으로 발생한 사회심리적 필요에 의해 공동체를 형성한다'(이건, 2001: 126)고 수장한다. 한국의 온라인 공동체에서는 오락이나 친목을 주제로 한 것이 압도적 우위를 차지한다는 조사는 이러한 주장을 지지하는 것으로 보인다(하이텔, 2000). 만일 그렇다면 인터넷이 사람들을 더욱 외롭게 한다는 스탠포드대학교의 연구 결과(동아일보, 2000/3/23)는 한국에서는 전혀 맞지 않는 셈이다. 한국에서는 산업화를 통해 사라졌던 공동체가 온라인 공동체의 형태로 다시 돌아오고 있는 것인지도 모른다. 마치 연어가 되돌아오듯이. 이러한 온라인 공동체들로 말미암아 사이버공간은 인간적 정으로 충만하게 되고, 다시 이러한 사이버공간을 바탕으로 더욱 호혜로운 사회를 만들 수 있을지도 모른다. 그러나 과연 그런가?

이런 식의 '공동체'론과 달리 '한국 사회의 부정적 현실'에서 '커뮤니티 붐'의 원인을 찾는 논자도 있다.

만약 우리나라 직장인들이 모두 금요일까지만 일하고, 주당 평균 50시간에 육박하는 노동을 하지 않았다면, 만약 우리나라 직장인들이 다양한 여가를 즐길 수 있는 여건이 된다면, 만약 우리나라 고등학생 등이 입시에 시달리지 않고 다양한 클럽활동을 보장받았다면, 만약 이벤트 천국이라는 일본처럼 오프라인의 다양한 이벤트가 많다면, 만약 인디음악, 인디영화, 인디연극 등이 활성화되었다면, 만약 남녀(특히 중고등학생)가 자연스럽게 만남을 가질 수 있는 장소가 많다면, 만약 출신이나 직업, 성별에 구애받지 않고, 자연스럽게 어울릴 수 있다면, 만약, 정말 재미있고 유익한 컨텐츠를 PC 통신회사에서 무료로 사용자에게 제공하였다면 그래도, 우리나라 온라인 공동체가 이처럼 활성화되었을까?(박찬현, 1999)

여기서 일단 이 분석을 뒤집어 읽어보면, 현재 한국에서 온라인 공동체가 참으로 커다란 사회적 구실을 하고 있다는 것을 알게 된다. 그것은 '한국 사회의 부정적 현실'에도 불구하고 사람들이 버티고 살아갈 수 있게 해준다. 그런데 만일 '커뮤니티 붐'의 진정한 원인이 이런 것이라면, 온라인 공동체를 공동체의 회복이라는 관점에서 파악하는 것에는 적지 않은 문제가 있는 셈이다. 그런 식의 분석은 '한국 사회의 부정적 현실'

을 호도할 가능성이 있기 때문이다.

사이버공간이 더욱 자유롭고 호혜로운 사회를 이룩하기 위한 커다란 잠재력을 가지고 있다는 데에 이의를 다는 사람은 드물다. 이런 견해를 오래 전부터 강력하게 주창해온 대표적인 인물로는 누구보다도 먼저 아메리카합중국의 하워드 레인골드를 들어야 할 것이다. 그는 사이버공간의 긍정적 가능성을 적극적으로 주장해 왔을 뿐만 아니라 그 가능성이 침해될 또 다른 가능성에 대해서도 일찍부터 우려해 왔다.

'넷은 아직 근본적으로는 통제를 받지 않고 있다. 그러나 오랫동안 그런 상태로 있지는 않을 것이다. 우리가 지금 알고 있고 하고 있는 것은 중요하다. 왜냐하면 정치계와 경제계의 큰손들이 그것을 장악하고 검열하고 계량하고 다시 우리에게 판매하기 전에 세계 각지의 사람들이 이 활기가 넘치는 새로운 인간적 담론의 영역을 이 세상의 모든 시민들에게 열려있도록 할 수 있기 때문이다'(Rheingold, 1993: 5)

그의 우려대로 지금 우리는 '정치계와 경제계의 큰손들이 그것을 장악하고 검열하고 계량하고 다시 우리에게 판매'하는 상황에 처한 것으로 보인다. 사이버공간에 거는 레인골드의 희망은 온라인 공동체로 집약되었다. 사이버공산이 겪고 있는 최근의 변화는 당연히 온라인 공동체에도 큰 영향을 미칠 것이다.

온라인 공동체는 사이버공간에 바탕을 두고 형성되는 새로운 유형의 공동체이다. 11) 레인골드는 이것을 '충분한 수의 사람들이 사이버공간에서 인격적 관계망을 형성하기 위해 충분한 인간적 감정을 느끼며 충분

---

11) 가상공동체나 사이버공동체라는 용어도 같은 뜻으로 사용된다. 그런데 가상공동체는 '가상의', 즉 실존하지 않는 공동체라는 식의 느낌을 주는 것으로 보인다. 한국에서는 사이버가 가상과 같은 뜻으로 혼용되고 있어서 사이버공동체도 같은 느낌을 주게 된다. 이런 문제를 피하기 위해 필자는 온라인 공동체라는 용어를 택했다.

히 오랫동안 공적 토론을 할 때 넷에서 나타나는 사회적 집합체'(Rheingold, 1993: 5)로 정의한다. 문제는 그가 이러한 새로운 공동체에 거는 사회적 희망이다. 이에 대해서는 이미 다음과 같은 신랄한 비판이 제기되었다.

> 그 미래주의적 주장에도 불구하고 라인골드의 상상력은 근본적으로 보수적이고 향수적이다. 그는 본질적으로 잃어버린 대상, 즉 공동체의 회복에 관심을 가지고 있는 것이다(Kevin Robins, 1995: 138).

> 통신망 속의 사회는 실재하지 않는 사회이며, 흔적 없이 녹아 없어질 수 있는 무의 조직이다. …그것은 실제 생활에 대한 보잘것없는 대체물로서, 욕구불만이 넘치고 교육과 진보라는 신성한 이름 아래 인간 관계의 중요한 측면을 무자비하게 평가절하하는 가상현실이다(Clifford Stoll, 1995: 9).

후자가 온라인 공동체 자체에 대한 비판에 좀더 가까운 것이라면, 전자는 공동체 자체에 대한 비판에 좀더 가까운 것이라고 할 수 있다. 그런만큼 전자가 레인골드 식의 논의에 대해 좀더 근본적인 의문을 던지고 있는 것이라고 할 수 있겠다. 요컨대 더 나은 사회를 위한 '공동체 전략' 자체가 낡은 것이라는 주장이다.

공동체가 주요한 삶의 장이라는 지위를 잃게 된 이유는 무엇보다 산업화라는 거대한 구조적 변화와 걸맞지 않았기 때문이다. 온라인 공동체에 관한 논의들은 대체로 이러한 구조적 변화의 영향을 간과하는 경향을 보인다. 이 때문에 공동체라는 용어 자체가 하나의 지배이데올로기로 기능하고 있다는 점에 거의 주의를 기울이지 않는다. 대부분의 논의들은 온라인 공동체를 공동체로 볼 수 있는가, 온라인 공동체에는 어떤 유형의 것들이 있는가, 그 사회적 및 정치적 구실은 무엇인가에 초점을 맞추고 있다(김현우, 2001; 윤영민, 2000; 이건, 1997; 황용석, 1999). 이에 비해 공동체가 본래부터 갖고 있는 억압적 성격, 사이버공간의 구조적 변화가 온라인 공동체에 미치는 부정적 영향, 그럼에도 불구하고 '커뮤니티 붐'과 함께 공동체가 사이버공간을 상징하는 용어로 자리잡고 있는 상황에 대한 비판적 평가는 찾아보기 어렵다.

한 연구자가 적절히 지적하고 있듯이, 공동체는 가족을 그 원형으로 한다. 가족이라는 '운명공동체'를 더 큰 사회적 집단으로 확대한 것이 공동체라는 것이다.

> 공동체는 개인적인 이익보다는 전체의 안정과 질서, 구성원들 사이의 관계를 중시하는 경향이 강한 집단을 지칭하는 용어로 서구사회에서는 일상적으로 사용되어 왔다. …또한 가족을 공동체의 원형이라고 보는 것이 일반적이다. 즉 공동체는 가족적 화합이 그보다 큰 사회적 집단에도 적용될 수 있다고 보는 데서 나온 개념이다(이건, 1997: 291-292).

이 때문에 공동체는 따뜻하고 인간적이라는 함의를 지니게 된다. 그러나 바로 이 때문에 공동체는 배타적이고 억압적일 수도 있다. 가족의 연장으로서 공동체는 '내향적'이다. 가족과 비가족 사이에는 넘을 수 없는 장벽이 있다. 또한 가부장제가 잘 보여주듯이, 가족 내에는 엄격한 위계질서가 있다. 가족이 우리처럼 '국가'[12] 로까지 확대되는 상태에서 공동체는 국가의 억압적 질서를 쉽사리 용인하는 치명적 함정에 빠질 수도 있다.

공동체라는 용어는 지배 측이나 저항 측이나 모두 애용하는 특이한

---

12) 국가란 말 그대로 하자면 '나라 집'이라는 뜻이다. 이 그릇된 용어의 화용론적 효과는 대통령을 주권자인 시민이 선출한 정치적 지도자가 아니라 '국부'라는 최상위 가부장으로 나타나게 한다는 것이다.

용어이다. 이와 관련해서 우리의 경우에 군부독재자도 민중주의자도 모두 공동체를 내걸었다는 점을 떠올릴 수도 있겠다. 두 경우 모두에 공동체의 내포와 외연은 막연한 채로 다만 따뜻하고 호혜로운 인간적 사회의 상만이 크게 강조되었다. 요컨대 한국에서 공동체는 그 끈끈한 가족주의를 바탕에 두고 지배 측이나 저항 측이나 모두 애용하는 강력한 동원이데올로기의 구실을 했던 것이다. 물론 여기서 더 문제가 되는 것은 지배측이 공동체라는 용어를 이용하는 경우이다. 그것은 파괴와 억압의 질서를 공동체의 요구로 강요하기 때문이다. 그러나 저항 측도 유사한 문제를 안고 있다는 점에 주목할 필요가 있다. 예컨대 정치적으로는 진보적인 입장을 취하는 단체가 문화적으로는 보수적인 입장을 취해서 온라인 공동체의 규율화에 적극적으로 참여하기도 한다. [13]

이처럼 공동체가 본래부터 가지고 있는 배타적이고 억압적인 성격이 역사적으로 사라졌음에도 불구하고 그것이 애용되는 용어로 남아 있는 정치적 이유, 그리고 '커뮤니티 붐' 속에서 전개되고 있는 사이버공간의 구조적 변화와 그것이 온라인 공동체에 미치는 부정적 영향에 주의해야 한다. 이런 점을 충분히 고려하지 못한다면, 온라인 공동체에 관한 논의는 결국 공동체 이데올로기로부터 자유롭지 못하게 될 것이다.

5. 결론

사이버공간을 통해 이루어지는 인간적 만남을 온라인 공동체라고 부르게 된 데에는 아메리카합중국의 역사적 상황과 사이버공간의 역사적 특성이 모두 짙게 반영되어 있다. 특히 후자의 측면이 더욱 큰 영향을

---

13) 여러 시민운동단체들이 참여하고 있는 정보통신윤리위원회의 구성이 이러한 사실을 잘 보여준다.

미쳐서 온라인 공동체의 사회적 가능성이 크게 강조되었다고 할 수 있다. 그러나 온라인 공동체의 상품화와 규율화는 이러한 상황에 큰 변화를 가져오고 있다. '커뮤니티 붐'보다 더 중요한 것은 그것이 바탕에 두고 있는 이러한 구조적 변화이다.

상품화는 실명제를 통해 익명제에 바탕을 둔 사이버공간의 역사적 특성을 바꿔 놓으려 한다. 그러나 익명성은 새로운 공동체로서 온라인 공동체를 구성하는 핵심적 요소이다(김현우, 2001; 백욱인, 2000). 또한 상품화는 지적재산권의 강화를 통해 공유제에 바탕을 둔 사이버공간의 역사적 특성을 뒤흔들어 놓고 있다. 냅스터와 소리바다에서 볼 수 있듯이 이로 말미암아 거대한 온라인 공동체가 큰 영향을 받고 있다.

규율화는 '커뮤니티 붐'에 대한, 더 일반적으로는 인터넷 대중화에 대한 지배 측의 강력한 정치적 개입이다. 이것은 배제와 촉진의 이중전략으로 추구되고 있다. 현재 이 전략의 가장 큰 피해자들은 성적 소수자들로 나타나고 있다. 한국의 '이반', 즉 동성애자들에게 사이버공간은 진정 커다란 가능성의 공간이었다(이정우, 2000). 이런 상황이 지금 심각한 위협에 직면해 있다.

상품화가 온라인 공동체 자체의 구성과 운영에는 별로 영향을 미치지 않을 것이라는 견해도 있다. '사이비공간의 상업화가 가상공동체의 성격을 크게 바꾸어 놓고 있지는 않다'는 것이다(윤영민, 2000: 141). 그 자신도 상업화가 사이버공간에 대해 미칠 부정적 영향에 대해 크게 우려했던 사람(윤영민, 1996: 51)이라는 점에서 이러한 주장은 다소 뜻밖이다. 그러나 상품화의 진전에 따라 자본이 '상위의 관리자'로 구실하게 되는 현상은 점점 더 피하기 어려워진다(박병기, 2000). 더욱이 규율화는 상품화에도 큰 영향을 미친다. 그 결과 이미 소수자 공동체들이 강제로 폐쇄되는 사태가 빚어지고 있다.

온라인 공동체가 더 나은 사회를 위한 가능성을 키우는 데 이바지하려면, 무엇보다 다양한 사회적 소수자들이 소통하고 행동하는 장이 될 수 있어야 한다. 그것은 차이와 토론의 장이어야 한다. 온라인 공동체를 포함한 사이버공간은 더 많은 소수자들이 더 다양한 방식으로 의견을 내놓고 권리를 지킬 수 있는 새로운 사회적 공간이 되어야 한다. 그것은 사이버공간의 민주적 구성을 평가하는 잣대이다. 이런 점에서 현재의 '커뮤니티 붐'은 중대한 문제를 품고 있다.

문제의 직접적인 원인은 상품화와 규율화가 추구하는 배제와 촉진의 이중전략이다. 그런데 그것도 '공동체'론에 바탕을 두고 있다는 사실에 주의할 필요가 있다. 요컨대 '대를 위해 소를 희생한다'는 논리가 다시 한번 그 위력을 발휘하고 있는 것이다. 전체 사회라는 큰 공동체를 보호하기 위해 소수자 공동체를 억압해야 한다는 해묵은 반민주적이고 반인간적인 논리가 오늘 온라인 공동체에 다시 한번 적용되고 있는 것이다. 이 경우에 공동체라는 용어는 단순히 수사의 차원을 크게 벗어나 노골적인 지배이데올로기로 작동하게 된다. 그것은 국가라는 최상위 가부장을 정당화하는 보호이데올로기의 이면이 된다.

온라인 공동체는 단순히 더 인간적인 사이버공간이 아니라 더 민주적인 사이버공간의 꿈을 추구해야 한다. 그것은 궁극적으로 더 민주적인 사회를 통해 더 인간적인 사회로 나아가는 꿈이 될 것이다. 여기서 공동체는 그 자체로 선이 아니라는 사실, 공동체는 억압적이기도 하다는 사실, 선한 공동체가 있고 악한 공동체가 있다는 사실을 다시 한번 떠올릴 필요가 있다. 온라인 공동체의 경우도 마찬가지이다. 그러므로 온라인 공동체의 꿈은 그것이 뿌리를 내리고 있는 사회의 꿈이어야 한다.

두 종류의 꿈을 볼 수 있다. 하나는 자유주의와 공동체주의가 묘하게 결합된 것이다. 이것은 기성 사회에서 스스로 낙오되어 자기들만의 공

동체를 꾸리고 그 속에서 자유와 해방을 만끽하고자 했던 히피운동과
밀접하게 연관되어 있다. 이것은 1990년대에 들어와 새로운 정보사회운
동의 형성으로 이어지고 이후 '사이버공간 독립선언'을 통해 그 이념을
좀더 분명하게 밝혔다. 다른 하나는 시민적 개인주의에 바탕을 둔 민주
화의 꿈이다. 이것은 오래된 꿈이지만 우리에게는 여전히 새로운 꿈이
기도 하다. 최근에 들어와서 본격적으로 제기되고 있는 동성애자와 여
성(정영희, 2001)과 인권(진보넷, 2000)의 요구가 이러한 사실을 잘 보
여준다. 두 꿈은 대비되기는 하되 대립하는 것은 아니다. 둘이 어우러
져 상품화와 규율화의 노도를 헤치고 나갈 수 있기를 기대한다.

참고문헌

구승회(1999), '인터넷 까페 〈오르가스무스〉에서의 땅따먹기',
    http://homini.tripod.com/8.htm
김진혁(2001), 「아이노스쿨넷 폐쇄 부당성과 정보통신윤리위원회의 잘못에 관
    하여」, 정보통신검열반대 공동행동(2001ㄴ), 『정부의 인터넷 내용규제와
    표현의 자유, 무엇이 문제인가?』
김현우(2001), 'Cyber 라퓨타, 인터넷 커뮤니티',
    http://webzine.info21.org/200105/Contents200105/2001050401.html
김형준(1997), '진보적 정보운동의 성과와 과제',
    http://bbs.jinbo.net (go spic-7)
박병기(2000), '가상공간, 가상공동체, 그리고 문화철학',
    http://www.sutra.re.kr/chjeon/seminar/2000/0031.htm
박찬현(1999), 'N 세대 이해하기—온라인 공동체',
    http://www.imazine.co.kr/ibcolumn/ibz_11.htm
백욱인(2000), '커뮤니케이션 기계로서의 인터넷 공동체—인터넷과 친밀성의 진화'

http://www. cultizen. co. kr/theme/pen. htm?Regdate=2001-03-16%
2014:02:37

송두율(1996), '지구화 물결속에도 민족국가의 正體性 있다',
http://orgwin. joins. com/199611/p52-1. html (WIN 1996/11)

우이현주(2001), 「동성애자들은 인터넷에서도 말하면 안 돼?」, 정보통신검열반
대 공동행동(2001ㄴ), 『정부의 인터넷 내용규제와 표현의 자유, 무엇이 문
제인가?』

윤영민(1996), 『전자정보공간론—컴퓨터 네트워크의 사회학적 탐색』, 전예원
______(2000), 『사이버공간의 정치』, 한양대학교 출판부

이건(1997), 「전자공동체의 공동체적 성격—개념적 탐색」, 경희대 정보사회연
구소・삼성경제연구소 편(1997), 『네트워크 트렌드—정보기술혁명과 사
회변화』, 삼성경제연구소

______(2001), 「싸이버스페이스의 열린 공동체」, 홍성욱・백욱인 엮음(2001),
『2001: 싸이버스페이스 오디쎄이』, 창작과비평사

이상희(2001), 「정보통신윤리위원회의 인터넷 검열 및 법적 대응에 대하여」, 정
보통신검열반대 공동행동(2001ㄴ), 『정부의 인터넷 내용규제와 표현의 자
유, 무엇이 문제인가?』

이정우(2000), '단말기 너머로 점멸하는, 헤도니스트의 쾌락 공동체—이반의 공
간, 이태원(2)',
http://www. cultizen. co. kr/front/journey. htm?Journey_code=12

정보통신검열반대 공동행동(2001ㄱ), 『2000년 통신질서확립법 반대운동 백서』
__________________________(2001ㄴ), 『정부의 인터넷 내용규제와 표현의 자유,
무엇이 문제인가?』

정보통신부(2000), 『정보통신망이용촉진등에관한법률 개정을 위한 공청회』
__________(2001), 『정보통신망이용촉진등에관한법률 하위법령 개정을 위한 공
청회』

정영희(2001), '표현의 자유 문제, 여성주의자들 드디어 포문을 열다!—토론회
를 정리하며',
http://www. unninet. co. kr/spc/s_view. asp?sort0=1&sort1=26&sort2=1

진보넷(2000), '연재에 들어가며—정보기본권 소개',

http://networker.jinbo.net/guide/1-1.html
하이텔(2000), ‘커뮤니티 문화의 현주소’,
    http://dream.hitel.net/october/special/s/s.html (『꿈따라』, 2000년 10월호)
홍성태(2000ㄱ), 「지적재산권과 현실 정보사회의 모순」, 공유적 지적재산권 모
    임 엮음(2000), 『디지털은 자유다』, 이후
_____(2000ㄴ), 「디지털 혁명과 자본주의의 정보적 확장」, 경상대학교 사회과
    학연구소 엮음(2000), 『디지털 혁명과 자본주의의 전망』, 한울
_____(2000ㄷ), 「지식사회와 벤처이데올로기」, 『경제와사회』, 2000년 가을호
황성기(2000), 「사이버스페이스와 불온통신규제」, 한국헌법학회, 『헌법학연
    구』 제6권 제3호

Barlow, John Perry(1996), ‘A Cyberspace Independence Declaration’,
    http://www.eff.org/Publications/John_Perry_Barlow/barlow_0296.declaration
Rheingold, Howard(1993), *The Virtual Community*, Addison Wesley
Robins, Kevin(1995), 오수원 옮김(2000), 「사이버공간과 우리가 사는 세계」,
    『문화과학』 23호
Stoll, Cliford(1995), 한경훈 옮김(1996), 『허풍떠는 인터넷』, 세종서적

지식사회 비판

지은이 ㅣ홍성태

초판 인쇄일 ㅣ2005년 5월 10일
초판 발행일 ㅣ2005년 5월 16일

발행인 ㅣ손자희
발행처 ㅣ문화과학사
주소 ㅣ121-861 마포구 아현동 437 고려아카데미텔 1216호
전화 ㅣ335-0461　　팩스 ㅣ313-0465
e-mail ㅣtransics@chollian. net
homepage ㅣhttp://www. jinbo. net/~moonkwa
출판등록 ㅣ제1-1902 (1995. 6. 12)

값 13,000원
ISBN 89-86598-74-4　93300